儒 学 评 论

第十四辑

中国人民大学孔子研究院　编

罗安宪　主编

社会科学文献出版社

SOCIAL SCIENCES ACADEMIC PRESS (CHINA)

编辑委员会

目　录

应用儒学

儒学评论

家 国 情 怀

价值本原与人类生存*

郭　沂

摘　要： 儒道两家都持宇宙论与本体论合一观，认为宇宙本原即价值本原，在宇宙大化中，万物获得气质之性和义理之性，然而二者之间的关系如何，却是一个无法判明的问题，其根源在于对价值本原的误解。物质的存在和价值的存在是并列的两个不同的世界，它们相互独立，相互隔绝。可用"道"来表达物质世界中作为宇宙本原、世界本体的概念，用"藏"来表达价值世界。构成道的基本元素为气，它有质、能和理三种基本形式。万物所拥有的质、能和理，可分别谓之物质、物能和物理，其中物能就是万物之性。所有形式的人性，皆属气质之性，所谓义理之性是不存在的。心有感知、体知、认知和觉知四种认识功能，其中前三者分别指向物质世界的质、能和理，后者则指向价值世界，意义和价值借此渗透到物质世界。

关键词： 价值本原　人性　儒道学说

作　者： 郭沂，韩国首尔国立大学人文学院哲学系教授。

一　传统哲学关于价值本原理论的困境

宇宙论研究宇宙的起源与演变，本体论探讨世界的本质和本性。在西方学术系统中，宇宙论和本体论属于两个不同的领域，前者是科学研究的对象，而后者是哲学研究的领域。与此不同，在作为东亚本土主流哲学的道家和儒家看来，宇宙论和本体论是合二为一的，世界的本质和本性就是宇宙产生者

---

* 本文内容曾以《价值的本原与实现》为题于 2019 年 9 月在韩国安东"第六届 21 世纪人文价值论坛"进行演讲，以《由价值的本原看形上学之重建》为题于 2019 年 11 月在台湾大学哲学系进行演讲，以《价值的本原与人类的生存》为题于 2019 年 12 月在山东曲阜"国际儒学论坛·2019"进行演讲，今略做删改。

的本质和本性，或者说，世界的本质和本性源自宇宙产生者的本质和本性。道家的道、孔子的易①和后儒的天，莫不如此。它们既是宇宙论的范畴，又是本体论的范畴，可谓一身兼二任。

尤其重要的是，道家和儒家所认定的世界本质和本性，都具有价值属性。老子以自然为道的本性，《易传》和后儒分别以善为易和天的本性，而自然和善，皆为价值。既然世界的本质和本性源自宇宙产生者的本质和本性，那么作为宇宙产生者道、易和天的本质、本性，也就是价值的来源。

这一切都是通过宇宙大化来实现的。按照这种哲学观，作为宇宙产生者的道、易、天在生成万物的过程中，便将其本质、本性赋予万物，并成为万物之性。老子的"德"和《易传》《中庸》《孟子》的"性"，都是这种具有价值属性的性。后来宋儒将这种具有价值属性的性叫作"义理之性"，而把万物所具有的物质的、生理的属性叫作"气质之性"。然而，义理之性和气质之性之间的关系如何，却是一个无法判明的问题。

这个问题在韩国儒学中可归结为四端七情之辩，其理论来源于朱子。朱子认为："四端是理之发，七情是气之发。"（《朱子语类》卷五十三）然而，在四端中，恻隐之心和羞恶之心难道不属于情吗？情难道不属于气质吗？故以四端为"理之发"，实难以自圆其说。鉴于此，李退溪对朱说做了修正："四则理发而气随之，七则气发而理乘之。"② 这显然比朱子的说法合理多了，然"理发"何以"气随之"？"气发"何以"理乘之"？似仍难自洽。因而与之辩论的奇高峰则进一步提出"七情包四端"之说："盖人心未发则谓之性，已发则谓之情；而性无不善，情则有善恶，此乃固然之理也。但子思、孟子所就以言之者不同故有四端、七情之别耳，非七情之外，复有四端也。"③ 诚然，将四端归入七情，化解了朱子和退溪的矛盾，但又产生了新的问题：既然未发的性"无不善"，那么已发的情怎么可能"有善恶"呢？恶从何来？如果说来自气质，那么情显然不是简单的性之"发"了。如此等等的问题，

---

① 根据笔者的考察，今本《易传》中的《系辞》全文、《说卦》前三章、《乾文言》第一节之外的部分、《坤文言》全文，以及帛书《易传》全文，皆属孔子易说。见拙作《从早期〈易传〉到孔子易说——重新检讨〈易传〉成书问题》，载《国际易学研究》第 3 辑，华夏出版社，1997。

② 李退溪：《退溪先生文集》第 16 卷，韩国民族文化推进会，1989，第 32 页上。

③ 奇高峰：《两先生四七理气往复书》上篇，1907，第 1~2 页。又见于《退溪先生文集》第 16 卷，第 12 页下~13 页上。

似难以化解。

二　价值世界与物质世界并存而隔绝

我认为，造成这种局面的根本原因，是作为儒道哲学的顶层设计的形上学存在缺陷，需要重构。

在我看来，世界上有两种存在，一是物质的存在及其衍生物，二是意义和价值的存在及其衍生物。人们一般把精神作为物质的对立物，这是一个误解。其实，精神是大脑的产物，而大脑又是物质衍化的结果，因而精神实为物质的衍生物。

道家的道、孔子的易和后儒的天既然是宇宙的本原，那么它们归根结底都是物质性的。换言之，儒道哲学中的宇宙论和本体论所研究的对象都是物质的存在，而物质的存在只具有物质属性，是不具有价值属性的，因此传统儒道哲学将宇宙的本质、本性即本体归为价值，是一个根本性的误解。

诚然，道、易、天是宇宙之本原、世界之本体，但并非价值。

意义和价值的存在，属于物质世界之外的另外一个世界。就是说，物质的存在和价值的存在是并列的两个不同的世界，它们相互独立，相互隔绝。前者是此岸，后者才是真正的彼岸。

为了论述之便，我沿用老子的"道"来表达物质世界中作为宇宙本原、世界本体的概念，而用"藏"来表达价值世界。《玉篇·艹部》："藏，库藏。"价值世界是一个蕴藏意义和价值的府库，故名。

在物质世界，作为宇宙的本原和世界的本体，道是一个超越的和绝对的存在，堪称道体。它无边无际、无穷无尽、无所不包、不生不灭，是一个绝对的"大全"和一切存在者之母。鉴于道的物质性，构成道的基本元素可谓之"气"。

这样，我们可以把物质世界称为"气"，把意义和价值的世界称为"藏"。

气有三种基本形式，即质、能和理。其中，质就质料而言，能就功能而言，理就理则而言。

周敦颐曰："无极而太极。"（《太极图说》）在道体界，气为元气，是永恒的、自在的和无形的。故此种状态下的气素，就是"无极"。而就其永恒性而言，此元气所含有的质、能和理可分别称为恒质、恒能和恒理。"无极而太极"意味着无极化生为太极，而太极就是现代天文物理学所说的奇点。被称为奇点的太极是宇宙的"原始细胞"，其体极小，以至于小到肉眼无法看到，但它毕竟是有形体的，因而是一个有限的存在。存在于太极中的质、能和理可分别谓之太质、太能和太理。太极的有限性，决定了它所禀受的太质、太能和太理也是有限的。

宇宙由太极（奇点）裂变而成，就是说太极是宇宙万物的直接源头。所以，道犹如母体，太极就像母体孕育出来的卵子，而宇宙则是由卵子衍化而成的婴儿。当太极演化为宇宙万物以后，它自身——具体言之即其所含有的太质、太能、太理便存在于宇宙万物之中了。这样，太极便有两个层面：一是作为万物产生者的太极，是为本原太极；二是万物所具的太极，是为次生太极。

三　人性及其类型

万物各具太极，意味着万物各具质、能和理。万物所拥有的质、能和理，可分别谓之物质、物能和物理。所谓物能，就是万物之性。就像太极禀受了有限的无极一样，万物也禀受了有限的太极。由于万物对太极的禀受是千差万别的，所以万物是千差万别的，万物之性也是千差万别的。荀子对万物的差别有一个很好的概括："水火有气而无生，草木有生而无知，禽兽有知而无义，人有气有生有知亦且有义[①]，故最为天下贵也。"（《荀子·王制篇》）在这里，荀子将万物分为四类，可分别称为有气之物（矿物质）、有生之物（植物）、有知之物（动物）和有义之物（人）。

笼统地说，所谓性就是各种事物所具有的各种功能的总和。其中，最能代表一类事物的本质并以之同其他事物相区别的功能，我称为"本质的性"，其他功能则为"非本质的性"。有生之物的本质的性体现在生命中，有知之物的本质的性便体现在动物之心中，而有义之物的本质的性则体现在人心中。

---

① 前三个"有"字义皆为拥有某种属性或能力，故此句中的"有"字亦当作如是解。然如将此句中的"义"理解为仁义、礼义之"义"，则与孟子的性善说无异，这显然不是荀子的真义。观《荀子·解蔽》下文"人何以能群？曰分。分何以能行？曰以义。故义以分则和"，杨倞注曰："义，谓裁断也。"《中庸》曰："义者，宜也。"盖何为"宜"，要靠裁断，故"义"有裁断之义。故李涤生引之曰："义，理性。"（李涤生：《荀子集释》，台湾学生书局，1981，第181页）此当为真解。

在这个意义上，甚至毋宁说这些不同层次的功能，就是不同事物的性。非生命是诸如水火等非生命物质的气之性，生命是生物的气之性，动物之心是动物的气之性，人心则是人的气之性。因此，所谓兽心就是兽性，人心就是人性，心即性也。

这就是说，四类事物的性是不同的。就人性而言，根据我对中国人性论的理解和对人性的体察，它应该包含三种类型。一是生理之性，指人的五官百骸的功能。二是身理之性，这里的"身理"介于生理和心理之间，为二者交感的状态，故身理之性指这种状态所体现的功能。三是心理之性，指人的大脑和整个神经系统的功能。这三种类型也是人性的三个层次，其中生理之性为最低层次，心理之性为最高层次。因而，自古以来，最为人们所关注的是心理之性，其次是身理之性，至于生理之性则不是学者们所考察的重点。

在这三种类型之下，又可以进一步分为若干种类。

除了生理之性不论，我认为身理之性至少包含空无之性、冲气之性、私欲之性等种类。"空无"取佛教性空无我之义，指人性中空无的状态。佛教讲性空，由"色"立论，云："色即是空，空即是色。"（《般若心经》）"色"乃气的表现形式，故知其性属气质之性。"冲气"取自《老子》第四十二章"万物负阴而抱阳，冲气以为和"之句。《说文》云："冲，涌摇也。"故"冲气"当指阴阳交融调和之气。在这里，我用冲气之性指人性中真朴、虚静、寂寥的状态。与佛教性空不同，老子用"自然""朴""素"等来描述人的本性，旨在强调性为一种实有状态。"欲"当然指欲望，加上定语"私"字，不过是强调其自私本性而已。学者们一般把"欲"作为一种情。其已发状态固然为情，但其未发状态，主要源自生理而非心理。所以在这里我用"私欲之性"指作为"欲"之未发状态的那种性。

四　心与价值的发现

在物质世界，宇宙所能衍化出来的最精致、最灵妙、最高超的事物就是人心。以现代科学的观点看，所谓心，就是大脑以及整个神经系统。它有三种基本功能，可以分别用"知""情""意"三个概念来表达。

知是心的认识功能，它包含四种形式，我分别称之为"感知""体知""认知""觉知"，四者的主体可分别成为"感知心""认知心""体知心"

"觉知心"。感知是对质世界，包括恒质、太质、物质认识的能力，是心对事物质料的感触方式。对于人来说，质料就是血肉之躯，因而感知包括人对自我生物特性的感触方式。体知是对能世界包括恒能、太能、物能认识的能力，是心对事物功能的体会方式。人的物能就是人身体的功能，因而对自我身体功能即人性的体会是体知的重要内容。认知是对理世界包括恒理、太理、物理认识的能力，是心对事物的理则和知识获取的方式。人的物理是指人的生理以及人之为人的各种原理，它们都是认知的对象。

感知、体知和认知都指向物质世界。与此不同，觉知是对价值世界认识的能力，是心对"藏"所蕴含的意义和价值悟觉、发现的方式。就此而言，觉知是沟通价值世界与物质世界之间、藏与道之间的唯一途径。

对于人的存在来说，觉知是至关重要的。笔者曾经指出，人的存在"可以分为自下而上四个层面，一是生物存在，二是社会存在，三是精神存在，四是信仰存在。人是以生命作为存在形式的，故在这个意义上，这四个层面又可分别称为生物生命、社会生命、精神生命和信仰生命。……这四个层面之间是环环相扣、密不可分的。从客观上看，它们之间是递为体用的关系，……从主观上看，它们之间又是递为目的与手段的关系，……如此看来，这四个层面对人存在的意义是不同的，其中信仰生命是最高之体、最高目的，或者说是生命的最高形式，其次是精神生命，再次是社会生命，至于生物生命，则是纯粹之用、纯粹手段。……能够满足人的生命四个层面之需要的事物分别为物质世界、社会文化、精神文化和信仰文化"。[①] 满足人的生物生命的物质世界自不必说，满足人的社会生命的社会文化，就是根据人性以及人之为人的原理所制定出来的各种行为准则、法规、风俗习惯等，因而也是从属于物质世界的。然而，至于满足人的精神生命、信仰生命的精神文化和信仰文化，则必须建立在意义和价值的基础上，而意义和价值则依赖于觉知对价值世界的悟觉与发现。既然信仰生命和精神生命是人的存在最为重要的两种形式，而它们要靠意义和价值方可满足，因此对人的存在而言，觉知是至为重要的。这就是说，人生意义和人类价值要靠觉知对"藏"所蕴含的意义与价值的悟觉和发现方可获得和确立。至于传统哲学认为价值来自本心、本

---

① 郭沂：《"价值"结构及其分层——兼论中西价值系统的区别与融通》，澳门大学主办《南国学术》2018 年第 3 期。

性乃至道，则出于对觉知和价值本原的误解。

"情"是人心的第二种基本功能，它包含两种类型：一是恻隐之情，二是六气之情。

"恻隐"取自孟子："无恻隐之心，非人也；无羞恶之心，非人也；无辞让之心，非人也；无是非之心，非人也。恻隐之心，仁之端也；羞恶之心，义之端也；辞让之心，礼之端也；是非之心，智之端也。人之有是四端也，犹其有四体也。"（《公孙丑上》）"恻隐之心人皆有之，羞恶之心人皆有之，恭敬之心人皆有之，是非之心人皆有之。恻隐之心，仁也；羞恶之心，义也；恭敬之心，礼也；是非之心，智也。仁义礼智非由外铄我也，我固有之也，弗思耳矣。"（《告子上》）既然"四端"犹如"四体"，为"我固有之也"，那么它们都是性。但在我看来，在孟子的四端中，只有"恻隐之心"为人生而即有的性，其他三者皆为后天经过教育以后形成的道德之心。"恻隐之心"用现在的话说，就是同情心。它既然是先天的，那么必为人心本来具有的功能。

"六气"取自《左传·昭公二十五年》子大叔之语："民有好恶喜怒哀乐，生于六气，是故审则宜类，以制六志。""好恶喜怒哀乐"为六种情绪，子大叔称之为"六志"，当然为已发者。从"生于"二字看，"六气"为"六志"的未发状态，当然是指心的功能而言。所以，在这里我用"六气之性"来指这种功能。

"意"是人心的第二种基本功能。我以为意兼心之灵明、心之主宰、心之定向、心之状态诸义。这里的心之灵明，指心之灵处、心之素地，需要用一定的思想、意识、知识等充实之。《大学》云："物格而后知至，知至而后意诚，意诚而后心正。"诚者，实也。这几句话所强调的是，以正确的道德知识（"知"）来充实"意"，如此方可将"心"纳入正确的道路。作为心之主宰的意，古人一般称之为"心"。如郭店简《五行》云："耳目鼻口手足六者，心之役也。心曰唯，莫敢不唯；诺，莫敢不诺；进，莫敢不进；后，莫敢不后；深，莫敢不深；浅，莫敢不浅。"荀子亦云："心居中虚，以治五官，夫是之谓天君。"（《荀子·天论》）可见，心乃一切行为之主宰。作为心之定向的意，古人一般称之为"志"。如孔子说："苟志于仁，无恶也。"（《论语·里仁》）后人把意念、动机称为"意"，如王阳明说"有善有恶是意之动"，这也是心之定向。作为心之状态的意，《大学》讨论尤多，如"知止而后有定，定而后能静，静而后能安，安而后能虑，虑而后能得"；"所谓修身在正其心者，心有所忿懥，则不得其正；有所恐惧，则不得其正；有所好乐，则不得其正；有所忧患，则不得其正。心不正焉，视而不见，听而不闻，食而不知其味。"至于今本《中庸》、《大学》、帛书《五行》所说的"慎独"和宋明理学家所说的"持敬"等，都是对心之状态的描述。

从意之诸义不难看出，意是知觉心的另外两个基本功能即知和情的主导者。就知而言，意决定着知的方向，也在相当程度上决定着知所能达到的程度。就情而言，意不但决定了情之"发"还是"未发"，也决定了情之"发"是"中节"还是"失节"。另一方面，知和情又可以反过来对意施加影响。

总之，所有形式的人性，皆属气质之性。对于作为物质存在的人而言，所谓义理之性是根本就不存在的。

我们说人心是物质世界所能衍化出来的最精致、最灵妙、最高超的事物，不仅因为它是最高层次的性，还由于它是所有形式的性的呈现者、实现者。作为身体的功能，各种形式的性都是潜在的，只有在心的作用下，它们才得以呈现、实现。上文所引子大叔将六种情绪分为未发的"六气"和已发的"六志"，已经把这个道理说得十分清楚。"六气"作为心的功能是潜在的，"六志"则是这种潜在功底的呈现和实现，其呈现和实现者，便是人心。其实，除了"六气"之性外，所有其他人性的形式，也都是由人性来呈现和实现的。因而，人心是人的主体性的真正承载者。

五　价值与人性在实现过程中的互动

从上文的论述看，在所有形式的人性中，只有觉知心是指向藏的，其他各种形式的人性皆指向物质世界。那么作为人的主体性的承载者，心所发现、呈现、实现的意义与价值同它发现、呈现、实现物质世界的质、能、理而形成的种种产物之间的关系如何呢？由于气（物质）本身没有价值属性，因而单就心对物质世界的发现、呈现、实现所形成的产品来看，是没有任何价值可言的。然而，由于发现、呈现、实现意义与价值者和发现、呈现、实现物质世界质、能、理者都是心，因而这就自然导致意义与价值对心以及对心发现、呈现、实现所形成的产品的渗透。其情形，类似一张黑白照片，本来毫无生气，而经过着色，一下子变得色彩斑斓、生机盎然一样。

意义和价值是通过什么途径对物质世界进行渗透的呢？物质世界虽然不具有价值属性，但其中某些元素却与价值拥有相似的形式。这种现象，我称之为"偶合"。就人性而言，董仲舒认为，性"可谓有善质，而不可谓善"（《春秋繁露·深察名号》）。我则以为，这种"不可谓善"确有"善质"的性，其实是与善相偶合的性。大致地说，空无之性、冲气之性和恻隐之性与价值是完全偶合的；私欲之性与价值是相反的、对立的，具有反价值的特点；而六气之性与价值既非偶合，亦非对立，具有非价值的特点。

根据与价值的偶合程度，可以把性分为三类：一是积极的性，包括与价值完全偶合的空无之性、冲气之性和恻隐之性；二是消极的性，为具有反价值特点的私欲之性；三是中立的性，为具有非价值特点的六气之性。

据此，虽然四端和七情都属于气之性，但其性质完全不同。其中四端属于积极的性，而七情中的喜、怒、哀、惧、爱、恶属于中立的性，欲属于消极的性。至于四端与仁义礼智四德之间只是相偶合而已，并不存在源流或派生的关系。

另外，不具价值属性的万物，虽然无所谓真善美或假恶丑，但其形式和性质，却或多或少与价值相偶合，故人们可以借助万物去发现价值。例如，虽然一朵花本身不具美丑的属性，但其形式和性质却与美的价值相偶合，故人们可以借助它发现美。换言之，这朵花只是人们发现美的凭借。

价值实现的方式有三。

（1）觉知心对"藏"所蕴含价值的直截了当的体悟。

（2）觉知心借助与价值偶合的人性对价值的实现。

（3）觉知心借助与价值偶合的万物对价值的发现。

不过，人性呈现、实现的过程并不仅仅被动接受觉知心所发现价值的渗透，它们之间是密切互动的，这主要表现在三个方面。

（1）相互唤起：觉知心发现价值本身是一种精神过程，但会进而引起生理反应，从而触动人性；人性的呈现本身是一种生理、身理和心理的过程，但会进而引起精神体验，从而促进觉知心对价值的发现。

（2）相互作用：价值的发现以人性为动力，人性的呈现则以价值为向导。

（3）相互渗透：由于以上两点，价值的发现和人性的呈现交融在一起了。

由此，我们进一步理解价值。如关于美的本质，西方哲学史上形成了种种观点。柏拉图提出，美是客观的："这美本身，加到任何一件事物上面，就使事物成其为美，不管它是一块石头，一块木头，一个人，一个神，一个动物，还是一门学问。"恰恰相反，休谟主张美是主观的："美并不是事物本身里的一种性质。它只存在于观赏者的心里，每一个人心见出一种不同的美。"而黑格尔则试图调和这两种观点，认为美是主观与客观的统一："美就是理念的感性显现。"在这里，我赞成柏拉图存在美本身之说——价值来自"藏"，其中的美的价值就是柏拉图所谓的"美本身"，却不相信客观的美本身可以"加到任何一件事物上面，就使事物成其为美"；我欣赏休谟"美并不是事物本身里的一种性质"的判断，但不赞成他"只存在于观赏者的心里，每一个人心见出一种不同的美"的看法——美首先存在于"藏"，然后才为人心所发现，从而"存在于观赏者的心里"。黑格尔把美看作"感性显现"，是误把与美偶合的人性的实现看作美感了。不过，他承认美是一种理念，体现了价值的客观性，有可取之处。

在我看来，美就是觉知心发现美的价值和体知心呈现与美的价值相偶合的人性相互作用的结果。它既是客观的——"藏"所蕴含的美的价值是客观的，又是主观的——必须有心的参与方可实现。美感是以美的价值为内容、以情（六气之性的实现）为动力和能量的精神过程与生理反应。

总之，与价值偶合的人性的实现能够帮助和促进价值的实现。与此相反，那些不能与价值相偶合甚至具有反价值的特点的人性则会阻碍和妨害价值的实现，其中最为突出的，是私欲之性。这种人性，便是反价值（假恶丑）的来源。

除了私欲之性之外，老庄进一步认为连知识也会阻碍和妨害价值的实现。《庄子·天地篇》曰："吾闻之吾师，有机械者必有机事，有机事者必有机心。机心存于胸中，则纯白不备；纯白不备，则神生不定；神生不定者，道之所不载也。"知识之所以会妨碍价值的实现，是因为它会干扰觉知心。

"良知"与人类和平 *

罗安宪

摘　要： 儒家坚信"良知"是存在的，坚信人人都有一颗善良的心。因为人心和善，才会有家庭和睦、人际和顺，才会有社会和谐、世界和平。人心和善是一切的基础。以此为基础，而后始有家齐、国治，以至于天下平。人类和平、天下太平的关键正是对于良知的坚信与守护。

关键词： 明德　良知　和平

作　者： 罗安宪，中国人民大学哲学院教授。

人的本性到底是好的还是坏的？是善的还是恶的？正统儒家认为，每个人的本性都是善良的，但是由于欲望和私念，美好善良的天性就会被蒙蔽。由此就需要修养德性，去除遮蔽，恢复被污染、被蒙蔽的本性。这样一个修养德性的过程，儒家把它称之为"致良知"。"致良知"的过程不是积累、添加、补充，而是去除污染、去除蒙蔽，恢复、保持本来面目的过程。

一　明德、良知、本性、本心

儒家认为，人人都有一颗善良的心。《大学》讲："大学之道，在明明德，在亲民，在止于至善。"何谓"大学"？朱熹说："大学者，大人之学也。"[1]又说："大学之书，古之大学所以教人之法也。"[2]大学之道之要，首先即"明明德"。何为"明明德"？朱熹解释说：

---

* 本文系中国人民大学科学研究基金项目"20 世纪中国孔学史"（项目编号：19NXL013）的阶段性成果。

① 朱熹：《四书章句集注》，中华书局，1983，第 3 页。
② 朱熹：《四书章句集注》，第 1 页。

> 明，明之也。明德者，人之所得乎天，而虚灵不昧，以具众理而应万事者也。但为气禀所拘，人欲所蔽，则有时而昏；然其本体之明，则有未尝息者。故学者当因其所发而遂明之，以复其初也。①

人之德性本得乎天，此即《中庸》所谓"天命之谓性"，这种得自于天的本然之性，本来是明的，是"虚灵不昧"的，是善的。朱熹解释"明德"说："明德，谓得之于己，至明而不昧者也。如父子则有亲，君臣则有义，夫妇则有别，长幼则有序，朋友则有信，初未尝差也。苟或差焉，则其所得者昏，而非固有之明矣。"②明德是得自于天的，是自己之所得，不是从外面强加于人的。"明德是自家心中具许多道理在这里。本是个明底物事，初无暗昧，人得之则为德。如恻隐、羞恶、辞让、是非，是从自家心里出来，触着那物，便是那个物出来，何尝不明。"③人之所以有恻隐、羞恶、辞让、是非之心，是因为人的内心里本来就包含有这些因素，遇事而发，就是慈，是孝，是父子之亲，是君臣之义。所以，"人本来皆具此明德，德内便有此仁义礼智四者。"④人本来就具有此明德，此明德之显发，即恻隐、羞恶、辞让、是非之心，而此四心，正是儒家所倡的仁义礼智四者的发端。此明德、此四心，本来是合一的，是得自于天的，是本自固有的，不是学习得来的，也不是他人强加于人的。

这种本有而非习得、内有而非强加的德性，孟子将其称之为"良知""良能"。

> 人之所不学而能者，其良能也；所不虑而知者，其良知也。孩提之童，无不知爱其亲者；及其长也，无不知敬其兄也。亲亲，仁也；敬长，义也。无他，达之天下也。（《孟子·尽心上》）

"良知""良能"是本有的，不是学习得来，它是人本有的善性。性是与生俱有的，但是在孟子看来，对于人而言，并不是与生俱来的都是人性。他说：

> 口之于味也，目之于色也，耳之于声也，鼻之于臭也，四肢之于安

---

① 朱熹：《四书章句集注》，第1页。
② 朱熹：《朱子语类》，中华书局，1986，第262页。
③ 朱熹：《朱子语类》，第263页。
④ 朱熹：《朱子语类》，第262页。

> 佚也，性也，有命焉，君子不谓性也。仁之于父子也，义之于君臣也，礼之于宾主也，智之于贤者也，圣人之于天道也，命也，有性焉，君子不谓命也。（《孟子·尽心下》）

口之于味、目之于色之类，虽然也是人所常有的，但它只是人的自然属性，并不是人之所以为人的属性，不是人的品性。仁之于父子也、义之于君臣也之类，才是人所独有的，才是人之所以为人的属性，才是人的本质属性，才是人性。

这种人之所以为人的本性，情况如何呢？孟子认为从根本上来讲、从本质上来讲，是善的。何以知其为善？孟子认为性是抽象的，这种抽象的性必然会落实在人心上，而人心则从具体之事上可以见出。所以，孟子讲性，是由心以见性，由事以观心。通过具体的事来观察人的心，进而由人的心来考察人的性。唐君毅先生说："孟子言性，乃即心言性善，……所谓即心言性善，乃就心之直接感应，以指证此心之性之善。"① 孟子讲人性，不是抽象地讲人性如何，而是通过对于人心的考察，以确定人性如何，因为人性一定会落实到人心上。

孟子说：

> 人皆有不忍人之心。……所以谓人皆有不忍人之心者，今人乍见孺子将入于井，皆有怵惕恻隐之心。非所以内交于孺子之父母也，非所以要誉于乡党朋友也，非恶其声而然也。（《孟子·公孙丑上》）

对这段话的解释，过去往往忽略一个前提，即"乍见"。乍见，即当下，即不加任何思索的直接反应。相反，如果在这个过程中犹豫了，哪怕是一瞬间的犹豫，就表明有问题。当一个孩子要掉到井里，我们没有任何犹豫，不加任何思索、全力以赴去救孩子。而我们去救孩子，不是为了去结交孩子的父母，不是为了要在乡里朋友之间取得一个好的名声，不是为了害怕因为不救而落下一个坏名声。在孩子要掉井的情况下，人们会不加思索地冲上去救孩子，每个人都会这样做。由这件事可以看出，每个人都有一颗善良的心，而善心是善性在当下的直接反应。由事以观心，由心以见性。心之所以善，是因为性善。性是善的，心才是善的。

---

① 唐君毅：《中国哲学原论·原性篇》，中国社会科学出版社，2005，第13页。

人都有恻隐之心，人也都有羞恶之心、辞让之心、是非之心。任何人都会有，不是有的人有而有的人没有，没有是不可能的。"无恻隐之心，非人也；无羞恶之心，非人也；无辞让之心，非人也；无是非之心，非人也。"（《孟子·公孙丑上》）孟子在这里不是重复，而是在强调：凡人都有"四心"。人有"四心"，就像人有四肢一样。人有四肢，是人外在性的标志；人有"四心"，是人内在性的标志。"人之有是四端也，犹其有四体也。"（《孟子·公孙丑上》）并且，人有"四心"，是人为善的基础。"恻隐之心，仁之端也；羞恶之心，义之端也；辞让之心，礼之端也；是非之心，智之端也。"（《孟子·公孙丑上》）所以，儒家所宣扬的仁、义、礼、智，并不是外在于人或强加于人的东西，而是根源于人性，是人性中本有的东西："仁义礼智，非由外铄我也，我固有之也。"（《孟子·告子上》）为仁行义本来就是人的自然倾向，其实不过是使人性之中本有的善端得以发扬光大而已。

孟子的性善论，有本善与向善的争议。孟子的性善是本善还是向善？在《孟子·告子上》篇中，有这样的论述：

> 告子曰："性犹湍水也，决诸东方则东流，决诸西方则西流。人性之无分于善不善也，犹水之无分于东西也。"
> 孟子曰："水信无分于东西。无分于上下乎？人性之善也，犹水之就下也。人无有不善，水无有不下。"（《孟子·告子上》）

告子说，性无所谓善与不善，一个水池，你把东边的口打开，水就向东流；把西边的口打开，水就向西流。孟子说，水可以向东流，也可以向西流，但水一定会向下流。人之向善就如水之就下，所以，"人无有不善，水无有不下"。这里孟子所说性善，是向善，但是结合《公孙丑》篇"四心"的说法，孟子所强调的性善，主要还是本善，即人性本来就是善的。

孟子又说：

> 体有贵贱，有小大。无以小害大，无以贱害贵。养其小者为小人，养其大者为大人。今有场师，舍其梧槚，养其樲棘，则为贱场师焉。养其一指而失其肩背，而不知也，则为狼疾人也。饮食之人，则人贱之矣，为其养小以失大也。饮食之人无有失也，则口腹岂适为尺寸之肤哉？（《孟子·告子上》）

我们经常引用"食色，性也"，但这句话是有问题的。这句之所以有问题，在于它没有彰显人与其他动物的区别。人之所以为人，之所以是万物之中最可贵的，是因为人虽然也有"食色，性也"这种性，但是，人还有"该如何"这样的一种性，这样的性恰恰是人之所以为人的根本。所以孟子所讲到的性善，不是指人所有的性都是善，而是人之为人的性。"人之所以异于禽兽者几希，庶民去之，君子存之。"（《孟子·离娄下》）人和禽兽的差异就那么一点儿（即仁义），普通人抛弃它，君子保存它。食色，性也，本能之欲。这些东西人有，其他动物也有。这并不是人之所以为人者，并不是人之可贵者。人之所以可贵，就在于人知道自己在做什么、为什么这样做。孟子所讲的性，不是人的性，而是人之所以为人的性，这个性从严格意义上来讲，是上天给人之所命，是后来宋明理学所讲的，人之所以为人的性。

有人说，孟子讲人性善，荀子讲人性恶。在这里，我必须要澄清一下，孟子讲人性善，但荀子从来没有讲过人性恶，荀子讲的是"人之性恶"。"人之性"在《荀子》里一共出现了 40 次。孟子人性之善所指并不是荀子人性恶之所指，孟子说的人性善，是人之所以为人的本性。而荀子所讲的"人之性"，则是人与动物相共的本性。

> 今人之性，生而有好利焉，顺是，故争夺生而辞让亡焉；生而有疾恶焉，顺是，故残贼生而忠信亡焉；生而有耳目之欲，有好声色焉，顺是，故淫乱生而礼义文理亡焉。然则从人之性，顺人之情，必出于争夺，合于犯分乱理而归于暴。故必将有师法之化，礼义之道，然后出于辞让，合于文理，而归于治。用此观之，人之性恶明矣，其善者伪也。
>
> 古者圣人以人之性恶，以为偏险而不正，悖乱而不治，故为之立君上之执以临之，明礼义以化之，故为之立君上之势以临之，明礼义以化之，起法正以治之，重刑罚以禁之，使天下皆出于治，合于善也。（《荀子·性恶》）

荀子所说的"人之性"，是人的一种自然的本能，它也是生来就有的。这种东西，就是宋明理学所说的人欲。与人欲相对的是天理，天理是善，人欲是恶。在荀子看来，如果顺应人的这样一种自然的欲望，任其自然发展，必然出现争执，必然出现混乱。为了防止社会的混乱，古代圣王制定出一系列的礼仪规范，这就是"礼"。礼不是从来就有的，是古代圣王制定出来的，古代圣王为什么要制定礼？因为人之性中有人欲之性。

虽然荀子认为人之性恶，但他又认为人可以改过迁善，可以"化性起伪"。

> 性也者，吾所不能为也，然而可化也；情也者，非吾所有也，然而可为也。注错习俗，所以化性也；并一而不二，所以成积也。习俗移志，安久移质。并一而不二则通于神明，参于天地矣。故积土而为山，积水而为海，旦暮积谓之岁。至高谓之天，至下谓之地，宇中六指谓之极；涂之人百姓积善而全尽谓之圣人。彼求之而后得，为之而后成，积之而后高，尽之而后圣。故圣人也者，人之所积也。人积耨耕而为农夫，积斫削而为工匠，积反货而为商贾，积礼义而为君子。工匠之子莫不继事，而都国之民安习其服。居楚而楚，居越而越，居夏而夏，是非天性也，积靡使然也。故人知谨注错，慎习俗，大积靡，则为君子矣；纵情性而不足问学，则为小人矣。（《荀子·儒效》）

荀子认为，一个人可以改过迁善，可以"化性起伪"。荀子说："小人可以为君子而不肯为君子，君子可以为小人而不肯为小人。小人君子者，未尝不可以相为也。"（《荀子·儒效》）君子与小人的区别，不在于先天之性的不同，而在于为与不为的不同。

孟子强调人之为人的本性，荀子突出人与动物共有的性。强调人之为人的本性，是要为儒家的仁义之道确立一个根基；而突出人与动物共通的本性，是强调一个人要注重后天的学习。

孟子之性善论突出人之先天因素，荀子之性恶论强调人之后天作为。人之为仁，既不能不根于先天，但亦不能忽视后天之努力。所以，《中庸》曰："天命之谓性，率性之谓道，修道之谓教。""自诚明，谓之性；自明诚，谓之教。诚则明矣；明则诚矣。"性为天、为诚，强调的是人的先天性的因素；教为人、为明，强调的是人的后天性的因素。先天性的因素突出的是人的先天根据，亦即后儒之所谓本体；后天性的因素突出的是人的后天的工夫。张载讲："儒者则因明致诚，因诚致明，故天人合一，致学而可以成圣，得天而未始遗人。"（《正蒙·乾称》）只强调先天，而不注重后天，只有根据而无工夫；只注重后天，而不承认先天，则只有工夫而无根据。后代儒学发展之切实问题，正是如何将孟与荀结合起来，亦即将本体与工夫如何结合起来的问题。

性三品说就是这样一种尝试。董仲舒曰:"圣人之性不可以名性,斗筲之性又不可以名性,名性者,中民之性。中民之性如茧如卵。卵待覆二十日而后能为雏,茧待缲以涫汤而后能为丝,性待渐于教训而后能为善。"(《春秋繁露·实性》)扬雄曰:"人之性也,善恶混。修其善则为善人,修其恶则为恶人。气也者,所以适善恶之马也与?"(《法言·修身》)王充曰:"余固以孟轲言人性善者,中人以上者也;孙卿言人性恶者,中人以下者也;扬雄言人性善恶混者,中人也。若反经合道,则可以为教;尽性之理,则未也。"(《论衡·本性》)韩愈曰:"性之品有上、中、下三,上焉者善焉而已矣,中焉者可导而上下也,下焉者恶焉而已矣。"(《原性》)张载首先将性分为天地之性与气质之性。"性于人无不善,系其善反不善反而已,……形而后有气质之性,善反之则天地之性存焉。"(《正蒙·诚明》)二程发挥了张载的观点,进一步以理、气论性。程颐曰:"性即是理,理则自尧舜至于涂人,一也。才禀于气,气有清浊。禀其清者为贤,禀其浊者为愚。"(《程氏遗书》卷十八)[1] 朱熹进一步发挥完善了二程的观点。"论天地之性,则专指理言;论气质之性,则以理与气杂而言之。未有此气,已有此性。气有不存,而性却常在。"(《朱子语类》卷四)[2] "性非气质,则无所寄;气非天性,则无所成。"(《朱子语类》卷四)[3] 这一切努力之根本用意都是力图将本体与工夫结合起来。

二　致良知,合本体与工夫

至明代,王阳明进一步继承和发挥了孟子"良知、良能"的理论。在王阳明看来:

> 良知者,孟子所谓"是非之心,人皆有之"者也。是非之心,不待虑而知,不待学而能,是故谓之良知。是乃天命之性,吾心之本体,自然灵昭明觉者也。凡意念之发,吾心之良知无有不自知者。其善欤,惟吾心之良知自知之;其不善欤,亦惟吾心之良知自知之;是皆无所与于

---

① 程颢、程颐:《二程集》,中华书局,2004,第204页。
② 朱熹:《朱子语类》,第67页。
③ 朱熹:《朱子语类》,第67页。

他人者也。故虽小人之为不善，既已无所不至，然其见君子，则必厌然掩其不善，而著其善者，是亦可以见其良知之有不容于自昧者也。今欲别善恶以诚其意，惟在致其良知之所知焉尔。（《大学问》）①

良知即不待虑而知、不待学而能的人所本有的是非之心。人为善，其心之良知自知之；人为不善，其心之良知亦自知之。所以，小人为不善，见君子必厌然而掩其不善，表明其是非之心、其良知并不因其为不善而消逝。所以，修养的工夫，全在于"致良知"，亦即"惟在致其良知之所知"。

"致良知"的关键是强调一念之所发。王阳明指出："意念之发，吾心之良知既知其为善矣，使其不能诚有以好之，而复背而去之，则是以善为恶，而自昧其知善之良知矣。意念之所发，吾之良知既知其为不善矣，使其不能诚有以恶之，而复蹈而为之，则是以恶为善，而自昧其知恶之良知矣。"② 意念发动处为善，须使其诚好之；意念发动处为不善，须使其诚恶之。"凡其发一念而善也，好之真如好好色；发一念而恶也，恶之真如恶恶臭：则意无不诚，而心可正矣。"③ 修身的前提是正心，正心的前提是诚意。诚意即心念发动处"如好好色""如恶恶臭"。在王阳明看来，格物、致知、诚意、正心、修身，是一以贯通的工夫。

> 盖身、心、意、知、物者，是其工夫所用之条理，虽亦各有其所，而其实只是一物。格、致、诚、正、修者，是其条理所用之工夫，虽亦皆有其名，而其实只是一事。何谓身？心之形体运用之谓也。何谓心？身之灵明主宰之谓也。何谓修身？为善而去恶之谓也。吾身自能为善而去恶乎？必其灵明主宰者欲为善而去恶，然后其形体运用者始能为善而去恶也。故欲修其身者，必在于先正其心也。然心之本体则性也。性无不善，则心之本体本无不正也。何从而用其正之之功乎？盖心之本体本无不正，自其意念发动而后有不正。故欲正其心者，必就其意念之所发而正之，凡其发一念而善也，好之真如好好色；发一念而恶也，恶之真如恶恶臭：则意无不诚，而心可正矣。然意之所发有善有恶，不有以明

---

① 王阳明：《王阳明全集》中，上海古籍出版社，2011，第1070页。
② 王阳明：《王阳明全集》中，第1070页。
③ 王阳明：《王阳明全集》中，第1070页。

其善恶之分，亦将真妄错杂，虽欲诚之，不可得而诚矣。故欲诚其意者，必在于致知焉。致者，至也，如云"丧致乎哀"之"致"。……然欲致其良知，亦岂影响恍惚而悬空无实之谓乎？是必实有其事矣。故致知必在于格物。物者，事也，凡意之所发必有其事，意所在之事谓之物。格者，正也，正其不正以归于正之谓也。正其不正者，去恶之谓也。归于正者，为善之谓也。夫是之谓格。……今焉于其良知所知之善者，即其意之所在之物而实为之，无有乎不尽。于其良知所知之恶者，即其意之所在之物而实去之，无有乎不尽。然后物无不格，而吾良知之所知者无有亏缺障蔽，而得以极其至矣。夫然后吾心快然无复余憾而自谦矣，夫然后意之所发者，始无自欺而可以谓之诚矣。故曰："物格而后知至，知至而后意诚，意诚而后心正，心正而后身修。"盖其功夫条理虽有先后次序之可言，而其体之惟一，实无先后次序之可分。其条理功夫虽无先后次序之可分，而其用之惟精，固有纤毫不可得而缺焉者。此格致诚正之说，所以阐尧、舜之正传而为孔氏之心印也。（《大学问》）①

身之主宰即是心，要修身，必先要正其心。心之本体即是性，而性无不善，所以心之本体不无不正。心之本体本无不正，而其意念之发动，则有正与不正之分。正者诚好之，不正者诚恶之，此即是诚意。而要诚意，必先要致良知，致良知即是致其良知之所知，保持良知之真。而致其良知，不可悬空无实，必须落实于具体实事上，此即是格物。格物即是良知的具体落实，即是致良知于事事物物。如此，格物、致知、诚意、正心、修身，其实只是一事，为一以贯通之工夫。

在朱熹看来，格物致知即是格物穷理。王阳明反对此种说法。

> 朱子所谓"格物"云者，在即物而穷其理也。即物穷理，是就事事物物上求其所谓定理也，是以吾心而求理于事事物物之中，析"心"与"理"而为二矣。（《传习录》中）②

"格物穷理"是在事事物物之中求其理，从而将心与理分作两端。在王阳明看来，理原本就在心上，离却心，便无所谓理。并且，"格物"也非与事物相接

---

① 王阳明：《王阳明全集》中，第 1069 ~ 1071 页。
② 王阳明：《王阳明全集》上，第 50 页。

触，而是正其不正以归其正；"致知"并非是扩充知识，而是致良知。"'致知'云者，非若后儒所谓充扩其知识之谓也，致吾心之良知焉耳。"①

王阳明强调，"物"并不是外在的事物，而是人所要做的事；"格"也不是至，而是正；"致知"不是扩充知识，而是致良知。正因如此，在王阳明看来，"格物致知"根本不是什么"格物穷理"，而是"致知格物"。

> 所谓致知格物者，致吾心良知于事事物物也。吾心之良知，即所谓天理也。致吾心良知之天理于事事物物，则事事物物皆得其理矣。致吾心之良知者，致知也。事事物物皆得其理者，物格也。是合心与理而为一者也。（《传习录》中）②

在程朱看来，人身修养的过程就是一个"格物致知"的过程。"格物致知"的重心是"格物"，其路径是由"格物"而"致知"，是通过"格物"而"致知"；而在陆王看来，修身的工夫就是反思去蔽、恢复本心的过程，"格物致知"的重心是"致知"而非"格物"，其路径是由"致知"而"格物"，是通过"致知"而"格物"。"致知格物"实则是"致良知"，就是"致吾心良知于事事物物"。格物、致知、诚意、正心、修身，其实只是一事。因为只是一事，故"实无先后次序之可分"。

> 故格物者，格其心之物也，格其意之物也，格其知之物也；正心者，正其物之心也；诚意者，诚其物之意也；致知者，致其物之知也：此岂有内外彼此之分哉？理一而已。以其理之凝聚而言，则谓之性；以其凝聚之主宰而言，则谓之心；以其主宰之发动而言，则谓之意；以其发动之明觉而言则，则谓之知；以其明觉之感应而言，则谓之物。故就物而言谓之格，就知而言谓之致，就意而言谓之诚，就心而言谓之正。正者，正此也；诚者，诚此也；致者，致此也；格者，格此也。皆所谓穷理以尽性也。（《传习录》中）③

格物、致知、诚意、正心、修身，其实只是一事，就是致良知，就是"致吾

---

① 王阳明：《王阳明全集》中，第1070页。
② 王阳明：《王阳明全集》上，第51页。
③ 王阳明：《王阳明全集》上，第86~87页。

心良知于事事物物"。

> 知是心之本体。心自然会知：见父自然知孝，见兄自然知弟，见孺子入井自然知恻隐，此便是良知，不假外求。（《传习录》上）①

良知是心的本体，心的本体就是性，良知也就是本性，是人本然纯正的天性。"性无不善，故知无不良，良知即是未发之中，即是廓然大公，寂然不动之本体，人人之所同具者也。"（《传习录》中）② 在王阳明看来，良知是人人所同具的。"良知良能，愚夫愚妇与圣人同。但惟圣人能致其良知，而愚夫愚妇不能致，此圣愚之所由分也。"（《传习录》中）③ 圣人与常人的不同不在于有无良知，而在于能不能致良知。致良知即将此良知落实于具体事项上。"盖良知只是一个天理自然明觉发见处，只是一个真诚恻怛，便是他本体。故致此良知之真诚恻怛以事亲便是孝，致此良知之真诚恻怛以从兄便是弟，致此良知之真诚恻怛以事君便是忠。只是一个良知，一个真诚恻怛。"（《传习录》中）④ 良知其实就是天理，致良知也只是循乎天理。

人人都有一颗善良的心，人人都具有良知。相传王阳明曾经捉住一个窃贼，这个窃贼干过不少坏事，被捉住时连死都不怕，更不知良知为何物。而王阳明则认为凡人皆有良知，这个窃贼一样有良知，窃贼则不以为然。王阳明让他当着大家的面脱衣服，等脱到最后一件衣服时，这个窃贼怎么也不肯脱。王阳明说，这就是良知。一个人的是非之心、辞让之心可能已经被蒙蔽，但他还有羞耻之心。这羞耻之心就是良知。

有一个聋哑人，名叫杨茂，王阳明通过与他笔谈，发现他的良知一点也不比任何人差。

> 你口不能言是非，你耳不能听是非，你心还能知是非否？（答曰："知是非。"）如此，你口虽不如人，你耳虽不如人，你心还与人一般。（茂时首肯拱谢。）大凡人只是此心。此心若能存天理，是个圣贤的心；口虽不能言，耳虽不能听，也是个不能言不能听的圣贤。心若不存天理，

① 王阳明：《王阳明全集》上，第7页。
② 王阳明：《王阳明全集》上，第71页。
③ 王阳明：《王阳明全集》上，第56页。
④ 王阳明：《王阳明全集》上，第95～96页。

是个禽兽的心；口虽能言，耳虽能听，也只是个能言能听的禽兽。（茂时扣胸指天。）你如今于父母，但尽你心的孝；于兄长，但尽你心的敬；于乡党邻里、宗族亲戚，但尽你心的谦和恭顺。见人怠慢，不要嗔怪；见人财利，不要贪图，但在里面行你那是的心，莫行你那非的心。纵使外面人说你是，也不须听；说你不是，也不须听。（茂时首肯拜谢。）你口不能言是非，省了多少闲是非；你耳不能听是非，省了多少闲是非。凡说是非，便生是非，生烦恼；听是非，便添是非，添烦恼。你口不能说，你耳不能听，省了多少闲是非，省了多少闲烦恼，你比别人到快活自在了许多。（茂时扣胸指天暨地。）我如今教你但终日行你的心，不消口里说；但终日听你的心，不消耳里听。（茂时顿首再拜而已。）（《王阳明全集》卷二十四《谕泰和杨茂》)①

一个聋哑人，虽然不能说话，也听不见别人的言语，但其良知与他人没有差别，也是一个不能言不能听的圣贤。这表明良知并非学习得来，而是人内心里面本有的，它就是人内心里本有的明是非、知善恶的根本，也就是人之为人的本体。

良知人人所具有，良知人人所本有。以本有的良知待人，以本有的良知做事，是人与人之间关系的基础，也是人类和平的基础。孔子说：

> 道之以政，齐之以刑，民免而无耻；道之以德，齐之以礼，有耻且格。（《论语·为政》）

社会秩序、人类和平靠什么来维护？当然离不开法律，但法律不是唯一的。单靠法律，人们一定会千方百计地找寻法律的漏洞，千方百计地逃避法律的制裁。所以儒家不奉行"道之以政，齐之以刑"的刑政，而提倡"道之以德，齐之以礼"的德政，强调"明明德""致良知"，强调道德的养成与教化。

儒家坚信人心和善，坚信人人都有一颗善良的心。因为人心和善，才会有家庭和睦、人际和顺，才会有社会和谐、世界和平。人心和善是一切的基础。《大学》云："身修而后家齐，家齐而后国治，国治而后天下平。"由"明明德""致良知"以修身，以此为基础，而后始有家齐、国治，以至于天下平。人类和平、天下太平的关键正是对于良知的坚信与守护。

---

① 王阳明：《王阳明全集》中，第 1013 页。

儒家教化观念的本真价值*

程　旺

摘　要："教化"贯通儒学思想始终，是儒家思想的核心视域。"教"而无"化"、不"教"而"化"均是本真的儒家教化所批判的不当模式，儒家所言"教"与"化"乃本原一体结构，本质上其实是一种转化，它首先是自我的教化，即立足自我本体而实现的实存转化。作为个体的自我转化，还必须容纳向世界的打开过程，否则"自我"仍是有限隔的，因此个体需依托与其相应的共同体来完成自身的义务展开、社会责任以及境界提升，包括对万物的观照亦是其应然过程。在此展开中，"教化"关涉着价值观如何生成与传播的方式问题。

关键词：儒家　教化　礼教　价值观

作　者：程旺，北京中医药大学马克思主义学院副教授。

梁漱溟先生曾特别指出："盖数千年间中国之拓大绵久，依于中国文化；中国文化发展自始不以宗教作中心，而依于周孔教化。"[1] 儒家"教化"在中国文化中具有重要历史价值，有关儒家"教化"的本来内涵及其内在义理，尚存不少有待澄清甚至误解之处。本文通过简要的勾勒叙述，对此略加疏解。

一

孔子创立儒家一派，依"仁"立教，确立儒学的"教化"精神，其后孟子主"善政不如善教"、荀子倡"美教化"，延续两千多年一直未曾中断。汉

＊　本文系国家社科基金后期资助项目（项目编号：19FZXB051）、教育部人文社科研究青年基金项目（项目编号：18YJC720002）的阶段性成果。
[1]　梁漱溟：《中国文化要义》，学林出版社，2000，第102页。

代董仲舒继续推崇教化，认为"古之王者明于此，是故南面而治天下，莫不以教化为大务"（《汉书·董仲舒传》），"圣人之道，不能独以威势成政，必有教化"（《春秋繁露·为人者天》）；《汉书》总结儒家的来源及特征，将"顺阴阳明教化"（《汉书·艺文志》）作为其重要标识之一，并且认为"教化之流，非家至而人说之也"（《汉书·匡衡传》），教化并非采取说教、聒噪的"家至人说"之方式。魏晋时代，虽然较为崇尚"触情而行"的自然之风，不过，仍有"名教中自有乐地"的执拗。到了宋明，同样依止于教化，比如朱子最重要的著作《四书集注》中的《大学章句》，他为《大学章句》作的序尤其值得注意，反映出朱子之心曲。整个《大学章句·序》就是围绕教化问题来讲《大学》的重要性及其思想逻辑的，阐述了为什么要教、如何来教、教化的工夫次序是什么、教化的方法应如何、教化的效果会怎样等问题。也就是说，朱子之所以看重《大学》就在于他认为《大学》阐明了教化之理，有助于教化的展开及落实。再如王阳明，其核心理论"良知教"，以良知为核心展开教化，"良知教"不仅强调要确立其主体自身，还要致良知于事事物物。这是良知的本有意涵，也呈现了教化应有的意义。直到近现代，教化的本真意蕴同样一以贯之。梁漱溟先生认为"教化之所以必要，则在于启发理性、培植礼俗而引生自力"[1]，这个论断点出了教化的精神和旨趣，所以他依然强调"宁在教化"；牟宗三先生则着力辩护"教化之大防"[2]；徐复观先生亟亟提点"教化精神"乃儒家精神性格"为人所忽略，而实系最伟大的一面"[3]。可见，"教化"贯通儒学思想始终，实乃其精神特质之所在，是我们进入、打开儒家思想的一个核心视域。

不过，以往我们提到儒家教化往往会有一种不太恰当的理解，偏颇地将教化理解为由上而下的、强制性的灌输形态，比如君主教化臣民、圣人教化百姓、老师教化学生等，教化被视作从思想到行为的规训机制，这样理解会导向对儒学价值的相对负面的定位，对教化自身的价值也无法恰当澄清。问题在于，我们对儒家教化的理解和表述通常只停留于平铺的视角，如从政治教化、道德教化、礼乐教化、诗教、书教、礼教等不同视域来看待儒家教化，

---

[1]　梁漱溟：《中国文化要义》，第 213 页。
[2]　牟宗三：《政道与治道》，吉林出版集团有限责任公司，2010，第七章第四节。
[3]　徐复观：《儒家精神之基本性格及其限定与新生》，载《徐复观文集》第二卷，湖北人民出版社，2002，第 53 页。

而把立体的视角忽略掉了，即对教化的合法性根基、"教"如何能"化"、教化的过程机制等未加彻底追问，由此对教化观念的内在义理结构并未透彻理解。"教化"何以可能，才是理解儒家教化需要面对的首要问题。儒家所言教化，首先是自我的教化，不管是什么形态的教化模式，只有立足于主体性的自觉和认同，教化才具有生成、实现的基础和可能。因此，我们所理解的教化本质上其实是一种转化，首要即自我本体的实存转化，以此为基础，"教"而能"化"才具有本体依据。故而，我们首先应找到人之为人的根本在哪儿，首先找到自己背后的本体，这是教化的前提。孔子找到的根据是"仁"："人而不仁，如礼何？人而不仁，如乐何？"（《论语·八佾》）这就是人之为人的本体或价值根据。但对大多数人而言，仁不是那么容易做到的，那怎么办呢？要"学"，要"教"。学也是一种教，是自我所寻求对自我的教，所以才能"学而时习之，不亦乐乎"（《论语·学而》）。还有"子以四教，文行忠信"（《论语·述而》），都是讲这个问题。尤其对老百姓来讲，教化很重要，孔子讲治理一个国家首先要"庶"，然后要"富"，最后不能忘记还要"教"。民如何教？[1]"民可使由之，不可使知之"（《论语·泰伯》），即顺应民众的本然生活方式来开展："圣人之治民，民之道也。禹之行水，水之道也。造父之御马，马之道也。后稷之艺地，地之道也。莫不有道焉，人道为近。是以君子，人道之取先。"（《郭店楚简·尊德义》）后来孟子提出"五伦"作为教化的内容，可视为以"人道"来"治民"的具体延伸，孟子讲道："人之有道，饱衣暖食，逸居而无教，则近于禽兽。圣人有忧之，使契为司徒，教以人伦：父子有亲、君臣有义、夫妇有别、长幼有序、朋友有信"（《孟子·滕文公上》）。教化的可能，在于人性自身的定位和觉悟；教化的必要，则彰显着其现实意义之所在。

二

从内在结构层面追问："教"何以能"化"？转化如何实现？自我到社会的维度为何一定要展开？我们发现教化是有层级性的，有其内在的逻辑，首先是对自我的根本确认。"仁者人也。"（《中庸》）孔子以仁立教，仁就是人

---

[1]　李景林：《"民可使由之"说所见儒家人道精神》，载《人文杂志》2013 年第 10 期。

自身内在自我的发现。仁虽然有时也需要学、教的环节，但并非外在的灌入，而不过是在学的过程中回问自身的自我确证，亦即自我教化之实效："仁远乎哉？我欲仁，斯仁至矣。"（《论语·述而》）《中庸》开篇对"教"所做的定位，进一步以"性"深化了自我确证的内涵（"天命之谓性"），由此贞定此"教"之基本精神，"修道之谓教"是在"性""率性"的内在根基上得以开展。孟子接着讲尽心知性、存心养性，正是对此教化精神的接续和发展。孟子的贡献在于发明"本心"，即心性论，为内在的自我根基确定了完善的存在论基础。孟子就本心讲性善，特别需要解释的是，既然性善，社会上为何还有那么多恶的行为出现。人性之恶的存在，性善论是可以解释的，恶不过就是善的缺失，本心放失而不知求，当然会"放辟邪侈，无不为已"（《孟子·梁惠王上》）。所以恶的存在是可以解释的，不能因为有恶就否定性善论①；人性本善，但不是所有人能守护住生、长此善的本心，所以离不开"教"，而恶的存在更从反面强化了教化的理论必要性。孟子由性本善筑牢人性之根据，并将自我之教的可能阐发了出来。

仅仅这样还不够，这些还不是自我教化的全部意义。在找到自我的根源、安顿好自身之后，真正的教化一定会有向外推展的过程，这是自我转化、自我充实之后的必然结果。《大学》所总结的"大学之教"——"明明德—新民—止于至善、格—致—诚—正—修—齐—治—平"的理论结构，正是对此教化推展的规模性刻画。不仅要落实好自己，还要影响社会，直至影响万物，孔子所谓"修己安人""博施济众"，后来不断发展出所谓"成己成物"，所谓"先觉觉后觉"，所谓"民胞物与"，所谓"仁者浑然与物同体"，所谓"致良知于事事物物"等，一脉相沿；现代儒学学者如杜维明仍总结出"自我—社群—自然—天道"的层级展开，来表征自我由内而外逐步外化、展开并不断上达的教化过程。② 为什么一定要外化推及至万物呢？"君子之心，豁然大公，其视天下，无一物而非吾心之所当爱，无一事而非吾职之所当为，虽或势在匹夫之贱，而所以尧舜其君，尧舜其民者，亦未尝不在其分内也。"③ 一方面，关怀社会、安顿万物其实是成就自身、完善自我的必然要求，作为个体的自

---

① 性善论可以从理论上较为圆满地解释人性诸现象，包括恶的问题；反之，性恶论对"善如何可能"的问题，却难以从根源上给出圆满解决。
② 杜维明：《二十一世纪的儒学》，中华书局，2014，第四章第二节。
③ 朱熹：《朱子全书》第6册，上海古籍出版社、安徽教育出版社，2001，第513页。

我转化，必须容纳向世界的打开过程，人和社会、万物应该是相通的，否则"自我"仍是有限隔的；另一方面，个体自我也需要依托与其相应的共同体来完成自身的义务展开、社会责任以及境界提升。换句话说，不外推则自我的转化仍是未完成态，对社会、万物的观照其实正是主体自身"教而化之"的应然过程。

故此，儒家教化的本质，用简要概括的话来说还是"内圣外王"最为恰切。内圣外王讲出了儒家教化的内外两面及其关联。内圣外王不是"内圣＋外王"，二者不是简单的拼接组合关系，而是一体关系，可以理解为综合结构，不过应该明确是"综合之必然"，亦即两面必然互相含蕴对方。内圣一定包含外王的要求，否则就不是真内圣；外王一定是立基于内圣的外王，否则就不是儒家的外王。但现有很多观点认为儒学已经失去了制度性依附，以往士大夫端身正己即可影响到其家庭以至家族乃至邦国，而现在家庭都是单个的原子式单位，已无法期待外王，儒学只要做好个体修身就可以了。其实不然，真正的儒学内圣一定会导向外王的追求，反之亦然，也不会存在只讲外王的儒学，否则就是不合"法"的。① 现代式的外王，并非专指政治秩序、更新治道之类，实则可在大大小小任何生活圈子里展开，如立足各自的职业去做好其职分之所当为，参与到社会共同体的运转而产生与自身职责相应的影响，还可以去做诸如志愿、公益之事来关怀、影响他人，等等。从广义的"外王"看，我们可以在生活秩序中能近取譬，外王可以无息之停。故儒学的现代转化依然会导向外王，也可以做到外王，只是外王的形态会与时偕新，但不会无有。另一个误区，则是认为外王的实现可以不必经内圣亦可达致，否认内圣作为前提、基础的理论逻辑。大至国家层面诸如专制、苛法、暴政，个体层面诸如僭越、违法、越礼，历史表明此类"外王"或可达致，但已越出儒学之域，为儒家所不取。亦即在儒家看来，并非所有的事功成就都称得上"外王"。总之，内圣外王之间的内在统一性，彰显的正是"教"与"化"的本原一体之义，上述两大误区所反映的"教"而无"化"、不"教"而"化"，恰恰是本真的儒家教化所批判的不当模式。概言之，儒家教化—教而化之—教而必化、化必由教②。"教—化"的实现，印证着儒家精神的现实性。

---

① 如"心性儒学""政治儒学"式的称谓本身就是很有问题的，这不是要否定其在理论探索上的贡献，而是这种偏歧提法本身就包含对儒学义理的扭曲趋向。

② 《说文》解"教""化"，其字义本然即此："教，上所施下所效也"，"化，教行也"。

三

近代以来，一句"礼教吃人"将传统礼教及其"代言"的儒家文化打入另册，至今仍难以全面恢复其本有面目及作用。礼教被统治阶层利用而变为钳制人性的工具，这种意义上的礼教确实应该予以批判。不过，礼教的本真面目并非如此，以前多指向对"礼"的质疑，殊不知"教"——礼的施教方式问题，才是问题的缘由所在。因为古人"缘人情而制礼，依人性而作仪"（《史记·礼书》），从本质内涵来审视，礼本是顺应人之性情的制作，"先王以承天之道以治人之情"（《礼记·礼运》）；在这样的意义上，我们也可以理解礼的本然价值："礼，经国家、定社稷、序民人、利后嗣者也"（《左传·隐公十一年》），"道德仁义，非礼不成，教训正俗，非礼不备"（《礼记·曲礼》），故孔子曰："安上治民，莫善于礼。"（《礼记·经解》）虽然现实的运用可能会出现"礼之失，烦"的可能，但"恭俭庄敬，礼教也"（《礼记·经解》）的本质仍是值得肯定的，失之于"烦"恰恰是"教"的方式出现了问题。所以如果不从"教"的角度去反思，而仅仅是针对"礼"本身去否定，我们仍无法从根本上对以往的偏激批判路向实现纠偏，也就不能客观地对礼乐教化的本质加以认同和吸收。

礼教问题只是其中一个侧面，更普遍地看，"教化"关涉价值观如何生成与传播的方式问题。教化乃以一种由内而外的——教而化之的方式，为价值观的生成和传播提供路径，并经由"把对个人、社会的教化同对国家的治理结合起来"，实现从自我层面的个体自觉到社会乃至国家层面的稳定共识。"教化"本真结构所导出的价值观建构，首先和习俗所熟知的"内化""强化"划清了界限："内化""强化"都是以"外铄"的方式，即由外而内进行价值观的灌输，而"教化"正相反，是由内而外、由己及人的价值观生成和传播。正所谓"由仁义行，非行仁义也"（《孟子·离娄下》）。在价值观的传播、弘扬层面，首先要做的固然是对价值观如实、生动的言说和表达，让人从理性上认知其为正确的；但价值观的认同建构逻辑，更重要的还必须经过内心的"审查"，即通过人性本体、自我根源的"审问"（如孔子言"汝心安乎"），让人发自内心地觉知其为"好"的、"对"的，才会自觉自愿来接受，才有意愿去实行，才会有行动的动力，这样的价值观认同才是坚实稳固而有力量的。以前我们常讲"同情之了解",其实不对,应该是"了解之同情",如果能建立起"真了解"①,不用刻意强调某个东西好;其本身若是"好"的、"对"的,自然可以相应引发内心之"同情",以至"认同"。不同情往往源于不"了解",所以我们本着儒家的精神去做事,必须回归教化的本真精神,正像礼教应有的本真落实方式一样:"其止邪也于未形,使人日徙善远罪而不自知也。"(《礼记·经解》)儒家"教化"如春风化雨、细微自然,使声色规范性消弭于无形,在潜移默化中孕育、生发出价值观的建构与共识。②

总而言之,除了儒学的反思与重建问题,围绕当代中国的社会价值培育、公序良俗养成、政治文化转型等时代论题,"教化"都是不容忽视的理论视角。以往受关注较多的是"启蒙","启蒙"视角是我们不容忽视的,但对中国文化而言,或可说"教化式启蒙"才是当代儒家文化发展应重视之处。

---

① 按,此语源自陈寅恪的说法,"真了解"说的不是逻辑认知,而是强调体贴、觉知的意味。
② 可参拙文《儒家教化观念与当代价值观建设》,载《当代中国价值观研究》2017年第6期。

乡里社会和睦的三个层次：古代家规族约中的和睦观念分析

张秋升　张博阳

摘　要： 在浩如烟海的传统文献典籍中，家规族约是其重要组成部分，它们是适应中国农耕家族社会而产生的，其中蕴藏着极为丰富的家庭、家族以及乡里社会的人们和睦相处、安宁与共的思想。和睦观念几乎是每一部家规族约都反复强调的理念。敦手足、睦宗族、和乡邻等是和睦观念的基本内容，而和睦之序则由家庭至宗族再至乡邻，由小到大，进而至地区乃至天下的和平，和睦的方法则主要有教妇、修谱、互助和忍耐等。这些论述和思想值得我们分析总结，挖掘其当代价值，以便于古为今用。

关键词： 家庭　家族　乡里　家规族约　和睦

作　者： 张秋升，天津师范大学历史文化学院教授。张博阳，天津师范大学历史文化学院博士研究生。

乡里和睦的形成，根基于家族和家庭的和睦。中国古代社会是以农业为基本经济形态的社会，这样的经济形态决定了古代社会空间流动性差，人们往往安土重迁，其社会表现形式就是聚族而居。对于家族与国家二者之间的关系，人们往往将家族看作国家的缩微，将国家看作家族的扩大，所谓"家国同构"是也。对于这样聚族而居的家族社会，为了将其治理好，许多家族自己制订了家训、族规、家法、家范、族约、祠规、宗规等家族文献。周秋芳指出：

> 国是千万家，家是最小国。古有明训，治国必先齐家。治国有国法，齐家有家规，在中华民族悠久的历史长河中，独具特色的家规、家训、

族约等已存在于传统社会各个家族中达二三千年之久。①

这正如《桃源杨氏家规引》所言：

> 《传》曰："家齐然后国治。"又曰："君子不出家而成教于国。"可知家者，国之积。未有家不齐而国可治者，即未有家教不肃而能成教于国者。顾家必有规，而后一家之大小男女有所遵守。犹国之有法，而后一国之贫富贵贱有所奉行。②

在这浩如烟海的传统家规族约中，蕴含着丰富的家族观念，其中，和睦观念是非常突出的，是历代家规族约所反复强调的内容。和睦是中国古人追求的理想境界，国家如此，家族亦如此，不论是家庭、家族还是宗族，莫不以和睦作为最高的治理目标。本文将对家规族约中的和睦观念进行初步的探索。

通过整理家规、家训、族约等文献，学者们发现："家规族约中的部分内容多雷同，如'孝父母'、'敦手足'、'睦宗族'、'劝耕作'、'劝勤读'、'戒争讼'、'急输将'、'崇俭约'等，几乎是中国谱牒各个时代、各个区域、各种姓氏家规族约中的基本条规。"③ 可以看出，其中的"敦手足""睦宗族""戒争讼"是直接强调家族和睦的内容，此外，作为处理本宗族之外的关系，家训家规族约中还往往有"和乡邻"或"睦乡邻"的要求，足见和睦观念的典型性和普遍性。这种现象同时也说明，对于和睦的追求几乎是所有家规族约的共同要求，家规族约前几项的基本要求一般是父慈子孝、兄友弟恭、夫妇和敬、宗族和睦等，这些均围绕家族和睦而展开。对于家族和睦的要求，家规族约往往从提倡和惩罚两个方面进行规定：一方面从正面进行教化引导，如"兄弟和""夫妇和""睦宗族""睦乡邻"等；另一方面从反面进行戒禁，如"毋诉讼""戒争讼""绝争构""禁械斗""戒唆挑"等。

一　家庭和睦

家规族约中往往首先强调家庭和睦，放在首位的常常是"敬祖先"或

---

① 周秋芳、王宏整理《中国家谱资料选编·家规族约卷》上册《序》，上海古籍出版社，2013，第1页。

② 周秋芳、王宏整理《中国家谱资料选编·家规族约卷》下册，第875页。

③ 周秋芳、王宏整理《中国家谱资料选编·家规族约卷》上册《凡例》。

"孝父母"，另外还有"敦手足""夫妇和"等要求。其中，人们对兄弟和睦及"敦手足"给予了特别的关注。因为兄弟出于伦理平级地位，存在财产纠纷的可能性最大。所以，历代家规族约都非常关注这一问题。而兄弟纷争是家庭不和的最突出表现。

清代金氏桐溪公纂训有云：

> 兄弟义居，固世之美事。然尝见义居而交争者，其相疾有甚于路人。前日之美事，乃甚不美矣。故为长者当量情，不可偏执，当求实益，毋负虚名，宜析便析。若兄弟果相爱，虽异财，亦不害为义。倘一交争，即同室同炊，其于义何在？①

指出有的兄弟之间的关系还不如路人。那么，是什么导致了这种不和呢？有的认为是父母的偏爱。如《东阳禹山申屠氏家训二十条》第八条云：

> 兄弟不和而至于纷争破家者，非其人皆不孝也。或由于父母爱憎之偏，衣服、饮食、言语、动静，必厚其所爱，而薄其所憎。见爱者意气骄横，见憎者心不能平，积渐之久，遂成深仇。所谓爱之适以害之也。②

还有人认为是妇人造成的，清代桐溪公纂训有云：

> 人家不和，多因内妇造言激怒其夫耳。盖妇人之见，不广不远，不公不平。其舅姑伯叔妯娌，皆人合，非自然天属，故轻于割恩，易于修怨，非丈夫有远识，则为其役而不自觉，一家之中乖变生矣。于是有亲兄弟子侄隔屋连墙不相往来者；有无子而不肯以己子为其后者；有不恤兄弟之贫，养亲必欲如一，宁弃亲而不顾者；葬亲必欲均费，宁留丧而不葬者。其事多端，不可概述。亦常有远识之人，量妇人之不可化诲，而外与兄弟相爱，私救其所急，私赒其所乏，不使妇妒。此超出寻常万万者，真无愧为刚明丈夫矣。③

该纂训还提到妇人好传递言语造成矛盾：

---

① 周秋芳、王宏整理《中国家谱资料选编·家规族约卷》上册，第49~50页。
② 周秋芳、王宏整理《中国家谱资料选编·家规族约卷》上册，第46页。
③ 周秋芳、王宏整理《中国家谱资料选编·家规族约卷》上册，第50页。

> 凡人家有子弟及妇女好传递言语，则虽圣贤同居亦不能不争。且人之作事，未必皆是，未必皆合他人意，宁免其背后讥评？背后之言，人不传递则彼不闻知，曷有忿争？惟此言彼闻，则积成怨恨，况两递其言，又从而增易之，彼此相怨，至于牢不可解。在高明之人，有言不信，则此辈自不能离间其所亲。①

这可能是家庭生活的一些实际情况，但将兄弟矛盾归于女人，显然是存在偏见。故《湘潭鹿岭文氏家训》云："凡兄弟不和，未必皆妇人之罪也。"② 这种看法应该最早出现于《颜氏家训·兄弟》：

> 兄弟之际，异于他人，望深则易怨，地亲则易弭。譬犹居室，一穴则塞之，一隙则涂之，则无颓毁之虑；如雀鼠之不恤，风雨之不防，壁陷而楹沦，无可救矣。仆妾之为雀鼠，妻子之为风雨，甚哉！③

认为导致家庭这所房子房倒屋塌的原因是仆妾和妻子。清代《黄山岘阳孙氏家规》对兄弟不和的原因总结为二：

> 兄弟一体而分，若手足然，试观发祥之家，未有不起于雍睦者也。近世人家兄弟相抵牾，大要有二：溺妻妾之思，以言语相谍；较货财之入，以多寡相争。或因兄弟早亡，或因子侄暴戾，彼此怀怼，互相矛盾，甚至兴讼不休，子孙或为寇仇，良可哀也。④

一是妻妾未守本分，使丈夫因私情而吵架；一是因计较财产多少而翻脸争夺，以至于成为陌路仇人，甚至对簿公堂。这都是家庭生活不可避免的矛盾，关键看当事人是否行得正。另外，宋代袁采在《袁氏世范·睦亲》篇中提出"兄弟贫富不齐"也是家庭不和的重要原因：

> 兄弟子侄贫富厚薄不同，富者既怀独善之心，又多骄傲；贫者不生自勉之心，又多妒嫉，此所以不和。⑤

---

① 周秋芳、王宏整理《中国家谱资料选编·家规族约卷》上册，第51页。
② 周秋芳、王宏整理《中国家谱资料选编·家规族约卷》下册，第833页。
③ 梁明、余正平译注《颜氏家训》，广州出版社，2004，第12页。
④ 周秋芳、王宏整理《中国家谱资料选编·家规族约卷》下册，第563页。
⑤ 袁采著，贺恒祯、杨柳注释《袁氏世范》，天津古籍出版社，2016，第26页。

对于兄弟之间的不和，许多家训家规族约提出，兄弟应该以义为重，说开了即可。如《吴兴姚氏家训·承庵公家训》有云："兄弟间偶有不相惬处，即宜明白说破，随时消释，无伤亲爱。"① 开诚布公，以义为重。

"夫妇和"同样是非常重要的，《慈东童氏家训》云：

> 夫妇者，人属而合，相亲之至者也。夫妇无别，伦理亏矣，几何不为禽兽之归乎？故夫当正身以帅妇，妇当正身以从夫。夫妇皆正，则自然和谐，家道成而万物宜，天下风化悉基于此。②

所谓"人属"，于"天属"相对应，"天属"指的是有血缘关系，"人属"是没有血缘关系。在没有血缘关系的人之中，夫妇是最为亲近的。夫妇二者角色又不同，夫主妇随，各尽本分，均行"正"道，家庭自然和谐，进而天下风化由此开始。所以，关键是夫妇双方都要持"正"，正如《维扬江邑梁氏家训》"正夫妇"所言：

> 夫妇称敌体者也。故男正乎外，女正乎内，永为天地之大义。若有姬妾，则名分又当正焉。毋以卑犯尊，毋以贱防贵，毋以小加大。如是则伦次不紊，而家道遂昌矣。③

所以，在家庭之中，名分贵贱是有等次的，各人均要依据自己的名分行事，就会家庭和睦。就妇人名分来说，就是儒家的妇道要求："必事舅姑以孝，奉夫子以敬处，妯娌以和，接卑幼以慈，方尽妇道，方成妇德。"④ 正是所谓"礼义莫大于名分，名分逾越则无所不至矣。"⑤

二 宗族和睦

由多个家庭组成的宗族，是家庭和睦的外延，是和睦进一步的扩大。不论是从血缘关系上，还是从居住空间上讲，宗族的和睦对于地方生活都是极

---

① 周秋芳、王宏整理《中国家谱资料选编·家规族约卷》上册，第 90 页。
② 周秋芳、王宏整理《中国家谱资料选编·家规族约卷》下册，第 485 页。
③ 周秋芳、王宏整理《中国家谱资料选编·家规族约卷》下册，第 617 页。
④ 周秋芳、王宏整理《中国家谱资料选编·家规族约卷》下册，第 487 页。
⑤ 周秋芳、王宏整理《中国家谱资料选编·家规族约卷》下册，第 833 页。

为重要的，也是维护宗族利益所必须。"睦宗族"的规定几乎是所有家规族约家训中必不可少的内容，常常排在"孝父母""敦手足"之后。在怎样和睦的问题上，其中既有道德上的举措，亦有经济上的互助。

如清代金氏桐溪公纂训有云："夫人而不知本，谓之悖；不睦族，谓之戾。"① 将宗族不睦视为"戾"。《新安王氏家范》《何氏宗规五条》《丹阳大港赵氏宗训》等，都将这一规定放在第二条，强调家族和睦的重要性。《新安王氏家范十条》第二条就是"睦宗族"。

> 家族本一家至亲，不甚疏远。故范文正公置义田、义宅以睦宗族，而张公艺犹以九世同居。二公之高谊，故不能学，亦须慕其余风。凡事逊让为事，不必因小忿致伤大义。保守身家之道，正在慎之于始。②

明代万历五年何士晋的《何氏宗规五条》的第二条也是"宗族当睦"。

> 《书》曰："以亲九族。"《诗》曰："本支百世。"睦族圣王且耳，况庶人乎？观于万石君，子孙醇谨，过里必下车，此风犹有存者。末俗或以富贵骄，或以智力抗，强凌弱，众暴寡，虽能争胜一时，不知自作罪孽。况天道好环，行凶不改，未有不败者。尝谓睦族之道有三要：曰尊尊、曰老老、曰贤贤；又有三务：曰矜幼弱、曰周窘急、曰解忿争。引伸触类，为义田、义仓、义学、义冢，教养同族，使生死无失所，皆同气所当为。总之，人能以祖宗之念为念，自知宗族之当睦矣。③

《丹阳大港赵氏宗训》第二条亦为"笃宗族"。

> 吾人之身从父母而生，兄弟同出于父母，所以该孝该弟。要知父母出于祖宗，今之宗族虽有服无服之不等，推原上去总是一个祖宗所生。人除父母、兄弟之外，最关切、最亲密者，第一莫过于宗族。今人家宗族竟有不相往来，或因财产致争，或因言语成衅，或恃贵而骄贫贱，或倚富而厌干求。庆吊休戚，漠不相干。恶习浇风，莫此为甚。自今而后，毋以小加大，毋以少凌长，毋以强欺弱，毋以富欺贫。凡冠婚、丧祭，

---

① 周秋芳、王宏整理《中国家谱资料选编·家规族约卷》上册，第49页。
② 周秋芳、王宏整理《中国家谱资料选编·家规族约卷》上册，第26页。
③ 周秋芳、王宏整理《中国家谱资料选编·家规族约卷》上册，第30页。

要相帮助，贫穷困乏，要相周济，岁时伏腊，要相聚会。倘有不遵者，家法、国法无轻宥焉。①

《番禺茅冈周氏家规族规》云：

> 树发千枝，皆为一本，水流万派，尽属同源。家庭不睦则家道衰，宗族不睦则风俗坏，诚使一族之中出入相友，守望相助，疾病相扶持，死丧相吊慰，如此则民用和睦。②

在众多"睦宗族"的规定中，人们都提到了这一做法的根据，那就是他们有血缘关系，属同宗同族，有的还引用儒家经典阐明这一道理。如《剡西蒋氏家规》云："宜和睦宗族。夫宗族之人，近则五服未除，远亦一本所发。故有忧即宜相恤，有乐即宜相庆。孟子曰：'出入相友，守望相助，疾病相扶持。'真和睦之风也，况同族乎？此家虽富，不容矜肆。士虽贫，不得怯求。惟皆忠恕存心，推诚相与，患难相救，有无串通，而所以和睦者在是矣。"③引孟子之言进行教训。

《候潭高氏家诫》将宗族比作一棵大树，子孙是大树的枝叶，故而命运相连：

> 宗族者，祖宗之分派。祖宗我根株，子孙为枝叶。千章之木，垂荫扶疏，见者神耸。使一干独盛，余枝槁落，则亦非嘉树矣。然则厚祖宗乃是厚祖宗，厚祖宗仍是厚自己。古者，同井之众，尚且同其生死，互相救援，况同姓乎？今一族之中，各守本分，无相侵夺，贤愚相安，患难相恤，疾病相周，寇盗相诘，贫富不相耀，贵贱不相凌，岂不雍睦成风矣乎？其有构争，势不容已，则当度其曲直，共持公道。次则譬晓讲解，毋使轻扦有司。不得托言省事，闭户不问，视为乡邻之门也。④

在《宣州宛陵梅氏三望规约》中，也有这样的比喻：

> 吾族虽齿繁望分，人之一身必血脉流通、筋骨联络而后得为完人，

---

① 周秋芳、王宏整理《中国家谱资料选编·家规族约卷》上册，第 52 页。
② 周秋芳、王宏整理《中国家谱资料选编·家规族约卷》下册，第 571 页。
③ 周秋芳、王宏整理《中国家谱资料选编·家规族约卷》上册，第 28 页。
④ 周秋芳、王宏整理《中国家谱资料选编·家规族约卷》上册，第 42 页。

或一脉不周，百病丛生。譬之巨木，千枝万叶，郁郁葱葱，干云蔽日者，其根固也，若其本先拔，枯瘁因之，故敦族者，固本之道也。①

木同根、水同源、血脉相通，所以"睦族"是必需的。

《南海佛山廖维则堂古训》将"睦宗族"提到"《春秋》之义"的高度。

> 宗法言五世亲尽，盖指五服以内而言，若五服之外，一族之中统称曰宗。宗之同气，本于一人，不可无以睦之也。世风日下，睦宗族亦甚难言，夫或贫或富或盛或衰，未有不强弱相形者，况公事公田为名为利，各占便宜，强者以力，巧者以诈，若而愚者受欺受侮。呜呼，孰非一脉流通，忍令相残至此？《春秋》责备之义，谁之咎？与人能平心推爱，略势言情以卫祖宗，以厚门祚，是即保富贵宜子孙之良法也。

接着举出几个"睦宗族"的例子，强调这样做的重要性和意义。

> 杜衍为相国，每食惟一饭一菜，节所用以赈宗族贫乏，享富贵之报至十余世。范文正公既贵，买良田为义庄以给宗族，尝曰："独享富贵，不恤宗族，他日何以见先人于地下？今日何颜入吾宗庙？"刘漫塘每月朔治汤饼，会族人曰："宗族不睦多起于私情间隔，今日会饮非为酒食，正要有善相劝、有过相规、有抵牾者彼此一见，事可消释。"此会良有裨益宗族也。②

但在世风日下之际，因为贫富盛衰情况不一，会有强者以力、巧者使诈，导致宗族不能和睦、愚者受到欺辱，所以人们当思同体同根，推广自己的爱心。

三　乡邻和睦

家规族约不但调节家庭与本宗族的关系，而且还调节着本宗族与其他宗族之间的关系，实际上就是乡里社会的关系，这是地方区域治理的具体表现。和睦乡邻的规定在传统家训家规中非常普遍，大体要求是对乡邻要和睦宽容、

---

① 周秋芳、王宏整理《中国家谱资料选编·家规族约卷》下册，第669页。
② 周秋芳、王宏整理《中国家谱资料选编·家规族约卷》上册，第61~62页。

相互救济，如家乡造桥修路、遇上灾荒等情况，应该出钱出力、施粥布药，若财力丰足，更应出手去做。"财甲一方，即宜扶助一方之贫；势甲一方，即宜拯济一方之难"①，尤其不能横行乡里，仗势欺人。因为这样会带来恶报，连累家庭和家族。如合江李氏规定："若有不肖子弟，恃强恃诈；或依仗族人之势，欺侮乡党者，长辈亟宜戒责。"② 宁波卢氏规定："子孙有不遵祖训、横行不法，害及乡里亲族者……共训责之。不改，送官究治。"③ 为什么乡邻要和睦，因为居住相近，田土相连，庐井相依，居游最熟，这是"和乡邻"的实际根据。清代金城世孝堂颜氏七世孙颜榭沐手立的《家训六条》第三条"曰和睦乡里"云：

> 夫乡里乃住居相近，田土相连，必须德业相劝，疾病相扶，如何不和睦？凡我同志，相亲相爱、熏陶仁里者固多，其间容有武断乡曲、不肯忍耐者，访出，或揭告，照前行。④

清修南海佛山廖维则堂古训有"和乡邻"条，云：

> 乡邻与我庐井相依，居游最熟，非和焉将守望扶持之？谓何？人幸财甲一乡，宜恤一乡之窘；第甲一郡，宜援一乡之难，若傲慢之，疏绝之，侵陵之，众口积怨，是谓千人所指，无病而死，可不惧哉？况乡曲无知，争尚血气，始而雀角，继而械杀，尤为风俗大患，有乡望者不出而为排解，是成何心。王药林诗曰："举世都为自了汉，又何贵有读书人？"然则和睦乡党，自当责备贤者矣。⑤

作为本族人可以去和睦乡邻，但如果他人犯我该如何处理呢？《义乌盘溪施氏家则》云："子孙当和睦乡里。即如他人犯我，宁我容人，慎勿我获罪于人，

---

① 《紫江朱氏家乘》卷四《旧谱家规》，1938 年本。费成康主编《中国的家法族规》，上海社会科学院出版社，1998，《附录》第 88 页。
② 《合江李氏族谱》卷八《族规十条》，光绪二十一年。费成康主编《中国的家法族规》，《附录》第 334 页。
③ 《甬上卢氏敬睦堂宗谱》卷一《宗约》，1947 年本。费成康主编《中国的家法族规》，《附录》第 88 页。
④ 周秋芳、王宏整理《中国家谱资料选编·家规族约卷》上册，第 35 页。
⑤ 周秋芳、王宏整理《中国家谱资料选编·家规族约卷》上册，第 62 页。

使人容我。切不可先存伤人之念。人若累相凌逼，理以直之，总以不校为上。"① 当然，这种容忍的办法是不公平的。

四 反对争讼

在传统家规族约中还有一项规定，非常普遍，那就是"息争讼"。因为打官司一是费钱，二是结怨，后果反而不好。很多家规族约中明确规定，族内发生的民事纠纷甚至刑事案件，均不得擅自告官，要在族内解决；与乡邻其他宗族发生了冲突，也应在衙门以外进行调解，不必诉讼至官府，提倡私自和解。

争讼费财，所以不可妄动。明代《绩溪积庆坊葛氏家训》指出：

> 争讼事不可轻举妄动，讼端一兴即须费财，苟不用钱则贪官污吏颠倒曲直，难以取胜，胜而费财，所损多矣，况遇劲敌，虽费财未必胜也。故必事体不可已者，又作别论。而闲气细故当加含忍，……且须慎始虑终，勿遽兴讼。②

争讼非君子之道，讼词多不实，还会坏人心术。明修《新安王氏家范十条》中，提出要"戒争讼"。

> 好争非君子之道，争之不已，则必致讼。讼其盛德事哉？讼者之辞，皆无实之辞，甚足以坏人心术，且至费财破家，何益之有？凡事只宜忍让，不必好争。纵有外侮，亦宜静以制动。公道既明，自然可寝。若以非理讼人，尤为不可，故《易·讼卦》终讼受赏而犹有终朝三褫之戒。③

争讼还会结仇种怨。《寿州龙氏家谱》中的《家规惩恶十二条》之一就是"戒争讼：是非有定论，何必到公廷。不管输，不管赢，银钱虚费先忧闷。忍了暂时气，免得破家门。若凭健讼以为能，结仇种怨多遗恨"④。

---

① 周秋芳、王宏整理《中国家谱资料选编·家规族约卷》上册，第45页。
② 周秋芳、王宏整理《中国家谱资料选编·家规族约卷》上册，第24页。
③ 周秋芳、王宏整理《中国家谱资料选编·家规族约卷》上册，第27页。
④ 《寿州龙氏家谱》卷一《家规》，光绪十六年本。费成康主编《中国的家法族规》，《附录》第326页。

那么，发生了矛盾和冲突之后，最好的处理方式就是找族中尊长者进行评说劝谕。《绩溪积庆坊葛氏家训》亦云：

> 族人争讼，不可逞气，遽扰官府。须各以事理白之族中尊长及知事者，托之处剖，则是非曲直自有定论。其是者直者固得自申，非者曲者亦当降心下气，听众劝谕，犹胜于轻造公庭反获罪戾。或轻眇族人，恃势好讼，被屈之家即于官府诉告，族众名目公为申禀。又有一等狠心孤迹之人，每于宗族间舞弄机智，挑唆词讼，若此所为，虽无人祸，必有天刑。或有访出得实者，众共叱辱之。①

要听众人的劝说，不要冲动。《盘古新七公家训》也说：

> 聚族而居，偶有嫌隙，即当禀白族正，公辨是非。勿得蓄怒构怨，健讼公庭。若因人有隙，从中唆使，是为小人之尤。违者，重惩不贷。②

另外也可以告诉宗族管理者，以辨明是非。

明代万历五年何士晋的《何氏宗规五条》的第五条就是"争讼当止"：

> 太平百姓，完赋税、无争讼，便是天堂世界。有讼人家，要盘缠、要奔走，男不得耕，女不得织，日夜焦劳，寝食俱废。无讼人家，是非不入于耳，荣辱不关于心，晴和日睡早，风雨夜梦长，陶陶然何乐如之！朱夫子有言曰："居家戒争讼，讼则终凶。"夫理直犹须含忍，若捏故架控，多造机关，多坏心术，一经官府审断，亏体辱亲，倾家荡产，有何益哉？士君子省身寡过，不当为客气所使，又要自作主张，不可听讼师教唆，财被人得，祸自己当。慎之慎之！③

因为通过对比争讼与不争讼可见，一个要耗费大量的人力、物力、财力、时间，最后的结果还可能是带来灾祸，一个却陶然自乐地生活。

清修《候潭高氏家诫》"绝争构"条云：

---

① 周秋芳、王宏整理《中国家谱资料选编·家规族约卷》上册，第25～26页。
② 《盘谷高氏贵六公房谱·盘谷新七公家训》，1935年本。费成康主编《中国的家法族规》，《附录》第250页。
③ 周秋芳、王宏整理《中国家谱资料选编·家规族约卷》上册，第30页。

> 人之有讼，两造具陈，胜负难期，盖有所大不得已也。即使有司公明可恃，尚不可为，况未必然乎。且乡里所争，不过侵占地界，逋欠钱物，及凶悖凌犯耳，未始不可讲解也。今人小不忍，每至丧身亡家，悔之无及。幸而得胜，辄自以为豪，而不知财力已耗大半矣。又有奸黠之徒，专以教唆为事，倾险百出，及至两家事定，怨归一身，人诛鬼责，血胤无遗，真可痛哭。古人有言"强梁者不得其死，好胜者必遇其敌"。孝友先生朱仁轨尝语子弟曰："终身让路，不枉百步；终身让畔，不失一段。"人若以争兢为戒，以退让为主，所得不已多乎。①

主张以退让为主，否则耗财惹祸。清代《维扬江邑梁氏家训》云：

> 争讼之事，非起于忿，即起于利。抑知官府喜怒无常，情理有定，安在无求泄忿而遭国法，思获利而被官刑者耶？将清白身家化为乌有，祖宗饮泣，父母含羞，妻子无依，性命难保，即使结仇莫解，觉终身之圭玷难磨。是以有德之君子，务遇忿而思难，见利而思义也。争讼岂可轻好也哉？②

从各种利害关系考虑，主张息争讼，认为息争讼也是有德君子之所为。

五 和睦之方

如何达到和睦，家规族约中提供了许多方法。主要有教妇、修谱、互助和忍耐。

许多家规族约往往将妇人看作是家庭和睦与否的关键，如《浦阳潼塘朱氏家规》云：

> 家之和与不和，皆系妇人之贤否。必事舅姑以孝，奉夫子以敬处，姒娌以和，接卑幼以慈，方尽妇道，方成妇德。如或淫狎、妒忌、恃强凌弱、摇鼓是非、纵意徇私，甚犯科律矣，殊为可耻。凡为丈夫者，身

---

① 周秋芳、王宏整理《中国家谱资料选编·家规族约卷》上册，第43～44页。
② 周秋芳、王宏整理《中国家谱资料选编·家规族约卷》下册，第616页。

必行道，谆谆诲谕，俾为妇者兢兢知所自守可也。①

这一看法有一定的道理，因为在古代社会男主外女主内。不出家门的主妇，自然是家庭和谐的主导因素，但妇人是否能够充分担当自己的社会角色，还须丈夫的教谕与规范。因此，从这种意义上讲，丈夫把握着主动权。《纸阮山周氏家规》十八条中说："家门不和，多为妇言所惑，男子当明于察理，勇于裁断，妇言自不能入，妇且见机而感化。"② 这固然对妇女存在偏见，但也指明了男子在其中所应当发挥的作用。

如清代桐溪公纂训有云："睦族莫重于叙谱"，这是睦族的前提，"由百世之下而知百世之上，察统系之异同，辨传承之久近，叙亲疏，定尊卑，收涣散，敦雍睦，非有谱焉以列之，不可也，故君子重之，不修谱者谓之不孝。然谱之为孝，难言也。有征而不书，则为弃其祖。无征而书之，则为诬其祖。有耻其先之贱，旁援显人而尊之者；有耻其先之恶，而私附于闻人之族者，彼皆以为智矣，而实愚也。夫祖岂可择哉？兢兢然尊其所知，详其所可征，不强述其所难据，则庶乎近之矣"。③《余姚江南徐氏宗谱》中也指出："修谱以合族。同族者必相待以敬，相乎以恩，相规以德。"④ 它们都指明了修谱对于家族和睦的重要性。

传统的家规族约大都提倡族人之间的互助和关心。其根据是宗族中所有人都有同一个祖先，合族之人都是祖先的后裔，"祖宗以一人之身，衍为子孙千百之身"。对于宗族中的一个家庭来讲，合族之人固有亲疏，对于祖宗来说，却是一个。因此就应该互相帮助、救济和关心。有的宗族专门设有义庄、义田和义学，救族人一时之急，帮族人日常之难，扶族人成人立业。清代桐江赵氏规定：

> 二十六、恤孤贫：族内丁口繁衍，境遇难齐，有生逢不幸，流离失所者，当念其人原系祖宗一体所分，设令祖宗见之，必戚然不安，我既处于有余，何忍置之度外。况善无大小，富者恤以财，贫者恤以言，皆

① 周秋芳、王宏整理《中国家谱资料选编·家规族约卷》下册，第487页。
② 周秋芳、王宏整理《中国家谱资料选编·家规族约卷》下册，第698页。
③ 周秋芳、王宏整理《中国家谱资料选编·家规族约卷》上册，第49页。
④《余姚江南徐氏宗谱》卷八《族谱宗范》，1916年本。费成康主编《中国的家法族规》，《附录》第273页。

宜量力周济。①

道出了互助的根据。《余姚江南徐氏宗谱》云：

> 宗中子侄，或有志趋善，贫不自给，而勉强自守者；或少妇新寡，贫不能自存者，族中务要会众量力扶持，以将顺其美。②

《毗陵长沟朱氏祠规》规定"设义仓""立义学"，以救助族人。③《岭南冼氏族规》中也有赈救灾荒的规定：

> 各房遇有水旱奇灾，以致乏食失所，报到本祠，即由值理通知各房量力捐助。④

有的甚至在宗规里面明确规定了日常救助的数量：

> 旧制族内鳏寡、老独、残疾，每季每人给制钱一千六百文，孤每季每人给制钱八百文。自光绪甲辰修谱以后，续有增加。今自民国十六年起，给寡每季每人给银元四元，全年共计十六元。其给领详细规则，仍照旧制办理。至鳏寡、老独、残疾，如实有家贫不能存活，而又无近房可以依赖者，应随时公议酌给，毋得徇情冒滥。⑤

对于同族的鳏寡孤独者给予了高度重视。

就个人而言，家规族约所反复强调的就是"忍"。"忍"是达到"和"的有效途径。北宋司马光在《温公家范·治家》篇中写到一人名公艺，皇帝问其治家睦族之道，"公艺请纸笔以对，乃出'忍'字百余以进。其意以为宗族所以不协，由尊长衣食或有不均，卑幼礼节或有不备，更相责望，遂成乖争。

---

① 周秋芳、王宏整理《中国家谱资料选编·家规族约卷》上册，第144页。

② 《余姚江南徐氏宗谱》卷八《族谱宗范》，1916年本。费成康主编《中国的家法族规》，《附录》第274页。

③ 《长沟朱氏宗谱》卷二，《族范》《祠规》，光绪三十三年本。费成康主编《中国的家法族规》，《附录》第283页。

④ 《岭南冼氏宗谱》卷一《族规》，宣统二年本。费成康主编《中国的家法族规》，《附录》第348页。

⑤ 《余姚朱氏宗谱》卷首《余姚朱氏民国二十年修谱续增宗规》，1931年本。费成康主编《中国的家法族规》，《附录》第356页。

若能相与忍之，则家道雍睦矣"①。如《绩溪积庆坊葛氏家训》云：

> 处家之道以和为贵，和生于忍。明代杜少陵云："忍字敌灾星。"凡事且不可不忍，况处同气之间乎？然人之所以不能忍者，大率以田产赀财彼此不均，非礼相加，暂难容忍耳。殊不知兄弟叔侄之相处一世，入逆旅过客之相遭也，田产赀财之在我亦如逆旅之资给适相聚也，世上无百年常在兄弟，亦宁有百年常聚钱谷乎？故凡田产赀财之多寡，听受其自然者，不可认真常为吾家故物，为苦死必争之计。其有失礼于我者亦当春融海涵，无与计较，……则能忍能和而亲亲之义无亏矣。②

另外，清代汪辉祖在《双节堂庸训·应世》中有"睦邻有道"一文，指出："辑睦之道：富，则用财稍宽；贵，则行己尽礼；平等，则宁吃亏，勿便宜。忍耐谦恭，自于物无忤。虽强暴者，皆久而自格。"③其对于处理家族与乡邻的关系，说得比较具体，也很有指导意义。

中国传统的家训、家规、族约中的和睦规定和思想观念，是古代乡里社会长期生活经验的总结，根植于中国古代社会的土壤，适合中国农耕宗族社会的特点，能够满足在这块土地上百姓安居、社会稳定的需要。从历史来看，这些规定和思想观念，的确发挥了维护社会和谐、稳定地方治理的重要作用。就和睦观念与规定而言，对和睦价值观念的分析，对不睦原因的探寻，以及对和睦方法的剖析，对我们今天的家风的培育以至良好社会风气的养成均有借鉴意义。

---

① 夏家善主编，王宗志、王微注释《温公家范》，天津古籍出版社，2016，第21页。
② 周秋芳、王宏整理《中国家谱资料选编·家规族约卷》上册，第24页。
③ 夏家善主编，王宗志、夏春田、穆祥望注释《双节堂庸训》，天津古籍出版社，2016，第141页。

先秦儒学

孔孟荀之间：郭店竹简的忠观念及其思想史意义

白　奚

摘　要：中国古代的忠观念原本是一种普遍道德，为早期儒家孔子、孟子所重视和阐发。随着君主集权和专制主义理论的发展，忠观念逐渐演变为以忠君为核心内涵的政治道德，忠的普遍意义被逐渐淡化。郭店竹简的忠观念就反映了忠观念由普遍道德向政治道德的转向。在郭店竹简中，作为政治道德的忠既是君德，又是臣德。其作为君德，主要是在野士人向君主提出的道德要求，这与古代君主的自我道德要求有所不同。其作为臣德，在强调臣对君尽忠的政治义务的同时，也部分保留了孔、孟那样类似契约论的思想内容。郭店竹简忠观念反映了七十子之后学的不同思想倾向，预示着、酝酿着以孟子和荀子为代表的儒家学说此后的不同发展方向。

关键词：忠观念　郭店儒家简　普遍道德　政治道德

作　者：白奚，首都师范大学哲学系教授。

本文以郭店竹简中的忠观念为中心，对郭店儒家简进行思想史的考察，以期有助于展现从孔、孟到荀子之间的儒家思想演变之脉络。

郭店简的忠观念：由普遍道德向政治道德的转向

荀子的忠观念已与孔、孟为代表的正宗儒家忠观念有了很大差异，这些差异同荀子与孔、孟其他思想的差异一样，都反映了儒家为适应大一统专制天下的前夜这一社会重大转型而主动进行的理论调整。从整个先秦思想发展史来看，儒家思想的理论转向，固然与受到同时代其他学派的思想之影响有密切关系，然而郭店竹简的出土，却为我们提供了从儒家学说的自身发展演变来考察这一过程的可能性。在郭店竹简出土之前，苦于没有史料，这样的考察基本上是无法进行的。

笔者初步统计，郭店竹简中涉及"忠"这个概念的，计有十篇三十余次。其中从普遍道德来讲忠的含义以及忠与其他道德范畴之关系的，只有《性自命出》和《语丛一》、《语丛二》。《性自命出》两次提到忠："忠，信之方也"和"智类五，为义道为近忠也"，《语丛二》曰："爱生于性，亲生于爱，忠生于亲"，都是讲忠与其他道德范畴或道德情感的关系。《语丛一》的"由中出者，仁、忠、信"，则是从内涵来讲忠。其上文曰："人之道也，或由中出，或由外入"，其下文曰："仁生于人，义生于道。或生于内，或生于外"，显然是在强调内在的道德观念和情感同外在的社会道德规范的区别。从全篇的文字来看，"由中出"的是仁、忠、信，"由外入"的大概是义、礼、智。这样的区分，同其后告子的"仁内义外"说似有较密切的理论联系。《语丛一》指出忠乃是"由中出"，是一种发自内心的道德观念，这正符合忠的原初意义。

在郭店竹简中，从普遍道德意义上讲忠的地方很少，更多的是把忠作为政治道德来阐述，这是一个重要的理论变化。在《论语》中，忠主要是作为普遍道德被阐发的，其内容大多符合忠的本义。而在郭店竹简中，忠的含义基本上已经偏离了忠的本义而向政治方面集中，忠于是就由普遍道德演变为政治道德。

作为政治道德的忠，在郭店竹简中主要有两方面的内容：一是君德，是对君主提出的道德要求；一是臣德，是士人对自己的道德定位，这种道德定位源自士人对自身社会角色（臣）的认定。下面我们分别加以讨论。

作为君德的忠

作为君德的忠，在郭店竹简中占有很重要的地位，其在《尊德义》、《忠信之道》和《缁衣》三篇中有较多的阐述。《尊德义》开宗明义："尊德义，明乎人伦，可以为君"，强调道德人伦对于君主为政的重要性。下文具体阐述了其所尊之德义和所明之人伦的具体内容，其中言道："仁为可亲也，义为可尊也，忠为可信也。"这里的仁、义和忠都是对君主提出的道德要求，认为君仁则臣民亲上，君义则臣民尊上，同样道理，君主如能做到忠则能取信于臣民。反之，"不爱则不亲……不忠则不信"，臣民对君主不亲不尊不信，君主的统治就危险了。把忠和信联系起来，是儒家固有的传统，《论语》中多次讲到"主忠信""言忠信"。郭店竹简继承了这一传统，对忠信予以特别的重视，乃至有《忠信之道》这样一篇关于忠信①的专论。《忠信之道》把忠和信加以对照，分别进行深入的阐发，从其中"忠积则可亲也，信积则可信也，忠信积而民弗亲信者，未之有也"一句，可知此篇忠信之道乃是对君主（亦可以理解为与"民"相对的统治群体，即君主及其臣属集团）提出的道德要求，此亦可印证《尊德义》的"仁为可亲也，义为可尊也，忠为可信也"之仁、义、忠确为君德。与《尊德义》及《忠信之道》之强调忠信不同的是，《缁衣》强调的是忠敬："子曰：大臣之不亲也，则忠敬不足，而富贵已过也。"这里的忠敬也是对君主个人的道德要求，意谓大臣对君主不亲，君主应从自身找原因，如若君主忠敬不足，则大臣虽富贵已过，仍对君主不亲。正因为君主忠敬不足则大臣不亲，所以《忠信之道》才说"忠积则可亲也"。把《尊德义》、《忠信之道》和《缁衣》这几篇的文字对照起来看，我们可以确认其中的忠既不是在对民众讲道德教化，也不是要求臣下对君主尽忠，而是竹简的作者以在野士人的身份对君主（有时也包括其臣属集团）提出的道德要求。

在野士人对君主提出道德要求，战国以来已成为相当普遍的现象，并借助于子书的大量出现而得以记录和扩散，这是一个值得重视的新变化。事实上，春秋时期的忠也包含了对君主的道德要求，但那些都是统治者（君主及其臣属集团）的自我道德认识，而不是来自在野士人的要求。自春秋晚期始，士阶层逐渐形成，并作为一支独立的政治力量在政治舞台上发挥作用，孔子及其弟子后学就是士阶层中重要的、有代表性的群体，他们以干禄求仕为目标而与道家之流的隐士群体相区别，他们在委质为臣、纳入君臣关系之前同隐士一样都属于在野士人群体。孔子开启了游说的风气，他周游列国时虽也向列国君主提出道德要求，但在《论语》中，我们看到的更多的是对道德问题的理论性的论述，而不是向君主进言，这说明在孔子的时代，在野士人向君主提道德要求只是偶然的现象。到了战国时期，士阶层的政治作用和社会

① "忠信"一词在战国时期受到了更加广泛的重视，其含义已不再是忠和信的简单并列，而是成为具有独立意义的专词。受题目范围和写作目标的限定，本文只是对忠的专题讨论，不拟对忠信做更多的考察。

地位空前提高，取得士人的支持对于列国君主来说已是关系到社稷存亡的头等大事。与此同时，著书立说和游说的风气已十分炽盛，士人们的价值取向更加趋于实际，他们关注的焦点也从一般的理论问题转向了更加切中现实的政治问题。郭店竹简中有关道德问题的内容就反映出这一变化，具体到忠的问题上，竹简中的重点已不再是讨论其普遍意义，而是以在野士人的身份向君主进言，对君主提出道德要求。

在野士人向君主提道德要求，从表面来看是在提醒君主自身道德问题对于其执政的重要性，其深层的动力则是其在道德方面的自信和优越感，认为自己有资格提这样的要求。特别是儒家学者，他们历来都极为重视对德行的思考、修养和践行，因而他们在道德方面表现得最为自信，认为自己最有话语权，郭店竹简对仁义、忠信、忠敬等君德的强调，就反映了这样的自信和优越感。战国时期，这种优越感的持续和积累，导致了士人与君主的关系出现了值得重视的变化，那就是士人们不再满足于传统的君臣关系的定位，不再满足于干禄求仕、委质为臣的政治诉求，不甘于只是对君主俯首帖耳，于是自战国中期以来，在士人中兴起了一股欲为王者师友的思潮。马王堆帛书《黄帝四经》的《称》篇中有这样的一段文字："帝者臣，名臣，其实师也；王者臣，名臣，其实友也；霸者臣，名臣也，其实（宾也；危者）臣，名臣也，其实庸也；亡者臣，名臣也，其实虏也。"传世典籍《战国策·燕策一》作"帝者与师处，王者与友处，霸者与臣处，亡国与役处。"此外，《鹖冠子·博选》《说苑·君道》中也有相近的文字，相似的说法在《韩诗外传》《新书》《新序》《吕氏春秋》中亦有出现。在这一思潮影响下，魏文侯以师友之礼待卜子夏、田子方、段干木，燕昭王以师礼待郭隗，鲁缪公师事子思等事例便成为美谈而广为传播，很多典籍中都有记载。从这些记载来看，列国诸侯似乎也接受了这样的现实，并乐于以此相标榜，这正是那个礼贤下士、求贤若渴的时代风气的真实写照。这些记载中欲为王侯师友的人，多是些贤能之士，他们受到君王的礼遇，所恃的主要是治国的才能。孟子则有所不同，他专从道德上强调士人与君主分庭抗礼的可行性。《孟子·万章下》载孟子之言曰：

> 天子不召师，而况诸侯乎？为其贤也，则吾未闻欲见贤而召之也。缪公亟见于子思曰："古千乘之国以友士，何如？"子思不悦曰："古之人有言曰，事之云乎，岂曰友之云乎？"子思之不悦也，岂不曰："以位，

则子君也，我臣也，何敢与君友也。以德，则子事我者也，奚可以与我友？"千乘之君，求与之友而不可得也，而况可召与？

孟子认为，论道德，士人就应该做君主的老师，而不是做君主的朋友，这没有什么可含糊的。孟子的这一态度，开启了古代知识分子以德抗位、道尊于势的道统意识和独立价值，是十分难得的，同那些以王者师友自居而自抬身价的人是有区别的。孟子的这一态度，亦是战国中期时代变化和思想发展的产物，而在春秋晚期，即使是孔子也不具备这样的思想。[①]

那么，荀子的情况又是如何呢？《荀子·尧问》有这样一则记述：

魏武侯谋事而当，群臣莫能逮，退朝而有喜色。吴起进曰："亦尝有以楚庄王之语闻于左右者乎？"武侯曰："楚庄王之语何如？"吴起对曰："楚庄王谋事而当，群臣莫逮，退朝有忧色。申公巫臣进问曰：'王朝而有忧色，何也？'庄王曰：'不谷谋事而当，群臣莫能逮，是以忧也。其在中蘬之言也，曰："诸侯自为得师者王，得友者霸，得疑者存，自为谋而莫己若者亡。"今以不谷之不肖而群臣莫吾逮，吾国几于亡乎！是以忧也。'楚庄王以忧，而君以喜。"武侯逡巡再拜曰："天使夫子振寡人之过也。"

这则记述同帛书《黄帝四经》和《孟子》等书中关于王者师友的提法初看起来很相近，实则另有思想渊源，两者所表达意思的不同值得重视。《尚书·仲虺之诰》记成汤之言曰："予闻曰，能自得师者王，谓人莫己若者亡。好问则裕，自用则小。"这显然是在总结政治经验，是执政者受到外在压力而产生的一种自我忧患意识，是统治者的道德自警，而非来自统治集团外部的道德要求。《荀子·尧问》的记述显然同这一古老的训条有更密切的关系，只不过借用了当时流行的话语形式而已，同战国时期士人争为王者师友的思潮并无实

---

① 肖公权曰："孟子本民贵之宗旨，又进论臣工之职位，而断定其为国之公仆，承君命以养民，非君主之私属。……孔子'事君尽礼'，态度卑恭。孟子则提高人臣之地位，立'不召之臣'为理想，复以齿德抗朝廷之爵。于是君臣之间，各有尊贵。臣之于君，一视其相待之厚薄而定其相报之厚薄，恩怨分明，进退裕如。专制时代忠君不二之论，诚非孟子所能许可。此虽与孔子一致，然孔子之理想乃以君为师，孟子则以师教君。孔子欲君臣之以德处位，孟子则以德抗位。二子之异，殆亦时代使然。"见《中国政治思想史》上，台北联经出版事业公司，1982，第97页。

质性的联系，同孟子的以德抗位更是相距甚远。

作为臣德的忠

作为臣德的忠，在郭店竹简中更值得重视，它反映出那一时期儒家的忠观念已发生了思想的转向。如前所言，《论语》论忠，基本上是在普遍道德上讲忠的一般意义和基本精神、基本要求。孔子虽然也说到"臣事君以忠"，但前提是"君使臣以礼"，并不是讲臣对君的单方面服从，并没有把忠定位为臣德。而竹简《六德》中却出现了"忠者，臣德也"的提法，明确地把忠定位为臣德，主张"父圣子仁，夫智妇信，君义臣忠"，并认为"故夫夫、妇妇、父父、子子、君君、臣臣，此六者各行其职，而谗谄蔑由作也"。这固然是对孔子"君君臣臣，父父子子"思想的扩展和发挥，但我们却可以从中嗅出一些后世纲常说的气味来。《唐虞之道》中颂扬舜的德行，其言曰："古者虞舜笃事瞽叟，乃戴其孝；忠事帝尧，乃戴其臣"，又曰："故其为瞽盲子也，甚孝；及其为尧臣也，甚忠。"在儒家典籍里，舜是孝的典型，其对瞽叟的孝迹近愚孝，《唐虞之道》把他对瞽叟的孝和对帝尧的忠并提，这样的忠是狭隘的忠君，事实上就成了对君主个人的无条件服从，已完全不见《论语·先进》中"以道事君，不可则止"那种颇似契约论的味道了。

忠一旦被确定为臣德，"忠臣"一词的出现便是顺理成章的了。竹简《鲁穆公问子思》记载了子思和鲁穆公关于"何如而可谓忠臣"的对话以及成孙弋对此的评价。子思对忠臣的定义是"恒称其君之恶者"，成孙弋对此大加赞赏，他认为，那些"为其君之故杀其身者"不过是为了报效君主的爵禄，而"恒称其君之恶者"则是为了"义"，境界远高于前者。在成孙弋看来，"义"应该成为臣德之忠的内涵和标准，凡行为符合君臣之义的就是忠臣。关于何为忠臣的讨论，在此前的儒家典籍中是没有的，《论语》和《孟子》中都没有"忠臣"一词，只是到了《荀子》才大量出现。而在其他学派的著作如《墨子》《庄子》《晏子春秋》《管子》《商君书》《慎子》《韩非子》中，忠臣一词却很常见。这种情况表明，把忠定位为臣德并加以强调，是战国百家争鸣时期特定社会条件下的产物，儒家亦不能超乎其外，于是便出现了竹简中关于臣德之忠的思想，它应当是《荀子》关于忠臣观念的一个思想来源。荀子论忠，基本上是在君臣关系的框架之内，大谈忠臣、忠顺，不仅以忠臣同明主、明君为对言，而且还把忠与奸相对照，把忠臣和孝子并列。荀子的忠观念已同大一统之后别无二致，而与孔、孟相去甚远。

在君臣关系上，郭店竹简中也提出了一些值得重视的、有价值的新思想。《语丛一》有"君臣、朋友，其择者也"的提法，认为君臣之间如同朋友之间一样，是可以互相选择的。《语丛三》把这一思想表达为"友，君臣之道也"，认为君臣之间和朋友之间遵循着相同的"道"，这个道应该就是后儒所说的"以义合"。竹简指出，君臣之间不存在血缘亲情，不能与父子关系相提并论，这是竹简"友君臣"思想的理论依据。《语丛一》曰："别君父，有亲有尊。长弟，亲道也；友、君臣，无亲也。"① 《语丛三》从君与父的这一区别出发，重申了君臣关系是可以选择的这一观点和君臣间合作的原则性："（君）所以异于父者，君臣不相在也，则可已；不悦，可去也；不义而加诸己，弗受也。"这是站在臣的立场上，认为君臣之间如果合作不愉快，就可以解除合作关系离而去之。君臣合作的原则是"义"，君如果以不义加于臣，臣可以不接受。这样，君臣之间就不是后世那种近乎人身依附的关系。竹简的这一思想同孔子对君臣关系的定位是一致的。孔子认为君臣关系是建立在"道"的原则之上的，"以道事君，不可则止"（《论语·先进》），臣可以保留辞职不干的自由。这实际上是把君臣之间看作一种契约式的、合作的关系，道不合，则可以解除契约、终止合作，体现了古代知识分子的独立性和原则性。虽然说竹简的这一观点与孔子的思想相通，或者说从孔子的论述也可以引出竹简这样的结论，但毕竟竹简明确点出了君臣关系是可以选择的这一关键话语，论述也更详细更深入，这是竹简的贡献。竹简"友君臣"的议论，当是战国时期士人争为王者师友思潮的反映，虽然不是直接为士人争取地位，但却从理论上间接地为此做了论证和宣扬。孟子也提出"君臣有义"，这个义也就是孔子所说"以道事君"的道，就是君臣合作的原则和条件，具体来说就是"欲为君，尽君道；欲为臣，尽臣道"（《孟子·离娄上》）。对于那些视臣如犬马和土芥的不能尽君道之君，就没必要对他尽臣道。孟子认为，无官守者无言责，一旦有了官守，确立了君臣关系，就有了谏阻君主过错的责任，反复谏阻不听就可以离职而去，解除君臣关系，这种态度很有些契约论的味

① 此句句首原缺二字，李零《郭店楚简校读记》（北京大学出版社，2002）第160页补为"别君"，甚是，今从之。

道。这种契约论的思想倾向，从孔子经郭店竹简到孟子是一脉相承的，到了荀子那里便戛然而止了。当然，认为君臣关系是可以选择的，唯有在春秋战国的思想文化背景和社会条件下才能提出来，事实上也只有在那个时代才是可以行得通的。秦汉大一统专制皇权确立之后，士人已是"无所逃于天地之间"，也就没有了选择的可能。

战国百家争鸣时期的君臣关系论呈现奇特的现象，两种相反的倾向在并行发展：一是士人地位和自信心的提高，出现了欲为王者师友的思潮；一是君权的强化和专制的发展，士人认可了自己作为臣的角色定位，注重对臣德的思考。在郭店儒家简中，这两种倾向也同时存在，前者同孟子的思想相通，后者则同荀子有更多的思想联系。

以上本文结合郭店竹简对先秦儒家忠观念的梳理分析表明，这批佚籍在先秦儒家的发展史上确实有着重要的地位，正好填补了孟子之前儒家思想发展的史料空白。孔子和孟子的思想有较多的一致性，孟子在很多方面丰富和深化了孔子的思想，而荀子的思想较之孔孟却发生了重大的转向。以往我们对这一转向多是从社会变迁和其他学派影响这两方面来解释，现在有了郭店竹简，从中我们可以看到很多同荀子的思想联系，这使我们明白了这一转向也是儒家学说自身发展的积累所致。同样，孟子的学说同郭店儒家简的思想联系也十分密切，《孟子》书中的很多提法都能在竹简中找到不同程度的相同和相通之处。孔子伦理学说的重点是提出普遍的伦理原则并进行理论上的阐发，到了竹简的时代，一部分儒者关注的重点转向了实用，着力探讨与政治直接相关的现实问题，这一思想倾向同荀子的理论特点有更多的相似性，似乎可以看作是荀学的先声。而从孟、荀的思想差异来反观郭店儒家简，也能给我们启示，促使我们思考。例如，这批竹简中存在着不同的思想倾向，不同篇章的思想倾向也不同，很可能是七十子之后学的不同流派的作品，它们预示着、酝酿着儒家学说此后的不同发展方向。郭店竹简思想内容的丰富性和多样性也帮助我们充分估计到那一时期儒家学说发展和分化的复杂性，不可把那时的儒家看作是一个理论上高度一贯、内部协调一致的整体。它表明当时儒学的发展并非是一条单向的、线性的轨迹，而是存在着多条发展的线索和路向，这些路向在此后不同的时期和历史条件下最终发展为孟子之学和荀子之学。

荀子尊严思想研究*

李记芬

摘　要：人的尊严指人之为人的尊贵处，即人拥有德性并能在不懈怠地长养德性的过程中，最终达到一种与天地参的状态。尊严，首先是一种德性尊严。人的尊严依据不是理性，而是德性。尊严是否为人天生拥有，仍旧与德性的养成和践行密切相关。其次，尊严分为内在德性尊严与外在德性尊严。从内在德性尊严到外在德性尊严的贯彻、践行和最终落实中去看，才是尊严比较全面的内涵。尊严在儒家是一种过程性概念，而不是一种天赋或本体性概念，强调的是人的一种持续不断地自我提升的状态。正是在这种自我提升中，师的尊严的地位才得以凸显。

关键词：荀子　儒家　尊严思想

作　者：李记芬，哲学博士，中国人民大学哲学院讲师。

目前学界对于尊严（human dignity）概念的界定众说纷纭。西方以康德为代表的学者对于尊严的重视从人之为人的根本——人的理性命令层面去阐发，而以马克思、恩格斯为代表的马列学者对于人的尊严则更多的是从反对资本主义劳动剥削以获得人的自由全面发展的层面去阐发。但从先秦儒学文献来看，尊严在中国哲学中更多的是涉及人的类意义层面上的独特性，比如人的德性修习及获得。从此独特性上来看，儒家的尊严体现的是一种德性尊严，德性的修习与获得，才是人之为人的根本。

尊严概念在中国古代最早出现在《荀子·致士》中，"尊严而惮，可以为师"。与西方哲学中以人的理性为依据的尊严概念不同，在荀子那里，尊严是以德性的修养为根本性前提的。仁爱，是尊严的根据和前提；严敬是尊严的

---

　　*　本文为中国人民大学科学研究基金"先秦儒家成人思想研究"（项目编号：20XNA040）的阶段性成果。

重要体现。在尊和严二者的全面阐释中，荀子指出尊严最终指向的是一种仁爱德性至深、完满的状态。中国古代哲学对于尊严有其特定的内涵与适用范围，与人的德性追求和对人在天地间价值的最终追寻问题密切相关。

一　尊严的内涵

一般来说，人的尊严（human dignity）和人性（human nature）密切相关。与西方哲学不同，人性在中国哲学中有其自身特殊的内涵。[①] 以儒家荀子为例，荀子认为，"性者，本始材朴也"。也就是说，人性是人生来就有的东西。从这个意义上来说，人性是相对比较大的内涵，并不必然指向人之为人的根本性的东西。比如，从人之生而具有的角度来说，人性可以包括人生于天地间与水火、草木、禽兽所共有的气、生、知等。人之尊严即是人性中使人称之为人的所在，即人之为人的根本。因此荀子指出，人之尊严的首要意涵即是人之贵。

对于人之贵，《礼记》写道："人者，天地之德，阴阳之会，鬼神之交，五行之秀气也。"《尚书》指出，"惟人万物之灵"。《孝经》则有"天地之性，人为贵"的说法。承继此种观点，荀子进一步从人禽之别的"义"上来凸显人在天地间的尊贵。荀子说道："水火有气而无生，草木有生而无知，禽兽有知而无义，人有气、有生、有知，亦且有义，故最为天下贵也。"（《荀子·王制》）对荀子而言，人不仅有气、有生、有知，而且人还有动植物没有的义，故人最为天下贵，在天地万物间是独一无二的。

在荀子那里，人之贵与仁义德性的获得与践形密切相关。即人若能守仁行义，"诚心守仁则形，形则神，神则能化矣；诚心行义则理，理则明，明则能变矣。变化代兴，谓之天德"（《荀子·不苟》）。仁义的道德规定性使人之贵具体落实为人拥有仁义、践行仁义后便能达到与天地并列，即得天地之德于自身从而使人自身得以尊贵无上。

---

① 林宏星（又名东方朔）提出，在中国古代哲学中，人的尊严问题既涉及人观也涉及性观问题，而在荀子方面来说，人的尊严问题，更多的是指对人之所以为人的观察，并且这种观察是重在从人在特定的历史文化和社群结构中所承担的诸多不同身份构成特征的一般性说明。从人对天地、自然世界的责任这一角度来说，人的尊严即人担负董理天地、财官万物，以使人间和谐、万物各得其宜的任务和责任。东方朔：《合理性之寻求：荀子思想研究论集》，台湾：台大出版中心，2011。

当荀子以仁义等道德性来规定人之贵、人的尊严的具体内涵时，尊严观更多的是指德性尊严。即人的尊严体现在人拥有至高无上的德性。对于荀子而言，德性的拥有之所以让人得以尊贵，是因为人若能拥有并践行此种德性，便能总万物、化育万物，即人能参天地而与至广至大的天地并列，从而人得以成为一个大写的人。

从人与天地参的角度上去推进对儒家尊严的理解时，可以看出，尊严在儒家不是一个本体性的概念，而是一个社会性概念，与人在天地万物间的位置和活动密切相关。人的尊严不仅体现在人之尊贵上，还体现在人对人之尊贵的践行上，即人对仁义德性的践行上。而在仁义德性的践行中，尊严不仅是一个类的层面上的尊严，而且还是一个社会群体层面上的尊严。后者所体现的是作为关系性的个体在群体中的尊严问题。

尊严不仅是强调人之尊贵，也体现在人之至严上。严，即敬。① 例如《诗·商颂·殷武》："天命降监，下民有严。"毛传注解道："严，敬也。"《礼记·学记》写道："凡学之道，严师为难。"郑玄注："严，尊敬也。"承继此种思想，荀子也十分强调敬。

> 我欲贱而贵，愚而智，贫而富，可乎？曰：其唯学乎。彼学者，行之，曰士也；敦慕焉，君子也；知之，圣人也。上为圣人，下为士君子，孰禁我哉！……故君子无爵而贵，无禄而富，不言而信，不怒而威，穷处而荣，独居而乐，岂不至尊、至富、至重、至严之情，举积此哉！②

根据王先谦注释，此处"严"字就是尊敬之意，即"人尊贵敬之"。③ 也就是说，人的尊贵的获得，与人的尊敬的获得密切相关。而要想获得别人的尊敬，荀子指出人应该首先长养自身内在的敬之德性，"严严兮其能敬己也"（《荀子·儒效》），人应该重视学习，具体而言即学习仁义。"俄而原仁义，分是非，图回天下于掌上而辩白黑，岂不愚而知矣。"根据王先谦的注释，此处荀

---

① Torbjorn Loden 通过对儒家、道家思想的分析，提出尊严在中国古代哲学中更多的是与"尊敬"一词相关，而具体阐发开来则更多的是涉及人性的问题，比如庄子的人性逍遥、自由的一种状态。Torbjorn Loden, "Human nature, freedom and dignity in China and Europe," in *Int. Commun. Chin. Cult.* 1 (1–2) (2014): 35–45.

② 王先谦：《荀子集解》，中华书局，1988，第125～127页。

③ 王先谦：《荀子集解》，第127页。

子意在表明，人若能知仁义之本，便能运转天下之事于掌上，从而能够苞万物而体天地之德。①

荀子在其思想中非常强调无不敬的观点，即仁者必敬人。对于敬人之道，荀子强调两点：

> 仁者必敬人。凡人非贤则案不肖也。人贤而不敬，则是禽兽也；人不肖而不敬，则是狎虎也。禽兽则乱，狎虎则危，灾及其身矣。《诗》曰："不敢暴虎，不敢冯河。人知其一，莫知其它。战战兢兢，如临深渊，如履薄冰。"此之谓也。故仁者必敬人。②

也就是说，对于荀子而言，敬首先是与自身相关的德性，不论对象如何，敬的持有是对自身德性的长养，是人获取和实现自身尊严的重要表现。但是对于敬之具体落实，荀子认为有两个方面。第一，对于贤人，荀子主张人应当亲近而爱敬。之所以如此，是因为与贤人相处能有利于自身对于仁义之道的学习，从而可以提升自己作为人的高贵之处，突显独特于禽兽之处。第二，对于不肖之人，荀子主张人也应当敬。只是此种敬是从"畏敬"，即从警戒的意涵上来说的。

当从警戒的意义上去说敬时，荀子突出的意涵仍旧是人修身时对自己行为、内心的警戒，强调修习无所懈怠，即"敬戒无怠"（《荀子·大略》）。而从警戒无怠的角度上来说，此种畏戒，更多的是对人自身。《荀子·天论》也有提到"故君子敬其在己者，而不慕其在天者"。梁启雄引《释名·释言语》而指出："敬，警也；恒自肃敬也。"都是在强调敬是对于自己而非他人的敬。③

然而，对荀子而言，敬不仅是指内在的尊敬之情，还指外在的恭敬之貌。在这个意义上，"严"即从"敬而不懈"的意义上推进。尊敬，更多的是指向人的内在德性的发展，而恭敬更多的是指向人因内在德性的充实而体现出来的体貌、气象。比如，荀子写道："体恭敬而心忠信，术礼义而情爱人；横行天下，虽困四夷，人莫不贵。"（《荀子·修身》）在内外层次上去推进敬，

---

① 王先谦：《荀子集解》，第 126 页。
② 王先谦：《荀子集解》，第 255～256 页。
③ 荀子对敬从自身的角度上去突出，而非从他人的角度上去说的思想为董仲舒所继承，并进一步强调"义之法在正我，而非正人"（《春秋繁露·仁义法第二十九》）。

在《郭店楚简·五行》里得到了更好的体现。比如,《五行》写道:"以其外心与人交,远也。远而庄之,敬也。敬而不懈,严也。"① 此处明确指出,严,就是持续不懈地去尊敬别人。"外心",即多与别人交。此处不仅是指交的范围上广,而且是指交的程度上频繁。即与人相交时敬意多而具体表现为礼数周到。《礼记·礼器》说道:"礼以多为贵者,以其外心者。"郑玄注:"外心,用心于外,其德在表也。"与荀子"爱敬不倦""敬注而不苟"的思想有相似之处。

在敬人、严己的基础上才能达到尊,即一方面在持续敬人的基础上别人才能尊敬自己,另一方面是指敬人而不懈怠才能让人对自己所坚持的道义有所畏,进而别人才能尊道、尊己。不论是尊道还是尊己,都强调的是人之尊,即指在与人交往中,人在持"敬""严"的感情基础上而获得的人自身拥有的一种危重体貌。而在这种体貌中,《五行》提出,最重要的是人不应该骄傲,与荀子"高上尊贵,不以骄人"(《荀子·非十二子》),"故君子恭而不难,敬而不巩,贫穷而不约,富贵而不骄,并遇变态而不穷,审之礼也"(《荀子·君道》)的观点一致。

从而在这个意义上可以看出,荀子与《五行》一样,在强调人的尊敬时,注重三个方面:首先是严敬,即不懈怠地敬人、敬己。其次是尊敬,即人在畏道基础上而有的自身的危重体貌。最后是指恭敬,即与人交而不骄傲、傲慢。此三种意义上的全部满足,才是人之尊严内涵的全面体现:人的尊严的获得是一种过程性状态,即在强调人要不懈怠地充实内在爱敬德性的同时,也更强调人所应该持续而不懈怠地去持有的外在恭敬体貌。

在儒家看来,人的尊严状态的达成需要一个过程,而此过程的起始处首先就是长养人天生而有的德性。比如,人首先长养自身的仁性,注重从小对父母的爱亲之天性的长养。在此方面孔子强调了学习的过程,孟子也强调了仁性的长养,而荀子则也提出"君子知夫不全不粹之不足以为美也,故诵数以贯之,思索以通之,为其人以处之,除其害以持养之"(《荀子·劝学》)的一个长养德性、贯通礼义之学的具体步骤和方式。②

一个人要想达到尊严的状态,需要在仁爱的基础上继续修习。此阶段的

---

① 刘钊:《郭店楚简校释》,福建人民出版社,2005,第83页。
② Ni Peiming:*Seek and You Will Find It*;*Let Go and You Will Lose It*:*Exploring a Confucian Approach to Human Dignity*. Dao(2014)13:173-198.

修习与仁爱的长养不同，而是转向礼的修习，需要人与人远，需要敬。为的是不让人怠慢父母、狎昵于师、害伤万物。在此，尊严不仅是一种最终的状态，还是一种情感、一种态度。这种情感，主要是指人应该有畏、有敬。比如《郭店楚简·五行》里提到礼的最终达成是与人的敬、严、畏、尊、恭等情感的推进密切相关的。

总之，尊严是否为人天生拥有，仍旧与德性的养成和践行密切相关。这种德性尊严观分为内在德性尊严与外在德性尊严，而从内在德性尊严到外在德性尊严的贯彻、践行和最终落实中去看，才是人的尊严比较全面的内涵。即尊严在儒家是一种过程性概念，而不是一种天赋或本体性概念。人的尊严最终指向的是人的一种持续不断地自我提升的状态。

二 "尊严而惮，可以为师"

在儒家看来，尊严是一种德性的不断提升修养的状态，在这种提升中，很值得注意的另外一个达成方式，就是在公与私的区分上，强调公的首要性。

对于敬己的达成，儒家有强调敬他人的首要性。比如，《郭店楚简·成之闻之》提道，"故君子所报之不多，所求之不远，察反诸己而可以知人。是故欲人之爱己也，则必先爱人；欲人之敬己也，则必先敬人"。[①] 根据刘钊的注释，此句意在表明，君子由观察自身可以知道他人。所以要想他人爱己，就必须要先爱他人；要想他人敬己，就必须先敬他人。因而在对尊严的解释上，《五行》中非常重视"外心"和"博交"的内涵。外心，即与人博交。而正是在与人的博交中，人才能达到公天下的程度，从而在德行之广上与天地可比。

与此种思路一致，荀子指出义之敬不仅是对自我的修身要求，而其达成也离不开群。人有义，荀子指出是为了达成人能群。"人何以能群？曰：分。分何以能行？曰：义。故义以分则和，和则一，一则多力，多力则强，强则胜物，故宫室可得而居也。故序四时，裁万物，兼利天下，无它故焉，得之分义也。"（《荀子·王制》）这里的分义，更多的是指人的职分之义。而荀子之所以强调职分、角色的区分，与其公义思想的强调密切相关。比如，荀子

---

① 刘钊：《郭店楚简校释》，第142页。

写道："明分职，序事业，材技官能，莫不治理，则公道达而私门塞矣，公义明而私事息矣。"

荀子认为人的尊严的获得与公天下的思想密切相关，因而非常强调义的首要性，比如：

> 凡奸人之所以起者，以上之不贵义，不敬义也。夫义者，所以限禁人之为恶与奸者也。今上不贵义，不敬义，如是，则下之人百姓皆有弃义之志，而有趋奸之心矣，此奸人之所以起也。且上者，下之师也，夫下之和上，譬之犹响之应声，影之像形也。故为人上者不可不顺也。夫义者，内节于人而外节于万物者也，上安于主而下调于民者也。内外上下节者，义之情也。然则凡为天下之要，义为本而信次之。古者禹、汤本义务信而天下治，桀、纣弃义背信而天下乱，故为人上者必将慎礼义，务忠信然后可。此君人者之大本也。堂上不粪，则郊草不瞻旷芸；白刃扞乎胸，则目不见流矢；拔戟加乎首，则十指不辞断。非不以此为务也，疾养缓急之有相先者也。①

在此处，义所限禁的是人的私欲。节，按照王先谦注解，是调适的意思。人能贵义的具体表现就是，作为君主，人首先能致力于义的实行，即君主既能调适民的情欲，也能稽查、调适万物之情，从而做到天下万物无不顺适。人若能做到此义，便能为人君、为人师，而成就人之尊贵、获得人之尊严。从而从这个先敬人、节人以达公道、明公义的角度上说，此种敬体现了公的意义上的尊严。

对于儒家来说，公的意义上的尊严思想体现的是人在修身齐家治国平天下的修养追求中要有由内而外的践行，② 但是修齐治平首先需要达到先敬爱他人的修养要求。这一点是儒家尊严思想中非常独特的一面，与其对于仁爱、博爱思想中对于爱人先于爱己的修身要求是一致的。在此意义上说，人的尊严体现在与人博交的关系中，正是在与人博交的基础上，能达到公天下。

在对公的意义上的尊严首要强调以成就人的全面意义上的尊严的思想，

---

① 王先谦：《荀子集解》，第 305 ~ 306 页。
② 张千帆在对儒家尊严思想的强调中，有突出由内而外，由正心、修身而推致齐家治国的一面。具体可参看 Zhang Qianfan：*The Idea of Human Dignity in Classical Chinese Philosophy：A Reconstruction of Confucianism.* Journal of Chinese Philosophy 27：3（September 2000）299 – 330。

也进一步体现了荀子对于"教"在人的尊严获取上的强调。能公天下、教天下的人便可以为人师而成就自身的尊严。

荀子强调公的尊严与对礼和君师的重要性的强调密切相关。因为在荀子看来，君师者，治之本也，是礼义视域中的人的三大本根之一。从教的角度来说，君师对引导学生修养的提高十分重要。从学的角度来说，君师承担着董理天地的任务，其尊严的最高体现就是"与天地相参"。而不论是教与学，荀子都始终强调人的尊严是师的尊严与学的尊严的综合统一，是在教与学的相互交叉和长养中，人人可达到的一种"乐"的状态。

从"尊严而惮，可以为师"的角度说，荀子是从师的角度去讲述人的尊严的。在荀子看来，一个人之所以可以成为老师，在于他能做到尊、严、惮。关于此三点，荀子本人及其注本并没有进一步解释，但是在《郭店楚简·五行》中有进一步解释。《五行》写道：

> 以其外心与人交，远也。远而庄之，敬也。敬而不懈，严也。严而畏之，尊也，尊而不骄，恭也。恭而博交，礼也。①

在此，对尊、严、惮做了进一步解释。在《五行》看来，一个人对于别人的敬能够持续而没有懈怠，那就是严。而在严的同时，如果人能做到对于自己坚持的道有所畏，那就是尊。因此，从此文本的解释中可以看出，"尊严而惮"是指一个人如果能够不懈怠地敬人和畏道，那么这个人就可被尊称为师了。在这种解释里，师的尊严来自师自身对于别人、他人的爱敬和对道义的畏敬。换句话说，一个人的尊严首先来自他自身表现于外的行为，而判断的标准是这种行为是否持续展现了对他人的爱敬之情和对道义的畏敬。对这种外在行为的强调，由文本对"外心"的强调可以看出。对于此外心，《礼记·礼器》有提道："礼以多为贵者，以其外心者。"郑玄注："用心于外，其德在表也。"即首先敬别人，后来才是得到别人对自己的敬爱。《郭店楚简·成之闻之》里面写道："是故欲人之爱己也，则必先爱人；欲人之敬己也，则必先敬人。"②用一句话来说就是，判断一个人是否有师的尊严的标准是能否做到持续不断地敬人和尊道。在这个角度上，师的尊严分为两部分：公的尊严和

---

① 刘钊：《郭店楚简校释》，第 83 页。
② 刘钊：《郭店楚简校释》，第 142 页。

私的尊严，后者的获得是以前者为前提的。师之尊严，即人之为君子的尊严。

作为礼义性的人，其尊严的最高的体现是成为君师。从这个角度来说，人的尊严是在社会范围内，人的德行的最高外在表现。对荀子而言，这种尊严是与人的有义、能群思想密切相关的。而之所以让人能够保有义、能相与群居的人，恰恰是圣人、君师。因而，对荀子而言，尊严不仅是从社会意义上述说的，也是只针对一小部分人即圣人和君子，尤其是君主而言的。

当从师的尊严的角度去探讨人的尊严的问题时，荀子向我们指出的是，人的尊严的获得即人人以成圣为最终目的，以获得师的尊严为目标。人的尊严的实现即师的尊严的获得，而在这其中有两个方面是荀子特别强调的。一是人与动植物不同，君师已经为人指出，人不同于其他动物植物，人有义、能群，即人有实现自身内在仁义德性的潜力。二是虽然人有质、具，但人最重要的还是学习圣人之道，只有通过学习，人才能将内在德性潜力持续不断地落实于行为，从而最终成为"成人""全人"。

对荀子而言，人的尊严问题不仅局限于德性比如尊敬问题的探讨，而也涉及对于人的修养工夫和人的终极价值追求的追问等方面。人的尊贵的展开和落实需要师的尊严的指导，而师的尊严的呈现是以人的尊贵的展开为最终标准的。只有这些方面的全部展开，才是儒家尊严思想比较完满的呈现。

从这种完满的角度进一步展开，便可以得出，对儒家来说人的尊严的达成最终呈现的是人的乐的状态，这种乐不为一部分人所有，而可以为每个人所获得。所以孔子可以说："我欲仁而斯仁至矣。"也就是说，对儒家而言，尊严是每个人都可以有的。这其中可以有程度的差别，多少的差别，但只要一个人愿意修养自身的德性，那么这个人就会因为拥有德性而得以自足。

三　余论

对荀子而言，人的尊严主要是涉及德性问题的探讨。首先，人的尊严是指人的一种持续不断地自我提升的状态，因而尊严在儒家是一种过程性概念，而不是一种天赋或本体性概念。其次，人的尊严的获得与否，与人是否首先有公天下的思想密切相关。如果一个人在仁心长养的基础上，能进一步与人博交，那么这个人就能够进一步长养自身的尊严。尊严的达成最终呈现的是人的乐的状态，这种乐不为一部分人所有，而可以为每个人所获得。可以说，人的尊严不仅仅局限于德性比如尊敬问题的探讨，也涉及对于人的修养工夫和人的终极价值追求的追问等方面。只有这些方面的全部展开，才是儒家尊严思想比较完满的呈现。

关于人的尊严问题，目前国内学界的研究还主要是关注西方哲学或者马克思主义哲学研究，但从中国哲学自身的理论脉络里展开的研究相对来说还是比较欠缺。而儒家尊严观的提出可以为人的尊严与人的权利等方面的研究提供理论资源。① 当从德性、过程性和乐的最终状态方面去看儒家尊严概念时，可以得出，儒家人的尊严的依据不是理性而是德性；儒家人的尊严的达成与人的德性修习密切相关。也正是在以德性为依据的基础上，儒家人的尊严也进一步涵括教育发展和国家治理等问题。先秦儒家尊严思想研究的展开，能够对国家强调的"人应该体面地工作""有尊严地生活"等理念给予一个儒家思想上回应，从而能为国人尊严的提升、社会和谐的达成提供有力的理论参考。

---

① 韩德强立足于中西不同的文化背景和概念意涵方面，对人的尊严问题集中从秩序性尊严、人性尊严、人格尊严和身体尊严等层面进行了细致剖析（韩德强：《论人的尊严：法学视角下人的尊严理论的诠释》，法律出版社，2009）；郝书翠从类与个体的角度，对马克思主义与儒学的尊严观做了比较，提出主体性构成人的尊严的内在基础。儒学与马克思主义都把人视为目的，认为这是人的尊严的必要条件，但在实现人的尊严的具体路径上，马克思主义追求人的历史解放，儒学则追求个体的自我修养，由此形成了两种旨趣迥异的尊严观（郝书翠：《类与个体：马克思主义与儒学尊严观比较》，《山东社会科学》2015 年第 11 期，第 15～20 页）。

儒学评论

宋 明 理 学

"时中之义"与"太和之道"

——二程易学变法思想探究

刘炳良

摘　要： 二程治易的基本原则是探究天理、穷理尽性以至于命，其最终归宿是致力于现实社会治理及人生道德境界的提升。程颐明确指出其易学思想的核心和纲领就是"体用一源，显微无间"，并提出了"随时变易以从道也"的核心命题。二程易学学术探索的最终目的就是为变法改革提供本体论的论证，研究变法改革的大正之道和太和境界。本文在分析二程易学"明体达用"的易学理路的基础上，从"时中之义"的基本原则和"太和之道"的终极追求这两个主要方面着眼，对二程变法思想的核心主旨进行简要的探讨。

关键词： 易学　程颐　程颢　时中之义　太和之道

作　者： 刘炳良，北京建筑大学马克思主义学院副教授。

　　二程作为宋代理学的奠基人，其一生所学并不仅仅局限于形而上的理论建构，"致君尧舜上，再使风俗淳"一直是他们所身体力行的。无论是他们在热血的青年时代大声疾呼变法改革、程颢实际参与熙宁变法，还是程颐为帝王师，寄望于辅君行仁政，都体现了他们对经世致用的重视和强烈的淑世情怀。程颢任职地方时，治事理政非常得当，时人和后世赞美有加。后人评他的《上神宗皇帝陈治法十事疏》："案其时势，悉中肯綮。"张载曾说："昔尝谓伯淳优于正叔，今见之果然；其救世之志甚诚切，而亦于今日天下之事尽记得熟。"朱熹也说过："明道岂是循常蹈故块然自守底人！"[1]"想是它经历世故多，见得事势不可行。"[2] 此言可谓精当。程颐作为义理派易学的主要代

---

① 　黎靖德：《朱子语类》，中华书局，1986，第 3097 页。
② 　黎靖德：《朱子语类》，第 2495 页。

表，汲取孔子易学之精神，"推天道以明人事"，将易学研究与现实的功用紧密结合起来，以"天理"解《易》，其易理更加哲理化和伦理化。探究天理、穷理尽性以至于命是程颐治易的基本原则，而最终的归宿则是致力于现实社会治理及人生的道德境界的提升。在解《易》的方法上，程颐还汲取了汉、晋、唐时期诸家易学的解易原则和方法，以义理解《易》又不废象数，因象明理，以理解易，既注重经书之间的"互训"，也重视以史解易之法，这些奠定了程颐易学在经学史上的崇高地位。

一 体用一源，显微无间：明体达用的易学理路

程颐易学的思想渊源，可以从思维模式和价值取向这两个方面来考察。就其思维模式而言，是对王弼所开创的义理派易学传统的直接继承，但是在价值取向方面，则是与王弼以老庄解《易》的立场相对立，全面继承儒学的传统。

程颐继承了范仲淹倡导、胡瑗提出的"明体达用"这一复兴儒学的思想纲领，以《周易》为宗，致力于重建儒学统一的"内圣外王"之道，始终坚持"明体达用"，把这种探索提到天道性命的哲学高度，加重了形而上的色彩，为儒学的"内圣外王"理想进行本体论的建设。程颐对佛学做过深刻的研究，批判了其出世的价值取向，吸取了其体用关系在思维模式上的成果。

《易传》"一阴一阳之谓道"的哲学思想也必然要体现在体用关系上，就内在发展的必然逻辑而言，阴阳互对、互依、互化，体用关系亦是如此，既要由体及用，又要由用见体，体不离用，用不离体，体用一源，绝无二途，这是符合易学辩证法的双向互动的思维逻辑。因此，宋代易学中体用关系的思想发展也要遵循这一思维模式，最终走向"体用一源，显微无间"的哲学思辨高度。这是程颐在其《易传序》中提出的易学命题，他指出："至微者理也，至著者象也。体用一源，显微无间。"[①] 这一命题系统地总结了王弼玄学易学和北宋儒家学者长期以来的学术探索成果，弥合了以前学者在体用之间难以解决的矛盾，完成了儒学本体论的构建。"体用一源，显微无间"，是对儒家宇宙本体论和价值本体论的完美表述，称得上是"洁净精微"。

---

① 程颐、程颢：《二程集》，中华书局，1981，第689页。

程颐明确指出,他的易学思想的核心和纲领就是"体用一源,显微无间",通解其真正含义就能彻悟儒学的天机。这就是程颐对体用关系的超越,显示了其易学思想的创造力。

程颐与其兄程颢的易学思想在核心纲领上是大体一致的,他们确定的共同治学宗旨就是探索"明体达用"之学,致力于天理与人事的有机结合,构建一个以理为体、以事为用的思想体系。程颐指出其兄明道先生的思想核心和学说纲领已然形成,且有众多门人弟子传其所学,惜乎英年早逝,壮志未酬,未能完成其学说体系。程颐承续其兄志业,又经过二十多年的艰苦探索,完成了从"明体达用"到"体用一源"、从理事结合到"显微无间"的思维哲学跨越,著成《易传》,实现了其兄弟二人的共同理想,开创了"阐明儒理"的义理派易学之宗,完成了儒学本体论的构建。全祖望在《伊川学案序录》中指出:"大程子早卒,向微小程子,则洛学之统且中衰矣!龟山先生尝曰:'小程子大而未化,然发明有过于其兄者。'信哉!"

程颐在《易传序》中对其易学的核心思想做了总结阐述。他指出:"易,变易也,随时变易以从道也。其为书也,广大悉备,将以顺性命之理,通幽明之故,尽事物之情,而示开物成务之道也。"[1] 这个"随时变易以从道"的"道"是乾坤之道、天地之道,也是中正之道。作为一种本体论的结构,这个"道"是宇宙本体和价值本体的统一,也是一种体用一源、显微无间的体用结构。这种结构理一而分殊,既有良好秩序,又能和谐共处,太和的境界是其最高的理想状态。这个太和境界是又一个变动不居的过程,有时会发生偏离,需要及时做出调整,"随时变易以从道",对现实进行拨乱反正,使之最大可能地符合理想。由此来看,易学的主旨就是"示开物成务之道",易道是"开物成务之道"。人类社会政治伦理的运作和制度建设,都要受到这个"开物成务之道"的支配并依归于此。程颐易学的这个核心思想贯穿于其《易传》之中。

二 二程对变法改革的呼吁和反思

熙宁变法及其后的"元祐更化"、哲宗"绍述"等对北宋社会带来了前

---

① 程颐、程颢:《二程集》,第689页。

所未有的社会震动和思想冲击，程颢程颐兄弟身为理学的领军人物，也对这一系列变法运动所带来的利与弊进行了积极的反思，并由此形成了一套自己的社会变革思想。其中，《周易》经传作为最基本的理论来源，对他们产生了深刻的影响，二程的变法理念也是在对易学思想基本命题的阐发之中而逐步形成的。

自仁宗朝起，各种社会问题日趋严重，要求变法改革的思潮不断涌动，在这种人心思变的社会背景下，倡导变革之道的《周易》自然成为时人关注的焦点。人们纷纷从全新的角度解读《周易》，试图以易学的通变智慧指导现实的社会政治改革。二程积极参与到了熙宁之前的社会变法思潮中，呼吁变法改革。宋仁宗皇祐二年（1050），年仅十八岁的程颐上书仁宗皇帝，直指当时的社会危机，力陈变法之道。程颐的这篇上书虽然思想远未成熟，也没提出切实可行的改革措施，但显示了年轻的程颐作为一名热血青年所特有的、强烈的淑世情怀和高度自信，也体现了他学术道路的发端，他认为自己所学乃"天下大中之道"，由此也可以更好地理解程颐的学术思想。英宗治平二年（1065），程颐再度上书，针对六大弊端，提出了"立志、责任、求贤"的匡救之策。距第一次上书十五年后，当时程颐的易学思想已经渐趋成熟，应当也开始了对体用关系的研究，已经可以用它来阐述他的变法策略了。他对自己的三项救弊之本进行了详细阐述，首先强调："三者之中，复以立志为本，君志立而天下治矣。所谓立志者，至诚一心，以道自任，以圣人之训为可必信，先王之治为可必行。"① 若上志不立，则朝廷"每有善政，鲜克坚守，或行之而天下不从"，恳请皇帝"以立志为先，法先王之治，稽经典之训，笃信而力行之，救天下深沉固结之弊，为生民长久治安之计，勿以变旧为难，勿以众口为惑，则三代之治可望于今日也。"② 在他的政治思想中，变法改革的措施有体有用，有本有末，有先有后，人君不可不慎，要务本求体，明体达用，切勿舍本逐末。这也是程氏兄弟与王安石在变法思想上的根本分歧所在，他们通过变法的实践认为，熙宁变法中多为逐末之术，与其务本的思想背道而驰。

两次上书充分说明了程颐性格的积极通脱和易学思想对其影响的深刻。虽然此时的程颐在思想理论上还处于成长期，但变法改革的思想已经形成，

① 程颐、程颢：《二程集》，第521页。
② 程颐、程颢：《二程集》，第521页。

并成为他全部学说思想的发端和重要组成部分,他的学术探索的最终目的就是为变法改革提供本体论的论证,研究变法改革的大正之道和太和境界。

程颢的学术道路没有程颐长,也没形成完整的学术体系,他比程颐突出的是在仕途上的作为,积极投身于变法实践之中。程颢曾作有一首《下山偶成》:"襟裾三日绝尘埃,欲上篮舆首重回。不是吾儒本经济,等闲怎肯出山来?"① 怀有这种志向的儒生是不可能耽于空洞的玄思冥想的,即使有契于妙理,也只能是以之作为论证表达思想观念的话语形式而已。他经常提醒学生说:"不可穷高极远,恐于道无补也"。程颢对待变法改革的态度与程颐是一致的,二人对变法改革都是持肯定态度的,他们认为社会人事是不断变迁的,"古今风气不同,故器用亦异宜,是以圣人通其变,使民不倦,各随其时而己"②,并提出"万物莫不有对,一阴一阳,一善一恶,阳长则阴消,善增则恶减"③,他们的变法改革思想是基于其易学思想的,以固体务本为要,体用一源,不患无致用之术,他们说过:"先王之世,以道治天下,后世只是以法把持天下。"程颢提出了"随时因革""圣王之法可改"等变法改革主张,程颢比程颐多于仕途,政治经验丰富,他的变法改革思想就相对更加具体和富有针对性。

熙宁变法和元丰改制,没有达到变法的最终目的,当然也没能最终解决北宋所面临的种种社会弊端和危机,反而造成了官僚士大夫阶层的严重分裂,党争纷起。二程在反思这段历史的时候,以较为理性的态度总结了王安石变法的得失,并进一步提出了社会改革的理想方案。二程与王安石变法思想上的不同在更深层次上是导源于他们在易学思想上的差异。二程基于易学思想中追求天人整体和谐的理念对王安石推行的熙宁变法进行了广泛、深入的反思,这也为他们提出自己的变法理论乃至形成其学说思想奠定了基础。

在二程的思想体系中,易学有着不可替代的重要地位。作为宋明理学的核心人物,二程的易学理论虽然并不完全相同,但其根本的特点都是以"理"解《易》。在中国思想史上,"理"字虽然很早就出现了,但直到二程兄弟才"体贴"出了"理"的丰富哲学内涵。既然世间万事万物统摄于"理",共同遵循着这普遍的原则与规律,那么表面上看似不同的"天道"与"人道"之

---

① 程颐、程颢:《二程集》,第476页。
② 程颐、程颢:《二程集》,第117页。
③ 程颐、程颢:《二程集》,第117页。

间其实并没有什么本质的差别，因为这只不过是"理"（"道"）在不同领域内的延伸。因此当有人问程颐"尽人道谓之仁，尽天道谓之圣"该怎样理解时，程颐说："此语固无病，然措意未是。安有知人道而不知天道者乎？道一也，岂人道自是人道，天道自是天道？《中庸》言：'尽己之性，则能尽人之性；能尽人之性，则能尽物之性；能尽物之性，则可以赞天地之化育。'此言可见矣。杨子曰：'通天地人曰儒，通天地而不通人曰伎。'此亦不知道之言。岂有通天地而不通人者哉？"其实《周易》的思维模式就是"推天道以明人事"。各个易学流派研究的最终目的都是希望建立起一个贯通天、地、人三才之道的思辨体系，为现实政治生活服务。《周易》以"天人合一"作为其思维模式和最高价值理想，二程的"天理论"是在新时期对易学中传统的天人之学做出的全新诠释，二程的理学思想是《周易》所开启的"天人之学"的新发展。

王安石的政治改革理论也是建立在其天道性命之学的基础上的，与二程不同的是，在王安石那里，天道与人事有着比较清晰的界限。二程认为，王安石的这种天人关系思想存在严重的问题，其天人观是由天道演绎人事的单向逻辑，天道被设定为独立的前提，人事仅仅是被作为次生的结论，这就在理论上割裂了天人合一的关系。另外，规定人性、人情必须服从天道，必然会对人性、人情造成压抑。这样，在变法的具体实践中，必然会带来两个严重的后果："第一是对于世俗人情持不悯、不恤的态度，自持其是非之见，一意孤行；第二是按照其单向思维逻辑所确立的改革方针，必然是自上而下的，而且将政治改革局限在调整行政机器、管理制度的畛域之中，本质上只是改造政治工具，将社会当成单纯的作业对象，其结果只能是提高政府的职能与效率，从而富国强兵，为政府创获更大的利益，但同时也必然激化政府与社会的矛盾。"① 事实证明，王安石变法在实施过程中出现的弊端与偏差，确如二程所言。二程的变法思想直接来源于对王安石政治实践的反思，而其中易学思想无疑起到了不可替代的作用，尤其是深层次的理论上的根源。

三 时中之义：二程变法思想的基本原则

《易传》里的"时中"之义，是二程变法思想的一个基本原则。在易学

---

① 卢国龙：《宋儒微言》，华夏出版社，2001，第30页。

思想中,"时中"是一个极为重要的观念,来源于对圣人之道的体悟。在程颐《易传》中,有关圣人的论述非常多,如"乾道覆育之象至大,非圣人莫能体"①,"用九之道,天与圣人同,得其用则天下治也"②,"圣人见天道之神,体神道以设教,故天下莫不服"③。在程颐的易学观中,《周易》是圣人忧患后世之作,是留给后人的宝贵财富。学习《周易》,践履易道,就是要将圣人之道延续下去。在儒家思想史上,孟子首先明确提出"圣人可学"的思想,呼吁后人以"成圣"为最终目标。此观点对后世影响很大。程颐在《易传》中多次谈及圣人与易道之间的辩证关系,认为易道只有通过圣人才能在现实生活中发挥其经世致用之效,圣人之所以成为圣人的根本原因就在于其时时刻刻以易理为行为处事的准则。他在解释《乾》卦时专门谈及此问题:"或问:《乾》之六爻皆圣人之事乎?曰:尽其道者圣人也。得失则吉凶存焉,岂特《乾》哉?诸卦皆然也。"④ 如果能像圣人那样在遵循易道的前提下发挥主体能动性,就一定能趋吉避凶,这是《周易》六十四卦贯彻始终的思想。但如何能像圣人一样动静皆契合易之理呢?关键就是顺时而为,随时而动。由此就涉及二程易学思想的一个重要内容——"时中"的理念。

"时"是《周易》的一个重要概念,"时"在《周易》中虽经常出现,却始终没有对其做出正式的概念解释,《周易》没有说明"时"具体是什么。这从另一个角度反映出"时"并不是一个完全独立的概念,而是作为阐述命题或者理论的思想基础。这是《易传》定下的思路,历代易学家们在解释《周易》的时候,往往给予"时"以足够的关注。如王弼在其《周易注》中所说的:"夫卦者时也,爻者适时之变者也",孔颖达以"治时""乱时""离散之时""改易之时"对六十四卦进行了划分。

程颐对"时"也同样重视,在其《易传》中关于"时"的论述有很多。虽然他也没有对"时"进行过具体诠释,但与前人不同的是,他所说的"时"本身具有"理"的内在规定性,在一定意义上与"理"的内涵相符。⑤程颐在《易传序》中提出"随时变易以从道"的命题,结合其理学思想就可

① 程颐、程颢:《二程集》,第695页。
② 程颐、程颢:《二程集》,第695页。
③ 程颐、程颢:《二程集》,第799页。
④ 程颐、程颢:《二程集》,第695页。
⑤ 姜海军:《程颐〈易〉学思想研究》,北京师范大学出版社,2011,第195页。

以发现，"随时变易以从道"是一种对人类主体意识的探讨。《周易》一书并不是简单地对复杂多变的客观现象进行列举，而是自觉地、有意识地归纳总结其中的规律法则。在程颐的《易传》中，能真正贯彻这些法则的就是"圣人"。他在对《益卦·象传》"凡益之道，与时偕行"句的解释中说："天地之益无穷者，理而已矣。圣人利益天下之道，应时顺理，与天地合，与时偕行也。"他在《丰卦·初九·象传》"虽旬无咎，过旬灾也"的解释中也说："圣人因时而处宜，随事而顺理。"结合圣人与易理的关系，程颐"随时变易以从道"的理论以及在《易传》中对圣人随时的各种论述使其对"时"的解释不再流于空泛，随"时"即随"理"，后人可以仿效圣人，充分发挥自己的主观能动性。

但只有随"时"的意识还不够，还需要以"中"的思想为指导。在程颐《易传》中，"时"与"中"是不可分割的一对概念，二者也往往合在一起进行解释。《周易》里的"中"本是指爻位而言，即一卦六爻中的第二爻和第五爻为中位。在易学理论里，"中"是一个十分重要的概念，因为"《易》道尚中，得其中虽否、剥亦吉；失其中虽泰、复亦凶，故《象传》言吉，必以得中之故"[1]。程颐《易传》对"中"又做了进一步的发展，提出了"中重于正"的理论。"正"与"中"是同等重要的易学概念。所谓"正"即指在《周易》每卦六爻中，初、三、五为阳位，二、四、上为阴位，若阳爻占据阳位，阴爻占据阴位，即为得位或者说当位，而得位就是"正"。在《周易》经传的解释中，都将这象征着阴阳各居其位的"正"引申为一种理所当然的社会秩序。但《周易》有六十四卦，三百八十四爻，其中有的得"中"，有的居"正"，既"中"且"正"的情况很少。如果在一卦之内"中"和"正"之间产生了矛盾那该怎么办呢？程颐提出"中重于正"的理论。他在《震卦·六五》爻"震往来厉，亿无丧有事"句的解释中有着详细论述。

> 六五虽以阴居阳，不当位为不正，然以柔居刚，又得中，乃有中德者也。不失中，则不违于正矣，所以中为贵也。诸卦：二五虽不当位，多以中为美；三四虽当位，或以不中为过，中常重于正也。[2]

---

① 胡自逢：《程伊川易学述评》，文史哲出版社，1995，第 112 页。
② 程颐、程颢：《二程集》，第 962 页。

从爻位上来看，五为阳位，《震》卦六五爻为阴，按理应为凶，但爻辞却暗含吉庆之意，似乎于理不通。如果按照"中重于正"来解释，那一切就变得合理了。对此，吴沆曾总结道："《易》之为道，非中则正，而言正者有谓可，至于言中，乃未有言利不利，可不可者，亦无所谓艰厉凶咎之辞，是正有时而不可；中，无时而不可也。"其实，《周易·系辞传》中就有"二多誉，四多惧……三多凶，五多功"之语，可见程颐的"中重于正"的观点是言之有据的。

除了从易学解释学上给"中"以新的定位外，程颐还从理学思想出发赋予了"中"更丰富的内涵。程颐"于书无所不读，其学本于诚，以《大学》《语》《孟》《中庸》为标指，而达于《六经》"，所以在理解二程的思想时，尚须注意到其四书学的背景。就"中"这概念而言，程颐是借鉴了《中庸》的思想。《中庸》曰："喜怒哀乐之未发，谓之中；发而皆中节，谓之和。中也者，天下之大本也，和也者，天下之达道也。"程颐对此解释说：

> "喜怒哀乐未发谓之中"，只是言一个中体。既是喜怒哀乐未发，那里有个甚么？只可谓之中。如《乾》体便是健，及分在诸处，不可皆名健，然在其中矣。天下事事物物皆有中。"发而皆中节谓之和"，非是谓之和便不中也，言和则中在其中矣。中便是含喜怒哀乐在其中矣。①

按照"体用一源，显微无间"的思想，"中"为体，"和"为用，体用相即，不可分割。因此，"中"是一个在程颐理学思想体系中非常重要的范畴，"'中'则有'理'的内在规定性"。②结合前面"时"的含义，可以发现经过程颐重新阐释的"时中"一词有了新的内涵。《程氏粹言》中记载了程颐关于"时中"的解释：

> 或问："何谓时中"？子曰："犹之过门不入；在禹、稷之世为中也，时而居陋巷，则过门不入非中矣。"居于陋巷，在颜子之时为中也，时而当过门不入，则居于陋巷非中矣。盖以事言之，有时而中；以道言之，何时而不中也？

---

① 程颐、程颢：《二程集》，第 174 页。
② 姜海军：《程颐〈易〉学思想研究》，第 196 页。

可见，程颐将"时""中"二义熔为一炉，"随时"的根本就是践履中道。如此，人们才可以在发挥自己主体能动性的同时恪守变易之道，才能真正实现天与人的和谐统一。

程颐从天理与人心关系角度对"人心惟危，道心惟微。惟精惟一，允执厥中"做出了解释："'人心惟危'，人欲也。'道心惟微'，天理也。'惟精惟一'，所以至之。'允执厥中'，所以行之。"① 这句话的关键在于"允执厥中"的"中"字。这个"中"对于政治家来说是必须把握的特定情境中的"时中"（其客观义当为"公正"）。程颐的"时中"理念对后世的易学研究影响很大，清代易学大师惠栋"《易》尚中和"② 的观点很明显受此影响，他说：

> 《易》道深矣，一言以蔽之曰：时中。孔子作《彖传》，言时者二十四卦，言中者三十五卦，《象传》言时者六卦，言中者三十八卦。……盖时者，举一卦所取之义而言之也；中者，举一爻所适之位而言之也。时无定而位有定，故《象》多言中少言时，然六位又谓之六虚，唯爻适变，则爻之中亦无定也。位之中者，惟二与五，汉儒谓之中和。……愚谓孔子晚而好《易》，读之韦编三绝，而为之《传》，盖深有味于六十四卦三百八十四爻时中之义，故于《象传》、《象传》，言之重，词之复。子思作《中庸》述孔子之意，而曰："君子而时中。"……《文言》曰："知进退存亡而不失其正者，其惟圣人乎？"皆时中之义也。知时中之义，其于《易》也思过半矣！③

综上，"时中"原则是《周易》革故鼎新思想的进一步延伸。虽然二程终其一生也没有得到以"时中"的原则进行政治实验的机会，但"时中"原则在中国古代改革思想史上的地位和影响不容低估。

四　太和之道：二程易学与变法思想的终极追求

《周易》经传"推天道以明人事"，对人们的社会实践有着强烈的现实指

---

① 程颐、程颢：《二程集》，第117页。
② 张涛、陈修亮：《〈周易述〉导读》，齐鲁书社，2007，第38～40页。
③ 惠栋：《易汉学》卷七，见《周易述·附易汉学·易例》，中华书局，2010。

导意义，历代学者和政治家都十分注意总结提取《周易》一书中的经世致用之学。"《周易》历来为统治阶级重视，重要的原因在于，它是能够为历代王朝之正道和治道提供借鉴的一部不可或缺的重要典籍。"① 在社会政治领域，《周易》有着更强的现实指导性，历代统治者对其青睐有加并不是因为所谓的"性与天道"之学。

在中国古代政治思想史上，《周易》的政治理论可谓颇具特色。《周易》"推天道以明人事"，从本质上来说，这不仅仅是一种贯通天、地、人"三才"之道的思维模式，同时也蕴含着一种价值追求。"天道"的伟大之处就在于其生生不息、循环不止，自然万物并行而不相害。因此，人类社会的基本特点就应当是"和谐"，而不是"斗争"。通过努力实现人际关系与社会秩序的和谐，从而进一步实现天人的整体和谐，是一切政治实践的终极目标，这就是《周易》的"太和"之道。"太和"思想是古代中国社会政治思想与文化价值理想的立足点和出发点，许多政治家、思想家就是在此影响下，提出了一系列有关社会政治的主张和设想。

"太和"思想是《周易》阴阳整体思维的产物，这种最高程度的和谐状态并不单指客观的自然规律，人类社会中的各种实践活动也应当以此为目标，也就是以阴阳整体和谐的原则为指导，在现实生活中实现和谐的理念。二程将"太和"视为天道运行的内在根据，即"天地之道，常久而不已者，保合太和也"②。在某种程度上，"太和"与最高范畴"理"有着相同的内涵。二程将"太和"思想看作指导现实社会政治的一个重要理论。"太和"不是单单对"天道"规律所做的总结，而是确立与巩固社会政治秩序的基本前提，人们必须通过顺应、效法自然界的"太和"而求得社会秩序和人际关系的"太和"。可以说，"太和"思想是二程变法思想的终极追求。

程颐易学中"体用一源，显微无间"的命题也可以用"理一而分殊"来表述，"体者理一，用者分殊，分殊为显，理一为微"③。程颐在回答弟子杨时对张载的《西铭》提出的质疑时提出了"理一而分殊"的命题，他说：

---

① 张涛：《周易的和谐思想》，张涛编《周易文化研究》第 1 辑，社会科学文献出版社，2013，第 15 页。
② 程颐、程颢：《二程集》，第 695 页。
③ 余敦康：《易学今昔》，广西师范大学出版社，2005，第 245 页。

《西铭》之为书，推理以存义，扩前圣所未发，与孟子性善养气之论同功，岂墨氏之比哉？《西铭》明理一而分殊，墨氏则二本而无分。分殊之蔽，私胜而失仁；无分之罪，兼爱而无义。分立而推理一，以止私胜之流，仁之方也。无别而迷兼爱，至于无父之极，义之贼也。①

程颐基于儒学的传统价值，从儒家价值本体论的角度对这个命题的含义做了阐述，肯定了张载的《西铭》是深明"理一而分殊"之道的。他认为，本于三代礼乐制度的儒家文化价值理想是主张"推理一而见分殊，合分殊而明理一"。推理一而为仁，明分殊而为义。程颐在这里实际上也是用体用关系来表述理一与分殊的，理一为体，分殊为用，理一与分殊合一，体用一源，显微无间。他批评了杨朱"分殊之蔽，私胜而失仁"，而墨子"无分之罪，兼爱而无义"，"无别而迷兼爱，至于无父之极，义之贼也"。这两种割裂理一与分殊的错误倾向一则会使社会失去凝聚力而难以和谐，一则会使社会无法建立起有效的秩序。只有贯彻"理一而分殊"的原则，才能够建立起一种和谐有序的理想社会。他在《易传》中释《同人》卦曰："天下之志万殊，理则一也。君子明理，故能通天下之志。圣人视亿兆之心犹一心者，通于理而已。"② 其又释《咸》卦曰："天下之理一也，途虽殊而其归则同，虑虽百而其致则一。虽物有万殊，事有万变，统之以一，则无能违也。"③ 他在《易序》中说："散之在理，则有万殊，统之在道，则无二致。"④

程颐认为，在六十四卦中，乾为纯阳，坤为纯阴，乾坤变而为六子，八卦重而为六十四卦，所有卦爻的变化皆由乾坤相交而来，因此，可以把易归结为乾坤之道，只要掌握了乾坤之道，也就统之有宗，掌握整个的易理。这种乾坤之道也叫中正之道。正者阴阳各当其位，合乎秩序的原则，中者刚柔相济，合乎和谐的原则。程颐把这种秩序与和谐的完美结合称之为"保合太合"。太合即最高的和谐，中和的极致。秩序的原则规定了事物的差异性，和谐的原则规定了事物的统一性。差异与统一、秩序与和谐的完美结合，谓之太和。此太和境界必须加以保合之功，使之常存、常和，始能长久而不已，

---

① 程颐、程颢：《二程集》，第 609 页。
② 程颐、程颢：《二程集》，第 763 页。
③ 程颐、程颢：《二程集》，第 854 页。
④ 程颐、程颢：《二程集》，第 692 页。

变易而不穷。秩序与和谐是一种两两相对的张力结构，必相须而为用。和谐必以秩序为前提，秩序必以和谐为依归，相互制约，彼此促进，维持一种动态的平衡，这就是所谓的中正之道。

"太和"理念并不是要维持现状、拒绝改革，而是强调社会变革不是漫无目的、毫无秩序的，改革最终的目的不是建立起一种以单纯的强权和暴力所维系的统治与被统治的社会政治秩序，而是在君臣之间、朝廷与百姓之间，建立起一种与自然界阴阳、刚柔对立统一关系一样的相互感应、协调配合、相辅相成的良好互动关系。其中，君臣关系的协调是关键之所在。程颐认为的为君之道是：

> 君道稽古正学，明善恶之归，辨忠邪之分，晓然趋道之至正，君志定而天下之治成矣。所谓定志者，正心诚意，择善而固执之也。夫义理不先定，则多听而易惑；志意不先定，则守善而或移。必也以圣人之训为必当从，先王之治为必可法，不为后世驳杂之政所牵滞，不为流俗因循之论所迁改，信道极于笃，自知极于明，去邪勿疑，任贤勿贰，必期致治如三代之隆而后已也。①

在对《比卦·象传》"不宁方来，上下应也"句的解释中，程颐探讨了君主产生的原因，他说："民不能自保，故戴君以求宁；君不能独立，故保民以为安。"② 这是程颐对君道的基本定位，是其论述君臣之道时的逻辑出发点。从内容来说，这种观点有点类似于西方的所谓社会契约论思想，认为君主是源于人民的需要而产生的，并不是出于神的意志。程颐在此说明了君、民的不可分割性。因为程颐对《比》卦的解释是"人之类，必相亲辅，然后能安"③，而君安的前提就是民，所以程颐此论实质上是儒家民本思想的一种发展。如果说保民是君主的终极目标的话，那么至诚之心则是必不可少的条件，因为"人君居得致之位，操可致之权，苟至诚益于天下，天下受其大福"④。"诚"原本是《中庸》里的重要概念，"在程颐的理学范畴中，'诚'具有天

---

① 程颐、程颢：《二程集》，第 1250～1251 页。
② 程颐、程颢：《二程集》，第 737 页。
③ 程颐、程颢：《二程集》，第 737 页。
④ 程颐、程颢：《二程集》，第 912 页。

人合一的特质，它既是客观范畴又是主观范畴"①，可以说是天理的一种表现形式。所以此处的"至诚益于天下"，说的并不是一种道德规范，而是一种行为准则。例如，怎样才能对自己的施政好坏客观评价呢？程颐认为君主此时必须丢开主观的种种臆断与猜测，真心诚意地从百姓的角度进行考察，即"人君欲观己之施为善否，当观于民，民俗善则政化善也"②。但对一个成功的君主而言，想要调动起全社会的积极性，只凭这一点还是不够的，其必须得到足够的支持与帮助，正所谓："夫以一人之身，临乎天下之广，若区区自任，岂能周于万事？故自任其知者，适足为不知。惟能取天下之善，任天下之聪明，则无所不周。是不自任其知，则其知大矣。"③所以从君主的角度而言，必须虚怀若谷，积极求贤，纵然自身才能有所不足，仍然可以革新弊政、有所作为。为此，程颐在解释《蹇》卦九五爻"大蹇，朋来"一句时说：

> 自古圣王济天下之蹇，未有不由圣贤之臣为之助者，汤、武得伊、吕是也。中常之君，得刚明之臣而能济大难者则有矣，刘禅之孔明，唐肃宗之郭子仪，德宗之李晟是也。虽贤明之君，苟无其臣，则不能济于难也……盖臣贤于君，则辅君以君所不能；臣不及君，则赞助之而已，故不能成大功也。④

很明显，这种君臣观与《韩非子·扬权》中"事在四方，要在中央，圣人执要，四方来效"的理论有所不同。《周易》追求一种以实现天人整体和谐为终极目标的社会政治理念，这种政治观扩展到君臣关系领域就是把君臣双方视为一个刚柔相济、阴阳协调、和谐统一的政治共同体。"这种政治共同体有如人之一身，君为元首，臣为股肱，相亲相辅，互相合作。君主不可垄断权力，专制独裁，而应委贤任能，信任臣下；臣下也不可结党营私，侵犯君权，而应该尽力辅助，志匡王室。这是一种君臣共治的思想，而与法家的那种绝对专制主义的思想判然有别。"⑤

---

① 姜海军：《程颐〈易〉学思想研究》，第189页。
② 程颐、程颢：《二程集》，第799页。
③ 程颐、程颢：《二程集》，第793页。
④ 程颐、程颢：《二程集》，第894页。
⑤ 余敦康：《易学今昔》，第81页。

两宋时期,"文治"的传统与相对平和宽松的政治环境使士大夫的政治主体意识空前加强。就其社会政治理念而论,虽然并没有否认君主在政治实践中的核心地位,但却给予了臣子更多的责任与义务,就像程颐说的那样,"君王当与士大夫共治天下"。前文提到,二程与王安石在变法问题上无法达成共识不是一个进步与保守的问题,因为二程与王安石有着同样强烈的改革诉求,根本原因在于二程认为王安石的变法"将政治改革局限在调整行政机器、管理制度的畛域之中,本质上只是改造政治工具,将社会当成单纯的作业对象,其结果只能是提高政府的职能与效率,从而富国强兵,为政府创获更大的利益,但同时也必然激化政府与社会的矛盾"①。

政府职能的提高在某种意义上可以说是君主权力的集中,以此思路发展下去,其结果必然导致君主权力与欲望的过分膨胀,这就从根本上背离了儒家的政治理念。所以二程认为变法应当是一个循序渐进的社会文化改造工程,其最终目的是实现"三代之治",就君主来说也是要建立一种与臣下和谐共存的关系,因此为臣之道也是二程特别关注的问题。

程颐在《随》卦的解释中,以历史上的名臣为例,具体论述了其心中理想的臣道:

> 古之人有行之者,伊尹、周公、孔明是也,皆德及于民,而民随之。其得民之随,所以成其君之功,致其国之安,其至诚存乎中,是有孚也;其所施为无不中道,在道也;唯其明哲,故能如是以明也,复何过咎之有?是以下信而上不疑,位极而无逼上之嫌,势重而无专强之过。非圣人大贤,则不能也。其次如唐之郭子仪,威震主而主不疑,亦由中有诚孚而处无甚失也,非明哲能如是乎?②

程颐认为臣子首先必须有明哲保身的能力,心忧天下而不受君主的猜忌,为天下万民所爱戴却不夺君之权,在此基础上,君臣才能同心同力,建立起稳定有序的政治秩序。

总之,作为二程变法终极追求的"太和"之道,其实现的关键在于君臣之间关系的合理化。二程的君臣观深受《周易》政治理念的影响,与法家对

① 卢国龙:《宋儒微言》,第303页。
② 程颐、程颢:《二程集》,第783页。

君主专制的盲目推崇有着根本上的区别。而君臣和谐之道不仅在维系政治秩序上有着不可替代的作用，更能从容应对各种政治危机与社会变革，从而实现天下大治。

二程认为其所学和所传之道是"三代莫不由"的所谓"大中之道"，其首创者是周公。程颢解释其兄"明道"的谥号说："周公没，圣人之道不行；孟轲死，圣人之学不传。道不行，百世无善治；学不传，千载无真儒。"道统即王者之所以为治的传统，二程把王道之治称为"大中之道"，意在区别于自私用智之类的霸者之事。程颢说："必以尧、舜之心自任，然后为能充其道。汉、唐之君，有可称者，论其人则非先王之学，考其时则皆驳杂之政，乃以一曲之见，幸致小康，其创法垂统，非可继于后世者，皆不足为也。然欲行仁政而不素讲其具，使其道大明而后行，则或出或入，终莫有所至也。"[1] 程颢对大中之道与王道还有以下的论述。

> 道之大原在于经，经为道，其发明天地之秘，形容圣人之心，一也。……在《洪范》之九章，一曰五行，次二曰五事，统之以大中，终之以福极，圣人之道，其见于是乎！
>
> 盖五行者天之道也，五事者人之道也。修人事而致天道，此王者所以治也。……五材之生，天也，非人也。五事之修，人也，非天也。虽然，五事正，则五材自然得其性矣。是则天之道，亦王者之所为也。[2]

对儒家士大夫而言，"仕以行义"是圣人之训。但儒者总逃不过时之遇与不遇的境地。倘或不遇时，不能得君，在欲济无舟楫的困窘中，他们只好"卷之则藏"，在人格上选择独善其身，在行动上则是"以学存道"，立说授徒。二程就是这样，政治生涯中的变故并没有使他们的意志消沉，而是挫而弥坚。熙宁年间以后，二程所偏重的天道性命之学，并非回避改革话题，而是对其早年变法改革主张深化探索。在二程那里，体用一源，显微无间，内圣之学与外王之学并没有割裂。从以范仲淹、欧阳修等为首的庆历诸儒，到王安石、司马光，再到二程兄弟，宋初以来儒学复兴的总纲领一以贯之："明体达用"，"内圣外王"。

---

[1] 程颐、程颢：《二程集》，第 450 页。
[2] 程颐、程颢：《二程集》，第 463 页。

张载融通儒佛举隅

李勇强

摘　要： 张载虽力辟佛教，但其学说受佛教影响亦深，其思维模式、理论范畴乃至立论方法，多有与佛教相融通者。张载在本体论、体用论、心性论、工夫论等诸多方面，或直接从佛教汲取思想资源，或借鉴佛教的思维范式，或与佛教义理有相通之处。张载的思想建构与方法论，自觉不自觉地受到佛教的影响和启发。本文试图从张载基于儒家立场的九大命题中，探寻其中会通儒佛的细微之处。

关键词： 张载　融通儒佛　佛教

作　者： 李勇强，中国人民大学孔子研究院研究员。

据吕大临《横渠先生行状》记载，张载十八岁上书范仲淹，范仲淹劝其读《中庸》，"先生读其书，虽爱之，犹未以为足也，于是又访诸释老之书，累年尽究其说，知无所得，反而求之《六经》"[1]。张载出入释老，复归六经，这一经历使得他后来辟佛老很有针对性。明代叶向高《正蒙释序》说："余谓佛氏言性不言气，故其说多所窒碍，而张子之以'太虚即气'、'气化即道'、'糟粕煨烬无非教者'，正可以挽其偏而救其失。然则世之善辟佛氏者，未有过于张子也。"[2] 但张载辟佛有力，不掩另一重事实：张载的学说受佛教的影响亦不可忽视，其思维方式、理论范畴乃至立论，多有与佛教相融通者，这就是叶适所谓："张、程攻斥佛、老至深，然尽用其学而不自知者。"[3] 叶适甚至说："范育序《正蒙》，谓此书以《六经》所未载，圣人所不言者与浮屠老子辩；岂非以病为药，而与寇盗设郛郭助之捍御乎？"[4]

---

① （宋）张载：《吕大临横渠先生行状》，《张载集》，中华书局，1978，第381页。
② （明）叶向高：《正蒙释序》，林乐昌：《正蒙合校集释》，中华书局，2012，第983页。
③ （宋）叶适：《习学记言序目》卷五十《皇朝文鉴四·书》，中华书局，1977，第751页。
④ （宋）叶适：《习学记言序目》卷四十九《皇朝文鉴三·序》，第741页。

本文试就张载提出的一些命题与佛教之会通处，做出初步的梳理。

一　太虚无形，气之本体

《正蒙》云："太虚无形，气之本体。"① 又说："太虚者，气之体。"② 张载以无形之太虚为有形有象之气的本体，此句之意显而易见，但学界多年来以唯气论而定位张载思想，以附会唯物论，至今流弊不绝，误解不可谓不深。

张载所谓"太虚"，往往又以"虚""虚空"名之，其真意，气为形而下，太虚为形而上，太虚为世界本源，为万物之本，为精神之源。而气，则为可状之象、形下之"有"："凡可状，皆有也；凡有，皆象也；凡象，皆气也。气之性本虚而神，则神与性乃气所固有，此鬼神所以体物而不可遗也。"③ 气的终极依据，则为太虚。但张载以"有"论气，却不以"无"论太虚，此为他批判佛之空、道之无的武器，张载辟"有无之分"④，倡"有无虚实通为一物者，性也；不能为一，非尽性也"⑤。无形之太虚，在张载看来乃为至实无限之"有"。

牟宗三对张载推出"太虚"范畴的深意做如此解说："以虚或太虚言之者，一在对治老子之言'无'，二在对治佛家之言'空'。以'清通而不可象为神'规定'太虚'，此确然是儒家之心灵。字面上虽有时亦言'虚无'、'虚空'，此自不甚好，亦有类于道家之'无'、佛家之'空'，而实则以'虚'为主，其意义自不同于老之无，更不同于佛之空也。横渠之意实只是虚或太虚。若只言'太虚即气'，则在表意上自较佳，亦少生误会。然有时仍以虚无、虚空言之者，吾意正为对治佛老，一箭双雕，乃遮拨上之方便也……实则其所谓'虚空'只是其心中所意谓之虚或太虚，乃系属于'天道'，而即为道体之体性也。"⑥

确实，道家言虚无，佛家言虚空，张载言太虚，诚利于对治佛老的空、无。牟宗三无意中透露的一个信息是，张载推出"太虚"（偶亦表述为"虚

---

① （宋）张载：《张载集·正蒙·太和篇》，中华书局，1978，第 7 页。
② （宋）张载：《张载集·正蒙·乾称篇》，第 66 页。
③ （宋）张载：《张载集·正蒙·乾称篇》，第 63 页。
④ （宋）张载：《张载集·正蒙·太和篇》，第 9 页。
⑤ （宋）张载：《张载集·正蒙·乾称篇》，第 63 页。
⑥ 牟宗三：《心体与性体》，吉林出版集团有限公司，2013，第 367 页。

空")的范畴，恐怕和当时"虚空"（偶亦表述为"太虚"）为禅宗的流行语不无关系。

牟宗三以道体、性体释太虚，而值得注意的是，唐宋以来，佛教特别是禅宗，"虚空"往往也被喻为般若、法身。试举如下诸说。

（1）心体如虚空。如维摩诘说："法无形相，如虚空故。"[1] 又如黄檗希运禅师说："心体如虚空相似，无有相貌，亦无方所。亦不一向是无，有而不可见。"[2]

（2）般若如虚空。如六祖惠能对智常禅师说："汝之本性，犹如虚空。了无一物可见，是名正见；无一物可知，是名真知。无有青黄、长短，但见本源清净、觉体圆明，即名见性成佛，亦名如来知见。"[3] 司空山本净禅师说无修无作偈："见道方修道，不见复何修。道性如虚空，虚空何所修？"[4]

（3）虚空即法身。此说直接将虚空与法身视为一体，异名同实。如佛光如满禅师答唐顺宗问时说："佛体本无为，迷情妄分别。法身等虚空，未曾有生灭。"[5] 又如，牛头宗法融《绝观论》说："以虚空为道本，森罗为法用。"再如，黄檗希运说：

> 言佛法身犹如虚空，此是喻法身即虚空，虚空即法身。常人将谓法身遍于虚空处，虚空中含容法身。不知虚空即法身，法身即虚空也。若定言有虚空，即虚空不是法身。定言有法身，即法身不是虚空。但不作虚空解，虚空即法身。不作法身解，法身即虚空。虚空与法身无异相，佛与众生无异相，生死涅槃无异相，烦恼菩提无异相，离一切相即是佛。[6]

当法身与虚空二而不二时，虚空也就被禅门赋予了与法身、佛性、心体、性体同等的地位，而张载的太虚（虚空），正有着与禅宗的虚空类似的广大无

① （后秦）鸠摩罗什译《维摩诘经·弟子品》，中华书局，2010，第36页。
② （宋）赜藏主编集《古尊宿语录》卷三《黄檗（希运）断际禅师宛陵录》，中华书局，1994，第43页。
③ 宗宝本《六祖大师法宝坛经·机缘第七》，王孺童编校《〈坛经〉诸本集成》，宗教文化出版社，2014，第34页。
④ （宋）道原：《景德传灯录》卷五《司空山本净禅师》，海南出版社，2011，第125页。
⑤ （宋）道原：《景德传灯录》卷六《洛京佛光如满禅师》，第150页。
⑥ （宋）道原：《景德传灯录》卷九《黄檗希运禅师传心法要》，《大正新修大藏经》第51册，第271页下。

边、无形无象、不生不灭、永恒常住的本体之性。只是禅宗的虚空归于空寂，而张载则视虚空（太虚）为至实之天理。

值得注意的是，张载描写太虚之实有其永恒性时说："金铁有时而腐，山岳有时而摧，凡有形之物即易坏，惟太虚无动摇，故为至实。"① 这种表述与佛教以真如为常、诸法为无常何其似曾相识！张载辟佛往往从《楞严经》中信手拈来，唐时所译《楞严经》在张载生活时代于士大夫之间依旧流行，正如吕澂所说："贤家据以解缘起，台家引以说止观，禅者援以证顿超，密宗又取以通显教。宋明以来，释子谈空，儒者辟佛，盖无不涉及《楞严》也。"② 张载的太虚至实论也许恰恰受到如来藏实有论的影响，《楞严经》云："阿难，汝观世间可作之法，谁为不坏？然终不闻烂坏虚空。何以故？空非可作，由是始终无坏灭故。"③ 佛陀所言，与上引张载所言两相对照，可谓异曲同工。

张载视太虚这一至实无限之有，为天地万物之本源："凡天地法象，皆神化之糟粕尔。"④ 神化的主体，即太虚。

以上为张载的太虚本体论，而非气本论。值得注意的是，张载以一切万物为太虚神化的产物，佛教的佛性论则以一切诸法莫非"真如"之显现，如禅宗所奉《楞伽经》曰："如来之藏，是善不善因，能遍兴造一切趣生。"⑤ 如来藏、真如，异名而同实。《大乘起信论》谓："一切世间生死染法，皆依如来藏而有，一切诸法不离真如。"⑥ 又云："谓如来藏具足无量性功德故"。⑦ 禅宗将如来藏佛性从云端拉到眼前，即心即佛，从而心被放大到本体论的高度，《坛经》说："心量广大，犹如虚空……世界虚空，能含万物色像，日月星宿、山河大地、泉源溪涧、草木丛林，恶人善人、恶法善法、天堂地狱、一切大海、须弥诸山，总在空中。世人性空，亦复如是。"⑧

佛教立真如为本体，故如来藏"能遍兴造一切趣生"，"虚空能含万物色

---

① （宋）张载：《张载集·张子语录·语录中》，第325页。
② 吕澂：《楞严百伪》，《吕澂佛学论著选集》（一），齐鲁书社，1991，第370页。
③ 《楞严经》卷四，中华书局，2010，第154页。
④ （清）王夫之：《张子正蒙注》卷一《太和篇》，中华书局，1975，第19页。
⑤ （南朝宋）求那跋陀罗译《楞伽阿跋多罗宝经》卷四《一切佛语心品之四》，《大正新修大藏经》第16册，第510页中。
⑥ 马鸣菩萨造，（梁）真谛译，高振农校释《大乘起信论校释》，中华书局，2016，第103页。
⑦ 马鸣菩萨造，（梁）真谛译，高振农校释《大乘起信论校释》，第11页。
⑧ 宗宝本《六祖大师法宝坛经·般若第二》，王孺童编校《〈坛经〉诸本集成》，宗教文化出版社，2014，第13页。

像"；张载立太虚为本体，"凡天地法象，皆（太虚）神化之糟粕尔"，二者有着极其神似的同构性。张载受佛教如来藏思想的启发，是可以想象的。王心竹谓："无论是以本体论的路径来建构其哲学体系，还是使用'本体'这一名称以及其内涵的确切义而言，张载应该是受到了佛教的影响。而且就儒家而言，至张载讲本体之后，这一范畴才得到普遍的运用。"①

二　太虚即气

就太虚本体与形而下之气的关系，张载提出了"太虚即气"说。

> 气之聚散于太虚，犹冰凝释于水，知太虚即气，则无无。②
> 知虚空即气，则有无、隐显、神化、性命通一无二，顾聚散、出入、形不形，能推本所从来，则深于《易》者也。③

首先，太虚与气的关系可以从气之聚散来说明。冰凝，喻气聚；冰释，喻气散；水之性，喻太虚。水凝聚为冰，冰散释为水，水之性不失。以此可知气之聚而为有形之万物，散而复归于太虚。气聚散之际，太虚常存，虽无形，而不可谓"无"。

> 天地之气，虽聚散、攻取百涂，然其为理也顺而不妄。气之为物，散入无形，适得吾体；聚为有象，不失吾常。太虚不能无气，气不能不聚而为万物，万物不能不散而为太虚。循是出入，是皆不得已而然也。④

气之聚散、出入，即人与万物之生死，遵循一真实健顺之理：气必聚结为人与世间有形万象，亦必消散回归无形之太虚；聚而不失常体，散亦不失本体，而这一常体、本体，即太虚。这就意味着，不论生死存亡，作为本体的太虚，有其永恒性。"聚亦吾体，散亦吾体，知死之不亡者，可与言性矣。"⑤ 气之聚散不碍太虚本体之常，这就在某种意义上意味着人与万物有了随太虚而不朽

---

① 王心竹：《理学与佛学》，长春出版社，2011，第74页。
② （宋）张载：《张载集·正蒙·太和篇》，第8页。
③ （宋）张载：《张载集·正蒙·太和篇》，第8页。
④ （宋）张载：《张载集·正蒙·太和篇》，第7页。
⑤ （宋）张载：《张载集·正蒙·太和篇》，第7页。

的可能性，"道德性命是长在不死之物也，己身则死，此则常在"。①

张载赋予人不朽的可能性，基于为"太虚"本体注入了精神属性：天道至诚、人道至善。"诚则实也，太虚者天之实也。万物取足于太虚，人亦出于太虚，太虚者心之实也。"② 诚，即天道与人心相贯通的内核，太虚之至实，通过人心之诚、人心之仁、人心之善而得以彰显。"虚者，仁之原，忠恕者与仁俱生，礼义者仁之用。"③ "天地以虚为德，至善者虚也。虚者天地之祖，天地从虚中来。"④ 为此，张载提出"大心说"，"大其心则能体天下之物"⑤，大其心，实则孟子所谓尽心、知性、知天的模式，通过体物不遗，以人心而通天心，从而响应了《中庸》的"诚明说"："儒者则因明致诚，因诚致明，故天人合一。"⑥ 正如太虚以神化而化育万物，人亦可"穷神知化，与天为一"⑦。张载特别强调崇德，认为人们一旦德盛仁熟，德性与天性合一，便可获得天德之位，进而自动接轨了太虚神化的天之良能。

由此可见，气之聚散，太虚之神化，不仅是成就人与万物物质属性的过程，也是成就人类精神境界的过程。林乐昌认为："太虚本体是宇宙的最高实在、终极根源和主导力量，而气则是万物得以生成的基质、材料和活力。"⑧

太虚与气的关系，首先"太虚即气"，从气之聚散、太虚神化来看，二者是相即不离的，太虚不离气独存，气不离太虚而自生。

其次，张载的"虚空即气"，以虚为隐、气为显；以虚为无形，气为有形有象；其运动则有气化之凝聚、太虚之神妙，落实于人则天道性命相贯通，以气命上同于天命，而实现气与太虚的圆融合一。

因此，"太虚即气"之"即"，不宜理解为"就是"，而应理解为"相即""不离"。正如牟宗三所言：

> "虚空即气"，顺横渠之词语，当言虚体即气，或清通之神即气。言"虚空"者，乃是想以一词顺通佛老而辨别之也。虚体即气，即"全体是

---

① （宋）张载：《张载集·经学理窟·义理》，第 273 页。
② （宋）张载：《张载集·张子语录》，第 324 页。
③ （宋）张载：《张载集·张子语录》，第 325 页。
④ （宋）张载：《张载集·张子语录》，第 326 页。
⑤ （宋）张载：《张载集·正蒙·大心篇》，第 24 页。
⑥ （宋）张载：《张载集·正蒙·乾称篇》，第 65 页。
⑦ （宋）张载：《张载集·正蒙·神化篇》，第 17 页。
⑧ 林乐昌：《张载理学与文献探研》，人民出版社，2016，第 46 页。

用"之义（整个虚体全部是用）。亦即"就用言，体在用"之义。既可言虚体即气，可言气即虚体。气即虚体，即"全用是体"之义，亦即"就体言，用在体"之义。是以此"即"字是圆融之"即"，不离之"即"，"通一无二"之即，非等同之即，亦非谓词之即。①

牟宗三先生的解读还涉及"太虚即气"说所体现的体用关系。清代学者王植说："张子见道，原从儒、释异同处入手，故其言'太虚'皆与释氏对照。"② 从体用论的视角而言，张载批评佛教"略知体虚空为性，不知本天道为用"③，在王植看来，张载与释氏所异者，张载以太虚本体之清通与神化之用，体现了体用的圆融，而佛氏则以其般若性空之说，将天地人事视为幻妄、疣赘，从而知天而不知人，明体而不达用，从而在体用论层面上抱残守缺。

张载以体用论为武器批判佛教之时，也许没有意识到，尽管体用论如熊十力所言在儒家经典《周易》中既已孕育，"体用之义，创发于《变经》"④，而把体用论作为一种思维模式，却是佛教特别是禅宗所发扬光大的。杜继文、魏道儒认为："以'体用'范畴组织佛教的理论体系，始于《大乘起信论》。"⑤ 而《大乘起信论》依禅门宗奉的经典《楞伽经》理论发挥而来。中国禅宗四祖道信提出的五种禅修方便，前二种方便即为体用："一者，知心体，体性清净，体与佛同。二者，知心用。用生法宝，起作恒寂，万惑皆如。"⑥ 据《楞伽师资记》记载，五祖弟子、北宗禅开山祖师神秀也以体用论来总结自己的禅法："我之道法，总会归体用两字，亦曰重玄门，亦曰转法轮，亦曰道果。"神秀《大乘无生方便门》亦称："体用分明，离念名体，见闻觉知是用。寂而常用，用而常寂，即用即寂。离相名寂，寂照照寂。寂照者，因性起相。照寂者，摄相归性。"⑦

朱建民归纳了常盘大定所列举张载受佛教影响之诸多方面：

另一位日本学者常盘大定更举出佛学观念对张载哲学的影响，他说：

① 牟宗三：《心体与性体》，第396页。
② 林乐昌：《正蒙合校集释》，中华书局，2012，第3页。
③ （宋）张载：《张载集·正蒙·太和篇》，第8页。
④ 熊十力：《体用论》，上海书店出版社，2009，第5页。
⑤ 杜继文、魏道儒：《中国禅宗通史》，江苏人民出版社，2008，第126页。
⑥ （唐）释净觉：《楞伽师资记》，《大正新修大藏经》第85册，第1288页上。
⑦ （唐）释神秀：《大乘无生方便门》，《大正新修大藏经》第85册，第1274页中。

"《正蒙》中的'太和'是'世界原理'，'性'是'人间原理'；佛教的'法界'、'一心'正和这二者相当。太和中的'虚'、'气'二者对立，又当和佛教的'动'、'静'—'不变'、'随缘'二面相当，后来'理气对立说'的根源也存于此……又太和说'虚即是气'，这当是认识了二而不二的关系而然的；太和盖认道内涵虚气两面的性为万物的一源的。这个和佛教的'阿赖耶识'当又相当；这识以无限的种子为内包，所以呼之为太和。又性既是万物的本源以上，万物一体之说自可成立，万物既是一体以上，万物之间又自必有合感之理存在，合异而使之为一的素质存在；这又是华严所谓感应。"①

此中，常盘大定提出，张载的"太虚即气"说所涵盖的太虚与气二者之间的关系，恰恰吻合佛家体用"二而不二"的关系。

张载烂熟于心的《楞严经》云："即如来藏元明心妙，即心即空，即地即水即风即火，即眼即耳鼻舌身意，即色即声香味触法，即眼识界如是乃至即意识界，即明无明明无明尽，如是乃至即老即死即老死尽，即苦即集即灭即道。"② 如来藏即四大、如来藏即四谛、如来藏即六根六尘六识十八界……如来藏与四大、四谛、十八界的关系，即而非即，离而非离，二而不二，这种两两相"即"的表述和其背后的"二而不二"的体用关系，恰好被张载借用于"太虚即气"的思想呈现。

又如，《坛经》载惠能说法，引《涅槃经》佛言："佛性非常非无常，是故不断，名为不二；一者善，二者不善，佛性非善非不善，是名不二。"佛性超越常、无常，超越善、不善，故为真如，为不二之性。一切众生皆有佛性，佛性之常，因无常之众生而显，故佛不离众生。无形太虚之至实，因有形气之聚而显，气本于太虚，出于太虚入归于太虚，而气外又别无太虚，故太虚即气，二而不二，即而不离。"太虚即气"之说的展开，显然受佛教体用不二思想的影响。

三　气之聚散于太虚，犹冰凝释于水

张载在以体用不二的方法批判佛道的空、无论时，借用了佛教的冰水之

---

① 朱建民：《张载思想研究》，台北：文津出版社，1989，第11页。
② （唐）般刺蜜帝译《楞严经》卷四，《大正新修大藏经》第19册，第121页上。

喻："气之聚散于太虚，犹冰凝释于水，知太虚即气，则无无。故圣人语性与天道之极，尽于参伍之神变易而已。诸子浅妄，有有无之分，非穷理之学也。"①

对于冰水之喻的内涵，我们不妨从诸家注解来考察。余本谓："气不外理而别为一物，犹冰不能外水而自为一物也。此只是明理气合一之意。"② 张棠、周芳《正蒙注》谓："知水之在冰，则知太虚之即气。冰释于水，水非无也；气散为虚，虚亦非无也。"③ 王植谓："气之聚而有形，散而无形，皆为太虚所为，虚与气非有二也。犹冰之凝而为冰，释而为水，皆不外于水，水与冰非有二也。知'太虚即气'而非二，则不可以虚为无矣。"④ 从以上三家的疏解，可知张载冰水之喻，有如下几层含义：第一，气不外理，理气合一；第二，气聚气散，太虚非无；第三，气之有形、无形之状态，乃太虚神化之用，太虚与气二而不二，体用不二。余本所谓"理气合一"，在张载只是"虚气合一"，在张载思想中，虽有"理"的位置，如穷理尽性、天理、条理，但"理"这一范畴在张载这里地位是低于"太虚"的。

张载所用冰水之喻，见于《楞严经》：

> 阿难，如汝所言"四大和合发明世间种种变化"。阿难，若彼大性体非和合，则不能与诸大杂和。犹如虚空不和诸色。若和合者，同于变化，始终相成，生灭相续。生死，死生，生生，死死，如旋火轮，无有休息。阿难，如水成冰，冰还成水。⑤

四大指"地、水、火、风"，对于阿难所问四大和合而生变化，佛陀窥破其执着于因缘和合而执迷于相，而晓谕以大性（指四大之性，即如来藏性）本非和合、不和合，明性相不二之义。佛陀先破性非和合：如此则体性不变，不能随缘显相，如虚空与诸色不相和合。佛陀继破和合：如果四大之性为和合，则性体随缘，不能随缘不变，如此则迁流变化，生生死死，如火轮旋转，未能止息。

---

① （宋）张载：《张载集·正蒙·太和篇》，第9页。
② 林乐昌：《正蒙合校集释》，第51页。
③ 林乐昌：《正蒙合校集释》，第53页。
④ 林乐昌：《正蒙合校集释》，第53页。
⑤ 《楞严经》卷三，第112页。

随后，佛陀举出冰水之喻：水之成冰，喻随缘显相；冰还成水，喻体性不变。总而言之，如来藏性不变随缘，随缘不变。圆瑛法师如此解读"如水成冰，冰还成水"二句："上句大性体虽不变，而用能随缘成相，既不如虚空不和诸相，当如何等乎？当如水能随缘成冰，无所和合，而能现和合之相，水不离冰，岂一定属于非和合耶？下句大性用虽随缘成相，仍然不变本体，既不如火轮之不息，当如何等乎？当如冰还成水，但似和合，终无和合之实，岂一定属于和合耶？"①

佛陀冰水之喻所揭示的性相关系即：相从性起，相不离性，性不离相，性体相用，性相一体。冰水之喻阐发的性相体用不二之说，被张载移植于"太虚即气"说，同样展开了太虚与气体用不二的关系。

神秀再传弟子净觉《楞伽师资记序》对冰水之喻也有自己的解读："真如妙体，不离生死之中。圣道玄微，还在色身之内。色身清净，寄住烦恼之间。生死性真，权在涅槃之处。故知众生与佛性，本来共同。以水况冰，体何有异？冰由质碍，喻众生系缚；水性虚通，等佛性之圆净。"② 净觉以水性喻佛性，以冰喻众生，真如不离生死，不离色身，不离烦恼，佛性不离众生，依旧围绕"二而不二"的体用关系。

张载对冰水之喻，还有一处类似的表述："海水凝则冰，浮则沤，然冰之才，沤之性，其存其亡，海不得而与焉。推是足以究死生之说。"③ 海水凝结成冰，激荡成泡，形体变化，而其才性不变。同理，太虚为不变之性，气为随变之形，说明的同样是虚气相即的关系。

张载此喻，依旧出自《楞严经》。如：

> 一切世间诸所有物皆即菩提妙明元心，心精遍圆，含裹十方。反观父母所生之身犹彼十方虚空之中吹一微尘，若存若亡，如湛巨海流一浮沤，起灭无从。④

圆瑛法师谓："此悟万法唯心。妙明元心，即如来藏心。"⑤ 世间万物，

---

① 圆瑛法师：《楞严经讲义》第八卷，华东师范大学出版社，2014，第217页。
② （唐）净觉：《楞伽师资记序》，《大正新修大藏经》第85册，第1283页中。
③ （宋）张载：《张载集·正蒙·神化篇》，第18页。
④ 《楞严经》卷三，第128页。
⑤ 圆瑛法师：《楞严经讲义》第八卷，第244页。

皆为如来藏心所含摄，而人之肉身如虚空中一微尘，如大海中一浮泡，生死起灭，性空无常。《楞严经》中还有一偈云："空生大觉中，如海一沤发。有漏微尘国，皆从空所生。沤灭空本无，况复诸三有？"[1] 觉心，如海；空性，如沤。有情世界与器世界，皆依虚空而生。空性既已如沤之有生必有灭，当空之不执，何况依空而生的欲有、色有、无色有三界呢？

张载的冰水之喻，显然移花接木于《楞严经》。张载此喻引发了诸多讨论。

对于张载推冰水之喻以"究死生之说"[2]，钱穆看出了其中的端倪："横渠言天性之于人，正犹太虚之与气。横渠极不愿言轮回，故于气外又言太虚。又极不愿言生死，故以冰水之喻说性。横渠本意，求欲超轮回而出死生，而其实受佛家影响甚大。"[3]

早在朱熹，就曾与弟子就张载的冰水之喻有过甚为著名的讨论：

> 问："张子冰水之说，何谓近释氏？"曰："水性在冰只是冻，凝成个冰，有甚造化？及其释，则这冰复归于水，便有迹了。与天性在人自不同。"[4]

朱熹看到了冰水之喻的不圆融处。固态的冰与液态的水，都是水的有形存在状态。水结成冰，与天性下贯于人，冰融化为水，与气复归于太虚，显然不可等而视之，因为冰与水都为形而下的存在，用朱熹的话说就是"有迹"，所以在朱熹看来，张载的冰水之喻是不妥帖的。

朱熹师徒不仅认为冰水之喻不妥，还指责张载之说有佛教轮回之嫌。

> 《正蒙》说道体处，如"太和"、"太虚"、"虚空"云者，止是说气。说聚散处，其流乃是个大轮回。[5] 横渠辟释氏轮回之说。然其说聚散屈伸处，其弊却是大轮回。盖释氏是个个各自轮回，横渠是一发和了，依旧一大轮回。[6]

---

① 《楞严经》卷六，第219页。
② （宋）张载：《张载集·正蒙·神化篇》，第18页。
③ 钱穆：《〈正蒙〉大义发微》，《中国学术思想史论丛》（五），生活·读书·新知三联书店，2009，第107页。
④ （宋）黎靖德编《朱子语类》卷九十九《张子之书二》，中华书局，1986，第2536页。
⑤ （宋）黎靖德编《朱子语类》第九十九《张子之书二》，第2533页。
⑥ （宋）黎靖德编《朱子语类》卷九十九《张子之书二》，第2537页。

朱熹认为张载"太虚"只是说"气"，显然是一大误解。而朱熹之所以把张载的气聚气散视为大轮回，盖因气之聚为万物、气之散复归于太虚。在朱熹看来，与佛教的每个个体生命均无法摆脱六道轮回的循环生死不同，张载的气散而复归太虚，只是一切众生与万物都因生死出入于太虚，而进入了一个大轮回而已。

其实，如果张载倘能与朱熹当面讨论，可能并不会同意朱熹的意见。下文可视为张载对朱熹指斥的事先回应：

> 太虚者，气之体。气有阴阳，屈伸相感之无穷，故神之应也无穷；其散无数，故神之应也无数。虽无穷，其实湛然；虽无数，其实一而已。阴阳之气，散则万殊，人莫知其一也；合则混然，人不见其殊也。形聚为物，形溃反原，反原者，其游魂为变与！所谓变者，对聚散存亡为文，非如萤雀之化，指前后身而为说。①

张载在此明确指出，气聚而为物，气散而反原于太虚，只是《易传》所谓"游魂为变"而已，而佛教的轮回，有前世今生与后世之循环往复，这是张载的冰水之喻所没有的。张载此喻，只是明虚气相即、体用不二、天人相合、有无混一而已。与朱熹批评的意见相反，张载诟病的恰恰是佛教的轮回说不知鬼、性空说不知人、体用说不知天，"惑者指'游魂为变'为轮回，未之思也"②。

对朱熹的批评意见不敢苟同的大有人在。王夫之反唇相讥："朱子以其言既聚而散，散而复聚，讥其为大轮回。而愚以为朱子之说反近于释氏灭尽之言，而与圣人之言异。"③

张棠、周芳《正蒙注》云："有聚有散者，气也；合聚散而无所不体者，太虚也；人之生而必死者，所禀乎太虚之气也；其死而不亡者，所得乎太虚之理也。理之在人，性也。故知性者必知死之不亡，非如佛家死后尚有精灵之说也。"④ 也就是说，人之生，为太虚之气聚；人之死，为太虚之气散。人之不朽，则因悟得了太虚之理，从而人心与天道合一，这是从精神境界的层面

---

① （宋）张载：《张载集·正蒙·乾称篇》，第66页。
② （宋）张载：《张载集·与吕微仲书》，第351页。
③ 林乐昌：《正蒙合校集释》，第28页。
④ 林乐昌：《正蒙合校集释》，第31页。

而言说的，是一种价值推断，而非如佛教所说有一个承载六道轮回的精神实体。

清代理学家张伯行亦为张载申辩："然细推张子之意，与轮回绝不相同，是不可以无辨。张子主气化而言，谓形未散而还归天地，本然之理万古长存，万物大公之道也，故曰'可与言性'。释氏主祸福果报而言，谓死而精灵不散，易形以生一人，自私之见也，究为诐淫异说。一念稍差，便有邪正天渊之隔。学者不可不知也。"①

据张伯行之意，张载之说与轮回的不同处在于：其一，张载的虚气说形散而理不散，佛教的轮回说形散而魂不灭；其二，张载以气散于太虚，回归于本体，未有异形再生之说，而佛教为了因果报应说的实现，而设计了人死后精灵不散，从而因果报应的主体不灭，即便从人变成畜生，依然要为前生所作之业负责，显然，佛教轮回观念和张载的气聚气散有着天渊之别。

尽管学者们为张载力辩，但有一点无可否认，正因张载借助了佛教的冰水之喻，正因此喻难以圆满比附和推演儒家天人合一、体用不二、理气相即的要义，才引来了朱熹等学者的不满。

四　感而后有通，不有两则无一

在张载看来，太虚之气流行的最和谐状态即为太和："太和所谓道，中涵浮沉、升降、动静、相感之性，是生氤氲、相荡、胜负、屈伸之始。"② 太虚本体何以禀赋于人和万物？张载不言太虚生万物，因为如此则有落入自己所批判的道家"有生于无"之嫌（尽管张载并不视太虚为无）。张载从周易汲取思想资源，以"神化"来描述太虚神体流行于万物的动态进程。"神，天德，化，天道。德，其体，道，其用，一于气而已。"③ 气之流行内涵着天德，循由着天道，从而有了神妙莫测之功用，使人与万物得以秉承太虚本体的全部内涵。太虚本体，在天曰道，在人曰性，因气流行至太和状态得以彰显。而太和之境的达成，在于阴阳二气的相感之性。

张载说："感而后有通，不有两则无一。故圣人以刚柔立本，乾坤毁则无

---

① 林乐昌：《正蒙合校集释》，第39页。
② （宋）张载：《张载集·正蒙·太和篇》，第7页。
③ （宋）张载：《张载集·正蒙·神化篇》，第15页。

以见易。"① 显然，张载发挥了易传"寂然不动、感而遂通"的模式，天性下贯于人心，是一个感通的过程。

> 无所不感者虚也，感即合也，咸也。以万物本一，故一能合异；以其能合异，故谓之感；若非有异则无合。天性，乾坤、阴阳也，二端故有感，本一故能合。天地生万物，所受虽不同，皆无须史之不感，所谓性即天道也。②

> 感者性之神，性者感之体。（在天在人，其究一也。）惟屈伸、动静、终始之能一也，故所以妙万物而谓之神，通万物而谓之道，体万物而谓之性。③

从上引文字可知，张载的"感"有如下几层意思：第一，感是合；第二，合的前提是万物本于太虚这个"一"；第三，无异便无合，有异才有合；第四，合的主体，是有异的两端；第五，正如天性，乾坤健顺之性，天道，阴阳二气之道，两端因对立而有异；第六，感合是屈伸、动静兼具的和合动态过程；第七，感之体即天性，天性赋予人与万物的过程神妙而不可言，这种神妙莫测的运动即感。

由上可见，阴阳二气相感而为一，两端相合而成一，建构了"两"和"一"的结构模式。由此，张载提出了"一物两体"说与"天参"说：

> 一物两体者，气也。一故神，两在故不测。两故化，推行于一。此天之所以参也。两不立则一不可见，一不可见则两之用息。两体者，虚实也，动静也，聚散也，清浊也，其究一而已。有两则有一，是太极也。若一则有两，有两亦一在，无两亦一在。然无两则安用一？不以太极，虚空而已，非天参也。④

对张载此说，朱熹评价极高："横渠此说极精。"⑤

张载解释天参说："天所以参，一太极两仪而象之，性也。"⑥ 天参，既

---

① （宋）张载：《张载集·正蒙·太和篇》，第9页。
② （宋）张载：《张载集·正蒙·乾称篇》，第63页。
③ （宋）张载：《张载集·正蒙·乾称篇》，第64页。
④ （宋）张载：《张载集·横渠易说》，第234页。
⑤ （宋）黎靖德编《朱子语类》卷第九十八《张子之书一》，第2512页。
⑥ （宋）张载：《张载集·正蒙·参两篇》，第10页。

是一，即太极；又是二，即两仪；还是三，即太极与两仪的统一体。就张载而言，所谓两仪，还可泛化为刚柔、男女、浮沉、升降、动静、胜负、屈伸等相对待的内在张力因，此两仪在对立中运动，而有了气聚气散、物生物灭进而回归于太极的过程："气本之虚则湛一无形，感而生则聚而有象。有象斯有对，对必反其为；有反斯有仇，仇必和而解。"①

张载所谓"一物两体"：一，即太虚神体；两，即阴阳二气。天参，即形而下之气与形而上的太虚的合一。

在张载的天参说中，天地人各有定位："一物而两体者，其太极之谓欤！阴阳天道，象之成也；刚柔地道，法之效也；仁义人道，性之立也；三才两之，莫不有乾坤之道也。《易》一物而合三才，天地人一，阴阳其气，刚柔其形，仁义其性。"②

天地以阴阳、刚柔两体而秉承太虚流行之道，而人的两体则为仁与义。太虚之神化，即为赋予天地人阴阳、刚柔、仁义的大化流行。庞朴先生说："张载的最大贡献，就在于他强调地指明了阴阳与太极、两和一的三位一体式的存在。"③

张载的感通说、一物两体说、天参说，既上承易传的思想，又得到了佛教思想资源的启发。

庞朴先生对张载天参说与佛教关系的理解可谓洞见。张载说："极两两，是谓'天参'。数虽三，其实一也，象成而未形也。地两两，刚亦效也，柔亦效也。"④ 庞朴先生从张载的"极两两"中窥见了奥秘：

> 张载的天参说，尤其是那个"极两两"的图像，除了存有易学的传统外，毫无疑问，还明显地带着佛家圆伊说的影响。

佛家圆伊说以图象∴形立说，比喻物之不一不异，非纵非横，没有性质上与时空上的区别。其∴图，盖取象于梵语字母摩多十二音之第三音，读如"伊"。后或于∴象外围更加圆圈，读为圆伊，亦称新伊、真伊，以喻圆教的圆融相即之理。此说在张载出生前三百年已见诸文字，

---

① （宋）张载：《张载集·正蒙·太和篇》，第10页。
② （宋）张载：《张载集·横渠易说》，第235页。
③ 庞朴：《一分为三论》，马建国编《庞朴学术思想文选》，上海古籍出版社，2013，第425页。
④ （宋）张载：《张载集·横渠易说·系辞上》，第195页。

如唐玄宗初年之永嘉玄觉禅师，其"观心十门"中便有"三谛一境"、"三智一心"、"非纵非横，回伊之道玄会"等语。（据《五灯会元》卷二引）。与张载同时的大沩慕哲禅师，亦有"圆伊三点水，万物自尖新"之机锋（见《五灯会元》卷十二）。张载早年曾"访诸释老之书，累年尽究其说"（吕大临《横渠先生行状》），他那个"一太极两仪而象之"的天参图——极两两，明显带有圆伊图的胎记，是一望可知的。只不过，张载"为往圣继绝学"的气味太浓，他不愿直接援用外道的符号∴，遂将它意译为极两两，归于周易，命为天参而已。①

圆伊三点，又名以字三点、伊字三点、真伊三点，由梵语字母 🝡（伊）传入中国后简化为∴。唐不空译《文殊问经字母品第十四》："称伊字时，是世间灾害声"②，可知伊字本意为灾难及其消解。《大般涅槃经·哀叹品》："何等名为秘密之藏？犹如伊字三点，若并则不成伊，纵亦不成。如摩醯首罗面上三目，乃得成伊，三点若别，亦不得成。我亦如是，解脱之法亦非涅槃，如来之身亦非涅槃，摩诃般若亦非涅槃，三法各异亦非涅槃。我令安住如是三法，为众生故，名入涅槃，如世伊字。"③ 此经以伊字三点比喻法身、般若、涅槃三德相即不离。

叶平《梵语"伊字三点"在华流变考》一文梳理了《大般涅槃经》入华后佛教各宗对圆伊三点含义的发展。天台宗用以表达三谛圆融的思想，如智颛大师《妙法莲华经玄义》云："此三不定三，三而论一；一不定一，一而论三。"《摩诃止观》说："即一而三，故不横。即三而一，故不纵。不三而三，故不一。不一而一，故不异……真伊字义为若此。"三论宗吉藏云："三点员伊，金刚宝瓶，满足无缺。故是具足。"④ 表达的亦为圆融之义。

禅宗于∴外加一圆圈，以表圆相，永嘉禅师云："是以三谛一境，法身之理常清。三智一心，般若之明常照。境智冥合，解脱之应随机。非纵非横，圆伊之道玄会。"⑤

---

① 庞朴：《一分为三论》，马建国编《庞朴学术思想文选》，第428页。
② （唐）释不空译《文殊问经字母品第十四》，《大正新修大藏经》第14册，第509页。
③ （南朝宋）慧严等译《大般涅槃经》卷二《哀叹品》，《大正新修大藏经》第12册，第616页中。
④ （唐）释吉藏：《涅槃经游意》，《大正新修大藏经》第38册，第235页。
⑤ （宋）普济：《五灯会元》卷二《永嘉玄觉禅师》，中华书局，1984，第93页。

禅门荷泽宗四川弟子、华严五祖宗密的《禅源诸诠集都序》说："其有性浮浅者，才闻一意，即谓已足，仍恃小慧，便为人师，未穷本末，多成偏执。故顿渐门下，相见如仇雠；南北宗中，相敌如楚汉。洗足之海，摸象之喻，验于此矣。今之所述，岂欲别为一本？集而会之，务在伊圆三点。三点各别，既不成伊，三宗若乖，焉能作佛？故知欲识传授药病，须见三宗不乖，须解三种佛教。"① 宗密以圆伊说来提倡禅门三宗和佛门三教的会通。

叶平认为，儒家也吸收圆伊说作为"即三即一"的方法论和三教融合的象征。"张载所谓极两两，其实就是伊字三点∴，分别代表了太极与两仪，数虽三，又是一，一即是三，三即是一，这与灌顶关于伊字三点'一即三，三即一，而三而一，而一而三，不可一三说，不可一三思'的说法十分相似。"②

五 "客感客形与无感无形，惟尽性者一之"

张载《正蒙》有一段特别著名的话：

> 太虚无形，气之本体，其聚其散，变化之客形尔；至静无感，性之渊源，有识有知，物交之客感尔。客感客形与无感无形，惟尽性者一之。③

本段大意在于说明太虚与气体用不二，落实到人性层面，性体性用合一。正如张棠、周芳所言："盖虚与静者，道之体；形与感者，道之用。无体则用不神，无用则体不立。是非尽性之圣人，不能合体用而一之也。"④

值得注意的是，张载提出了"客感客形"这一范畴，为儒家文献所鲜见。《说文》云："客，寄也。"客之引申义为宾客，从而有主与客这一相对概念。张载既曰客感客形，有客必有主。再观祖说："客对主言，无形是主，有形是客。静是主，感是客。虽分客主，尽性者一视之。"⑤ 也就是说，无形之太虚是主，有形之万物为客；性之至静无感是主，性之发动感于万物是客。客形为

---

① （唐）释宗密：《禅源诸诠集都序》，中州古籍出版社，2008，第32页。
② 叶平：《梵语"伊字三点"在华流变考》，《中国哲学史》2016年第1期。
③ （宋）张载：《张载集·正蒙·太和篇》，第7页。
④ 林乐昌：《正蒙合校集释》，第21页。
⑤ 林乐昌：《正蒙合校集释》，第20页。

气之聚散，客感为性与物交，所以，"客"又意味着动，意味着变化，客之动与主之静相对。从时间视角观照，太虚、性体、道体作为"主"，是常，有永恒性；有形之万物以及作为"性之神"的"感"①，是无常，有暂时性。

张载这段话的宗旨在于"客感客形与无感无形，惟尽性者一之"。如王夫之所解读，"静而万理皆备，心无不正，动而本体不失，意无不诚，尽性者也"。尽性，则能体用合一、主客一如，"不以客形之来去易其心，不以客感之贞淫易其志"②。张载指向的是不以聚散无常的有形之气、不以为物所累的见闻之心来束缚自己，上升到"大其心"而与太虚本体合一从而精神不朽的境界。

张载的"客感客形"并非孤例，如："气聚则离明得施而有形，气不聚则离明不得施而无形。方其聚也，安得不谓之客？方其散也，安得遽谓之无？"③此是张载力主以"幽明"而非"有无"论无形之太虚与有形之气。又如："顺而言之，则惟天有道，以道成性，性发知道；逆而推之，则以心尽性，以性合道，以道事天。惟其理本一原，故人心即天；而尽心知性，则存顺没宁，死而全归于太虚之本体，不以客感杂滞遗造化以疵颣，圣学所以天人合一，而非异端之所可溷也。"④ 此是张载追求不昧于物交之客感，不溺于外在之客形，通过尽心知性知天，而通形、感、道、性无滞如一，从而臻于天人合一的精神境界。

朱熹对于张载"客感客形"与"无感无形"之说颇有微词，且不止一次加以批判。

> 横渠说道，止于形器中拣个好底说耳。谓清为道，则浊之中果非道乎？
>
> "客感客形"与"无感无形"，未免有两截之病。圣人不如此说，如曰"形而上者谓之道"，又曰"一阴一阳之谓道"。⑤
>
> 言"客感客形"与"无感无形"，未免分截作两段事。圣人不如此说，只说"形而上，形而下"而已，故又曰"一阴一阳之谓道"。盖阴阳虽是器，而与道初不相离耳。道与器，岂各是一物乎？⑥

---

① （宋）张载：《张载集·正蒙·乾称篇》，第64页。
② （清）王夫之：《张子正蒙注》卷一《太和篇》，第7页。
③ （宋）张载：《张载集·正蒙·太和篇》，第8页。
④ （清）王夫之：《张子正蒙注》卷一《太和篇》，第18页。
⑤ （宋）黎靖德编《朱子语类》卷九十九《张子之书二》，第2533页。
⑥ （宋）黎靖德编《朱子语类》卷九十九《张子之书二》，第2534页。

从上文笔者的分析，可知朱熹指责张载"有两截之病"显然是一种误解。因为，张载恰恰是主张虚气不离、道器一物、道器相即、体用不二的。但朱熹尽管误读了张载，但却发现了一个确凿无误的事实："圣人不如此说。"问题是，提出"客感客形"这个鲜见于儒家文献的范畴，张载的灵感从何而来？激发者何在？

高攀龙对张载"客感客形"的解读里恐怕暗藏玄机："客者，无常之义。"① 这既是一个事实陈述，又暗指佛教：无常乃佛教核心语汇之一。钱穆说："横渠虽辟佛，实深受佛书影响，谓太虚为气之体，无感为性之源。"②

我们依旧可以在张载屡屡关注的《楞严经》里找到相关线索：

> 尔时，世尊舒兜罗绵网相光手，开五轮指，诲敕阿难及诸大众："我初成道于鹿园中为阿若多五比丘等及汝四众言：'一切众生不成菩提及阿罗汉，皆由客尘烦恼所误。'汝等当时因何开悟，今成圣果？"时憍陈那，起立白佛："我今长老，于大众中，独得解名，因悟'客尘'二字成果。世尊，譬如行客投寄旅亭，或宿，或食，食宿事毕，俶装前途，不遑安住。若实主人自无攸往，如是思惟，不住名'客'，住名'主人'。以不住者，名为'客'义。又如新霁、清旸升天，光入隙中。发明空中诸有尘相，尘质摇动，虚空寂然。如是思惟，澄寂名'空'，摇动名'尘'，以摇动者，名为'尘'义。"③

以上为《楞严经》著名的佛陀"七处征心、十番显见"中的第二番显见。圆瑛法师疏解云："本科显见不动，以客、尘皆喻动义，主、空皆显不动义。佛问客、尘，即密答阿难，寂常心性之求。以客乃不住，喻身境识心；而主人自无所去，喻心性常住之义。以尘乃摇动，亦喻身境识心；而虚空寂然不动，喻心性澄寂之义。"④

佛陀成道后在鹿野苑初转法轮，宣讲一切众生因客尘烦恼而不得成果，故憍陈那闻"客尘"二字而悟道成阿罗汉果。依憍陈那所悟，主人住，喻真如常住；行客不住，喻诸法无常；空中微尘摇动，喻生死迁流无止无息；虚

---

① 林乐昌：《正蒙合校集释》，第20页。
② 钱穆：《濂溪百源横渠之理学》，《中国学术思想史论丛》（五），第68页。
③ 《楞严经》卷一，第34页。
④ 圆瑛法师：《楞严经讲义》卷三，第89页。

空寂然不动，喻真常心性澄寂。既然悟得此道，就当不以己身、外境与识心为自性，从而迷失了如来藏真性。太虚大师说："世尊屈指飞光，令阿难现验乎见性常住无动，即主即空，直显见性本如来藏。夫然，动惟客尘，非汝身境，汝奈何颠倒行事，认客尘以为自己，遗失真性，弃常寂而取流转哉?"[1]而《正蒙》注家余本则说："张子虑人以形言道，指感为性，则失其本原也。"[2] 二者何其神似！

我们不妨对照一下《楞严经》中的"客尘"之说与张载的"客感客形"之说如下。

> 真如常住，客尘不住；太虚永恒，客形无常。
> 真常心性澄寂，客尘摇动；太虚性体至静无感，客形气之聚散。
> 真如不离客尘，菩提即烦恼；太虚不离气，太虚即气。
> 真如与客尘体用一如，太虚与客形体用不二。
> 真如不离客尘烦恼方为圆教，穷理尽性者方可天人合一。

从二者极其近似的思维模式同构性，不难看出，张载的"客感客形"说，恍如在《楞严经》"客尘"说思维范式的酒瓶中装入了儒家思想的新酒，从而引来了朱熹"圣人不如此说"的惊呼。

六　尽性，然后知生无所得则死无所丧

张载提出"穷理尽性，然后至于命"[3] 这一命题，通过自诚明、自明诚的穷理模式，复于性之全体，从而使人心圆成天性，人道通于天道，人命顺于天命。在此理论框架下，张载说："尽性，然后知生无所得则死无所丧。"[4]关于尽性与生死、得失的问题，张载有一处表述："逆而推之，则以心尽性，以性合道，以道事天。惟其理本一原，故人心即天；而尽心知性，则存顺没宁，死而全归于太虚之本体。"[5] "存顺没宁"出自《西铭》，唐君毅

---

① 释太虚：《大佛顶首楞严经摄论》，《太虚大师全书》第14册，宗教文化出版社，2005，第90页。
② 林乐昌：《正蒙合校集释》，第19页。
③ （宋）张载：《张载集·正蒙·三十篇》，第40页。
④ （宋）张载：《张载集·正蒙·诚明篇》，第21页。
⑤ （清）王夫之：《张子正蒙注》卷一《太和篇》，第18页。

在解读此句时说:"存,吾顺事(生无所得);殁,吾宁也(死无所丧)。"①
显然,唐君毅深得张载之意,把"存顺没宁"理解为与"生无所得则死无所
丧"同意。

"生无所得则死无所丧"还可从张载所言"聚亦吾体,散亦吾体"来理
会。生,气之聚;死,气之散。气聚气散,皆本太虚。气有聚散,性无存亡。
性,人受于天,与生俱来,故尽性即为复本;性,于死不去,与太虚同在。
正因为与生俱来,故生无所得;正因为于死不去,故死无所丧。冉观祖注云:
"性者,天之所赋,原有定分,其生也非于分外有所得,其死也全以归之天,
亦未尝有所丧。"② 王植亦云:"人能尽性,则全受全归。其生也,未尝于本
性之外有私得;其死也,未尝于本性之中有缺失也。"③

世人往往乐生恶死,每有得失之患。能尽其性,则深知生无所得、死无
所丧,从而无累于外物,故张载提倡"存顺没宁"的人生态度,此为张载对
生命的深切关怀。但此命题与佛教又有何渊源?

华希闵注解《正蒙》此句时说:"非至生而始有,故曰'生无所得'。形
骸虽没而有不亡者存,故曰'死无所丧'。'无所得',非佛氏'一切皆空'
之谓。'无所丧',亦非轮回之说也。性在生前,亦贯生后耳。"④

华希闵否认张载此说与佛氏性空说和轮回说有关,恰恰提醒我们注意:
华氏何以作此回避?是否有"此地无银三百两"之嫌?

我们依旧从张载特别关注的《楞严经》来寻找线索。《楞严经》果然有
"无所得"的命题:"圆满菩提,归无所得。"⑤

> 阿难,汝犹未明一切浮尘,诸幻化相,当处出生,随处灭尽,幻妄
> 称相。其性真为妙觉明体,如是乃至五阴、六入,从十二处至十八界,
> 因缘和合,虚妄有生。因缘别离,虚妄名灭。殊不能知生灭去来,本如
> 来藏常住妙明,不动周圆妙真如性。性真常中,求于去来、迷悟、死生,
> 了无所得。⑥

---

① 唐君毅:《中国哲学原论·原教篇》,中国社会科学出版社,2006,第76页。
② 林乐昌:《正蒙合校集释》,第302页。
③ 林乐昌:《正蒙合校集释》,第302页。
④ 林乐昌:《正蒙合校集释》,第302页。
⑤ 《楞严经》卷十,第404页。
⑥ 《楞严经》卷二,第78页。

佛陀之意，一切诸法皆幻影幻相，色受想行识五蕴、眼耳鼻舌身意六入、眼耳鼻舌身意六根与色身香味触法六境所合十二处、六根六境与六识（眼识耳识鼻识舌识身识意识）所合十八界，均为因缘和合所生，亦为因缘离散而灭，故为虚妄。而此于生灭去来中迁流不已的虚妄境相，都是不生不灭、寂然常照如来藏性的随缘影现，在真如妙性中求去来、生死、迷悟，自然了无所得。

可见，以上"无所得"的命题融合了般若说与佛性说。从般若学观之，一切浮尘皆幻相，其性为空，本无自性，故求无所得。从佛性说观之，如来藏随缘显相，如如不灭的真心、真常性、真如性，本来具足，即一切众生皆有佛性，故亦无所得。

明代蕅益大师释智旭疏解中国现存第一部佛经《佛说四十二章经》"内无所得，外无所求"："一中一切中，无空无假而不中，悟如来藏离即离非、是即非即义，名无为法。此无为法，本自有之，非属新生，故'内无所得'；惟一真心，心外无法，故'外无所求'。"①

《佛说四十二章经》"内无所得，外无所求"当为后来所掺入，因为融入了禅宗思想。内无所得，即心不指有，因如来藏佛性有本来具足，无所谓得。外无所求，禅门空慧，不住境相，性空幻用，心外无法，故求法不可得。

实叉难陀译《楞伽经·偈颂品》："道场无所得，我亦无所说。"②《金刚经》载："须菩提白佛言：'世尊！佛得阿耨多罗三藐三菩提，为无所得耶？''如是，如是！须菩提！我于阿耨多罗三藐三菩提乃至无有少法可得，是名阿耨多罗三藐三菩提。'"③

菩提达摩以《楞伽经》传法，六祖惠能闻《金刚经》悟道，《楞伽经》和《金刚经》为禅宗所尊经典，两经中"无所得"思想为禅宗发扬光大。出于《楞伽经》思想的《大乘起信论》，也有"无所得"之说："当知世间一切境界，皆依众生无明妄心而得住持，是故一切法，如镜中像，无体可得，唯心虚妄。以心生则种种法生，心灭则种种法灭故。"④

记载惠能所说法的《坛经》，"无所得"之说在惠能的般若智慧中占有重

---

① （明）蕅益大师：《〈佛说四十二章经〉解》，载《蕅益大师文集》，九州出版社，2013，第106页。
② （唐）实叉难陀译《大乘入楞伽经》，《大正新修大藏经》第16册，第636页中。
③ （东晋）鸠摩罗什译《金刚般若波罗蜜经》，《大正新修大藏经》第8册，第754页下。
④ 马鸣菩萨造，（梁）真谛译，高振农校释《大乘起信论校释》，中华书局，2016，第49页。

要地位："万法尽通，万法俱备，一切不染，离诸法相，一无所得，名最上乘。"①

惠能的这一思想，在南禅宗的代际传递中不断被传承。如惠能弟子神会说："唯在一念相应，实更不由阶渐。相应义者，谓见无念，谓了自性，谓无所得。以其无所得，即如来藏。"② 神会又说："本自性清净，体不可得故。如是见者，即是本性。若人见本性，即生如来地……如是见者，谓无所得，无所得者，即是真解脱。"③ 在神会看来，明心见性，即无所得，因为自性本清净，佛性完具，既不可外求，亦无所谓得失。又如，南岳怀让亦云："夫求法者，应无所求。心外无别佛，佛外无别心。"④ 怀让也以心中自有佛性，故无所求，求亦无所得，因为心即是佛。

不难看出，张载的"生无所得则死无所丧"，从人性论和佛性论的视角考察，二者有着微妙的近似性。在佛性论的视域中，一阐提皆有佛性，如来藏心本来具足，无生无灭，故无所得。在张载人性论的视域中，天性与生俱来内在于人心，超越生死，故无所得。显然，两相对照，我们有理由推测，张载"生无所得则死无所丧"的人性观受到了佛教佛性论的影响。

七 德性所知，不萌于见闻

这一命题源于张载的"大心说"，张载说：

> 大其心则能体天下之物，物有未体，则心为有外。世人之心，止于闻见之狭。圣人尽性，不以见闻梏其心，其视天下无一物非我，孟子谓尽心则知性知天以此。天大无外，故有外之心不足以合天心。见闻之知，乃物交而知，非德性所知；德性所知，不萌于见闻。⑤

大其心，即人心合天心，即圣人尽性，其具体内涵是见闻之知与德性之知的全体。之所以提出大心说，是因为张载看到了世人之心的局限性，即范

---

① 赖永海主编，尚荣译注《坛经》，中华书局，2010，第122页。
② 杨曾文编校《神会和尚禅话录》，中华书局，1996，第81页。
③ 杨曾文编校《神会和尚禅话录》，第81页。
④ （宋）道元：《景德传灯录》卷六《江西道一禅师》，第138页。
⑤ （宋）张载：《张载集·正蒙·大心篇》，第24页。

围于与物交通之"小"。事实上，物交之知，因耳目感知能力的局限性，是无法穷尽万物之理的，此种"见闻之知"，自然无法体察尽天下万物之理，人心若止步于"见闻之知"，自然不能与"天"那样"体物不遗"①，而只是"有外之心"，无法上合于其大无外、与物为一的"天心"，如此，张载为不受见闻所桎梏的"德性之知"留下了地盘，"德性所知，不萌于见闻"的命题便顺理成章。

关于耳目感知力的局限性，张载有精彩的描述：

> 天之明莫大于日，故有目接之，不知其几万里之高也；天之声莫大于雷霆，故有耳属之，莫知其几万里之远也；天之不御莫大于太虚，故必知廓之，莫究其极也。人病其以耳目见闻累其心而不务尽其心，故思尽其心者，必知心所从来而后能。②

目能睹日，但不能穷其高；耳能闻雷，然不能穷其远；耳目能感受天，却不能穷其高远无边。"今盈天地之间者皆物也，如只据己之闻见，所接几何，安能尽天下之物？所以欲尽其心也。"③ 尽其心，即当开发随耳目而来的见闻之知之外的知识领域，即德性之知，如此才能知心进而尽心。对于"知心之所从来"，张载有自己的解释："有无一，内外合，庸圣同。此人心之所自来也。若圣人则不专以闻见为心，故能不专以闻见为用。"④ 显然，张载之意，心本于天，人心即天心，人性即天性，而天性即诚明。"诚明所知乃天德良知，非闻见小知而已。"⑤ 天德良知，即张载所谓"德性之知"。王夫之谓："德性之知，循理而及其原，廓然于天地万物大始之理，乃吾所得于天而即所得以自喻者也。"⑥ 可见，德性之知，在天为天理，在人为良知。

> 人谓己有知，由耳目有受也；人之有受，由内外之合也。知合内外于耳目之外，则其知也过人远矣。⑦

---

① （宋）张载：《张载集·正蒙·天道篇》，第13页。
② （宋）张载：《张载集·正蒙·大心篇》，第25页。
③ （宋）张载：《张载集·张子语录》，第333页。
④ （宋）张载：《张载集·正蒙·乾称篇》，第63页。
⑤ （宋）张载：《张载集·正蒙·诚明篇》，第20页。
⑥ （清）王夫之：《张子正蒙注》卷四《大心篇》，第122页。
⑦ （宋）张载：《张载集·正蒙·大心篇》，第25页。

世人之知，来自"内外之合"，即耳目之官感受外物的能力，耳目与万物的交通感合，即见闻之知。张载认为，"合内外于耳目之外"，此种知识要远过于见闻之知，这就是德性之知。"若以闻见为心，则止是感得所闻见。亦有不闻不见自然静生感者，亦缘自昔闻见，无有勿事空感者。"① 闻见所感与不闻不见所感，前者来自当下的感受力，后者来自经验的判断力，故都属于闻见之知的范畴。而德性之知，超越于闻见之上，是先天于经验的，是本心所发，是先验之知。故见闻之知与德性之知，有经验知识与先验知识的分野。牟宗三说："囿于见闻之狭，而为见闻所桎梏、所拘系，总之所限制者，则是所谓经验的心、感性的心，亦即所谓心理学的心，庄生所谓'成心'，佛家所谓识心、习心。"② 又说："综《大心篇》所论之心而观之，横渠显是本孔子之仁与孟子之本心即性，而言一超越的、形而上的普遍之本心。此本心如不为见闻（耳目之官）所拘蔽，自能体天下之物而不遗而为其体。此是一绝对普遍的本体。心即是体，故曰心体。"③

那么，张载"德性所知，不萌于见闻"的命题与佛教又有何关系？

1. 张载的见闻之知和德性之知的二分，有轻视见闻之知的倾向，这一倾向和佛教有关。

我们不否认张载的大心说有孟子"先立乎其大"的思想渊源：

> 孟子曰："从其大体为大人，从其小体为小人。"曰："钧是人也，或从其大体，或从其小体，何也？"曰："耳目之官不思，而蔽于物，物交物，则引之而已矣。心之官则思，思则得之，不思则不得也。此天之所与我者，先立乎其大者，则其小者弗能夺也。此为大人而已矣。"④

孟子认为，大人与小人之分，在于从大体与从小体之分：从大体，即从心；从小体，即从耳目。耳目之官蔽于外物，心之官能思，故能不为物欲所束缚，而有理性选择的可能。孟子的这一思想为张载超越见闻之知而安立德性之知提供了思想渊源。

但张载轻视见闻（闻见）的倾向远过于孟子，且有背离儒家传统的嫌疑。

---

① （宋）张载：《张载集·张子语录》，第313页。
② 牟宗三：《心体与性体》，第458页。
③ 牟宗三：《心体与性体》，第478页。
④ （宋）朱熹：《四书章句集释·孟子集注卷十一·万章章句下》，中华书局，1983，第335页。

在张载看来，德性之知为"大其心"的内涵，相比而言闻见之知只是"小知"①，而且，从价值判断的角度，"闻见"在张载这里的地位远远低于"德性"。

> 闻见之善者，谓之学则可，谓之道则不可。②
> 多闻见适足以长小人之气。③
> 充其德性则为上智，安于见闻则为下愚。④

而儒家传统上对见闻之知的态度却并非如此。先看孔子对见闻的态度：据《论语·阳货》，孔子认为学诗可让人"多识于鸟兽草木之名"；据《论语·季氏》，孔子认为"视思明，听思聪"；据《论语·述而》，孔子主张："多闻择其善者而从之，多见而识之，知之次也"⑤；据《论语·季氏》，孔子说："益者三友，损者三友。友直，友谅，友多闻，益矣。"⑥孔子的弟子子贡亦说："见其礼而知其政，闻其乐而知其德。"⑦可见孔子师徒不仅对闻见之知很友好，而且主张广闻博见。

其他儒家经典同样如此，如《礼记·曲礼上》："博闻强识而让，敦善行而不怠，谓之君子。"⑧此以博闻强识为君子人格的重要组成部分。又，《尚书》云："人求多闻，时惟建事，学于古训乃有获。"⑨此乃提倡不仅自己要多闻多见，还要把古人依靠闻见之知积累的经验知识多加发挥利用。

显然，张载对闻见之知的轻视倾向和儒家传统是大异其趣的。而这似乎是又一处朱熹所谓的"圣人不如此说"。

我们且在佛教典籍中寻找张载这一倾向的思想渊源。佛教以眼耳鼻舌身意六识及其对象均无自性，如幻性空，而六识即闻见，用佛教的话来说就是见闻觉知。可以说，佛教的般若性空学说是建立在以见闻觉知为不可靠这一

---

① （宋）张载：《张载集·正蒙·诚明篇》，第20页。
② （宋）张载：《张载集·经学理窟·义理》，第273页。
③ （宋）张载：《张载集·经学理窟·气质》，第269页。
④ （宋）张载：《张载集·张子语录·语录上》，第307页。
⑤ （宋）朱熹：《四书章句集释·论语集释卷四·述而》，第99页。
⑥ （宋）朱熹：《四书章句集释·论语集释卷八·季氏》，第171页。
⑦ （宋）朱熹：《四书章句集释·孟子集注卷三·公孙丑章句上》，第235页。
⑧ 王文锦：《礼记译解·曲礼上》，中华书局，2016，第23页。
⑨ 王世舜、王翠叶译注《尚书·商书·说命下》，中华书局，2012，第424页。

思想基础之上的。所以，佛陀会如此教导阿难："阿难，汝今欲令见闻觉知，远契如来常乐我净，应当先择死生根本，依不生灭圆湛性成，以湛旋其虚妄灭生，伏还元觉得元明觉，无生灭性为因地心，然后圆成果地修证。"① 只有回归无生无灭的圆满佛性，超越有生有灭的见闻觉知，使见闻觉知契合涅槃四德常乐我净，才能修得圆成之佛果。显然，见闻觉知这种经验知识，正是佛教要竭力破除的成见、习心。《楞严经》有一偈云："见闻如幻翳，三界若空花。闻复翳根除，尘销觉圆净。"② 见闻及其对象均为幻妄空虚，只有拔除六根的成见，才能超越尘境，进入解脱自由的清净境界。在《维摩诘经》中，维摩诘对舍利弗说："法不可见闻觉知，若行见闻觉知，是则见闻觉知，非求法也。"③ 佛法不可见闻觉知，如果止步于见闻觉知，则只是受缚于感官和意识，而非求佛法。显然，维摩诘认为，欲求佛法，须超越见闻觉知的局限。

禅宗六祖惠能在解释其核心范畴"无念"时说："念者，念真如本性。真如即是念之体，念即是真如之用。真如自性起念，非眼、耳、鼻、舌能念。真如有性，所以起念。真如若无，眼、耳、色、声当时即坏。善知识。真如自性起念，六根虽有见闻觉知，不染万境而真性常自在。"④ 在惠能这里，显然见闻觉知是与真如相对的范畴，见闻觉知源自六根，染于外境而有生灭成坏，故无常，真如则常在。而张载以见闻之知与德性之知为相对的范畴，人因德性之知而不朽，而常在。

与惠能同出弘忍门下的神秀则说："体用分明，离念名体，见闻觉知是用。"⑤ 在神秀这里，离念即达真如，故为体，见闻觉知是用，从见闻觉知与真如的关系而言，真如是体，见闻觉知是用，虽然见闻觉知获得了"用"的地位，但显然这一地位并非根本。

南阳慧忠国师针对南方禅客所说："汝今悉具见闻觉知之性。此性善能扬眉瞬目，去来运用，遍于身中，捵头头知，捵脚脚知，故名正遍知。离此之外，更无别佛。"慧忠批评道："若以见闻觉知是佛性者，《净名》不应云

---

① （唐）般剌蜜帝译《楞严经》卷四，《大正新修大藏经》第19册，第122页下。
② 《楞严经》卷六，第223页。
③ （后秦）鸠摩罗什译《维摩诘经·不思议品》，中华书局，2010，第98页。
④ 宗宝本《六祖大师法宝坛经·定慧第四》，王孺童编校《〈坛经〉诸本集成》，第23页。
⑤ （唐）释神秀：《大乘无生方便门》，《大正新修大藏经》第85册，第1274页中。

'法离见闻觉知'。若行见闻觉知，是则见闻觉知非求法也。"① 南阳慧忠因《维摩诘经》所说，主张见闻觉知非求法正途。慧忠所引《维摩诘经》原文为："法不可见闻觉知，若行见闻觉知，是则见闻觉知，非求法也。"② 慧忠之意，如果将佛性等同于"见闻觉知"，则意味着把妄心视为真如心，乃有悖佛理。慧忠因此批评说："缘南方错将妄心言是真心，认贼为子。"③

佛教重佛性，轻见闻。佛教常说"见闻觉知"，张载则说"见闻之知"。"见闻之知"实与"见闻觉知"在含义上并无二致。"见闻觉知"实际上即为佛教"六识"在俗世之通称，僧肇注云："六识略为四名：见、闻，眼、耳识也；觉，鼻、舌、身识也；知，意识也。"④ 见即眼识，闻即耳识，觉即鼻舌身三识，知即意识。佛教以如来藏为真心，以见闻觉知为妄心，主张超越妄心而抵达真如心；张载重德性之知，轻见闻之知。张载轻见闻的倾向，当可以揣测是受佛教的影响。

2. 见闻之知与德性之知的关系问题，张载亦受佛教的影响。

张载讨论见闻之知与德性之知的关系，首先当然是"德性所知不萌于见闻"。王夫之解读说："萌者，所从生之始也。见闻可以证于知已知之后，而知不因见闻而发。德性诚有而自喻，如暗中自指其口鼻，不待镜而悉。"⑤ 也就是说，见闻之知生于见闻，德性之知则不生于见闻，而有见闻之外的来源，这一来源即天性。直白地说，德性之知是天生的，不依赖后天的见闻，不是经验知识，而是形而上的、超验的本心，是与生俱来的，德性之知是天人合一何以可能的依据所在。由此可见，见闻之知是经验知识，德性之知是先天知识。

其次，如前所述，从价值的视角看，德性之知远比见闻之知重要。

再次，德性之知不离见闻之知。

尽管张载有轻视见闻之知的倾向，但依旧给予见闻之知应有的位置。"闻见不足以尽物，然又须要他。耳目不得则是木石，要他便合得内外之道。若不闻不见，又何验？"⑥ 平物我，合内外，依靠耳目获取与物交接的经验知识，此为合内外之一途，尽管此进路无法达到"体物不遗"的整全程度。而这一

① （宋）释道原：《景德传灯录》卷二十八《南阳慧忠国师》，第 985 页。
② （后秦）鸠摩罗什译，赖永海、高永旺译注《维摩诘经》，第 98 页。
③ （宋）释道原：《景德传灯录》卷二十八《南阳慧忠国师》，第 988 页。
④ （后秦）僧肇：《注维摩诘经》卷六《不思议品》，《大正新修大藏经》第 38 册，第 381 页下。
⑤ （清）王夫之：《张子正蒙注》卷四《大心篇》，第 122 页。
⑥ （宋）张载：《张载集·张子语录上》，第 313 页。

局限性，则交由德性来完成，因为与生俱来的德性承载于心，循着张载"大心说"的路径，人全幅呈现天德良知，使天赋之性圆满外化，从而无缝接驳天道之大化流行，进而天人合一，物我一如，这一圣人境界可以和天一样"体物不遗"，这就真正实现了合内外之道的圆融浑全。

在张载看来，耳目之见闻能力，亦有合内外之功。"耳目虽为性累，然合内外之德，知其为启之之要也。"① 尽管耳目之见闻何以能启发合内外的德性之知，张载对此语焉不详，但他提出了德性之知不离见闻之知的命题。

张载的这一思想，可以从他屡屡涉及的《楞严经》中找到对应。

> "善哉！阿难，汝欲识知俱生无明，使汝轮转生死结根，唯汝六根，更无他物。汝复欲知无上菩提，令汝速登安乐解脱、寂静妙常，亦汝六根，更非他物。"阿难虽闻如是法音，心犹未明，稽首白佛云："何令我生死轮回、安乐妙常，同是六根，更非他物？"佛告阿难："根、尘同源，缚、脱无二，识性虚妄，犹如空花。阿难，由尘发知，因根有相，相、见无性，同于交芦。是故汝今知见立知，即无明本；知见无见，斯即涅槃无漏真净。云何是中更容他物？"②

佛陀晓谕阿难，人的六根既是无明的载体、生死轮回的根源，又是证得菩提、获得解脱的所在。如果六根如六结，此六结缠绕，如无明烦恼，而所谓解脱，正是解开六结的过程，故解脱与缠缚是二而不二的关系。佛陀由此给阿难讲明"根、尘同源，缚、脱无二"的佛理，因眼耳鼻舌身意六根而有色受想行识六大境相，而此境相如交芦内芯，本性为空。有情身内之六根，无情身外之尘境，只是见分与相分、心法与色法之别，而根、尘同一本源，为如来藏随缘所现。此为"根、尘同源"。关于"缚、脱无二"，圆瑛法师疏解云："缚、脱无二者：缚脱即是结解，六根若缚，六结重叠生起，则为凡夫，而受沦溺之苦，此六根即是结缚之元。故诸佛云：生死结根，唯汝六根，更无他物。六根若脱，六结次第解除，则成圣人，而得寂灭之乐，此六根即是解脱之本。故诸佛云：安乐解脱，寂静妙常，亦汝六根，更非他物。故曰：

---

① （宋）张载：《张载集·正蒙·大心篇》，第25页。
② 《楞严经》卷五，第174页。

缚脱无二。"①

《楞严经》中真如不离六根、如来藏不离见闻觉知的表达，体现了如来藏与见闻觉知体用不二的思想，该经有一极精炼的表述："阿难，汝性沉沦，不悟汝之见、闻、觉、知本如来藏。"② 换言之，见闻觉知乃如来藏的随缘应现，彼此是二而不二的。

禅宗大师黄檗希运有云：

> 此本源清净心，常自圆明遍照。世人不悟只认见闻觉知为心，为见闻觉知所覆。所以大睹精明本体，但直下无心本体自现，如大日轮升于虚空遍照十方更无障碍。故学道人惟认见闻觉知为动作，空却见闻觉知，即心路绝无入处，但于见闻觉知处认本心。然本心不属见闻觉知，亦不离见闻觉知。但莫于见闻觉知上起见解，莫于见闻觉知上动念，亦莫离见闻觉知觅心，亦莫舍见闻觉知取法。不即不离不住不著，纵横自在无非道场。③

黄檗希运更为清晰地表达了如来藏与见闻觉知的关系。第一，真如心为世人见闻觉知所覆障，直下体悟本心，真如心即如阳光遍照无遮无拦。第二，可从见闻觉知处体认真如本心。第三，本心不属于见闻觉知，亦不离见闻觉知。第四，真如本心与见闻觉知是不即、不离、不住、不著的关系。

从《楞严经》和黄檗希运禅师关于真如本心与见闻觉知关系问题的讨论，比照张载德性之知与见闻之知的关系，不难看出，二者有极其相似的同构性。

与张载相比，受禅宗影响更深的王阳明在阐述良知与见闻的关系时说："良知不由见闻而有，而见闻莫非良知之用，故良知不滞于见闻，而亦不离于见闻。"④

毋庸讳言，张载就见闻之知与德性之知展开的讨论当得益于佛教的启发。

八　拂去旧日所为

张载的人性论分为天地之性与气质之性。天地之性纯善，气质之性有善

---

① 圆瑛法师：《楞严经讲义》第十二卷，第 347 页。
② 《楞严经》卷三，第 123 页。
③ （宋）释道原：《景德传灯录》卷九《黄檗希运禅师传法心要》，《大正新修大藏经》第 51 册，第 271 页中。
④ （明）王阳明：《答欧阳崇一》，王守仁撰，王晓昕译注《传习录译注》，中华书局，2018，第 299 页。

有恶，故张载提出"为学大益，在自求变化气质"①，从而全幅回归天地之性之纯善。有学者认为，天地之性与气质之性受《大乘起信论》"一心开二门"思想的启发。"云何为二？一者心真如门，二者心生灭门。是二种门皆各总摄一切法。此义云何？以是二门不相离故。"②

其实，《大乘起信论》"一心开二门"有背靠背并列横开的意味，心真如门和心生灭门又是二而不二的关系。而张载的天地之性与气质之性有如二进院落双重门，有纵开的意味，天地之性在内院，开单门，气质之性在外院，开善恶双门。显然，天地之性才是人性之根本。这和佛教的乌云障日之喻或尘镜之喻有点类似。

如何变化气质？主要是善反工夫："形而后有气质之性，善反之则天地之性存焉。"③ 具体而言，张载如是说：

> 变化气质。孟子曰："居移气，养移体"，况居天下之广居者乎！居仁由义，自然心和而体正。更要约时，但拂去旧日所为，使动作皆中礼，则气质自然全好。④

张载认为，变化气质的要点在于"居仁由义"，而落实到行动上，"拂"这一动作至为关键。虽然张载讨论的是儒家的修养工夫，但使用的却是佛教特别是禅宗修行中最常用的字眼："拂"。

如禅宗宝典《楞伽经》云："大慧！此如来藏识藏，一切声闻、缘觉心想所见。虽自性净，客尘所覆故，犹见不净，非诸如来。"⑤ 如来藏为客尘所覆，故拂去客尘，即可显清净真性。《大乘起信论》亦云："众生心者，犹如于镜，镜若有垢，色像不现。如是众生心若有垢，法身不现故。"⑥ 众生心即如来藏心，修行亦如拂去镜中之垢的过程。

禅宗初祖菩提达摩的禅法为理入、行入，其中理入即："藉教悟宗，深信含生同一真性，客尘障故，令舍伪归真；凝住壁观，无自无他，凡圣等一；

① （宋）张载：《张载集·经学理窟·义理》，第 274 页。
② 马鸣菩萨造，（梁）真谛译，高振农校释《大乘起信论校释》，第 14 页。
③ （宋）张载：《张载集·正蒙·诚明篇》，第 23 页。
④ （宋）张载：《张载集·经学理窟·气质》，第 264 页。
⑤ （南朝宋）求那跋陀罗译《楞伽阿跋多罗宝经》卷四《一切佛语心品之四》，《大正新修大藏经》第 16 册，第 510 页下。
⑥ 马鸣菩萨造，（梁）真谛译，高振农校释《大乘起信论校释》，第 127 页。

坚住不移，不随他教，与道冥符，寂然无为，名理入也。"① 一切众生皆有佛性，但佛性为客尘所障，故有修行拂去客尘的必要。五祖弘忍《最上乘论》云："我既体知众生佛性本来清净如云底日，但了然守本真心，妄念云尽慧日即现，何须更多学知见所生死苦一切义理及三世之事？譬如磨镜尘尽明自然现。"② 此处弘忍同时使用了乌云障日之喻和尘镜之喻，乌云、尘，喻无明、妄念、烦恼，慧日、镜，喻佛性、清净心、本真心。守本真心除妄念云，磨镜拂去烦恼尘，即为超凡入圣的过程。

宗密在《圆觉经大疏钞》中把北宗禅法的特点概括为"拂尘看净"，在《中华传心地禅门师资承袭图》中说："北宗意者，众生本有觉性，如镜有明性，烦恼覆之不见，如镜有尘暗。若依师言教，息灭妄念，念尽则心性觉悟，无所不知，如磨拂昏尘，尘尽则镜体明净，无所不照。"③ 宗密所总结的北宗禅法大意，在神秀那首著名的偈颂中得以体现，敦煌本《坛经》该偈为："身是菩提树，心如明镜台。时时勤拂拭，莫使有尘埃。"④

张载以"拂去旧日所为"来变化气质，从气质之性复归天地之性，与禅宗拂去客尘、从无明心直入真如佛性，在形式上确有会通之处。张载使用禅宗的日常用语来讨论儒家的人性论，至少表明张载对佛教的佛性论了然于心。

九 幽明不能举其要

张载以虚气相即之说对治老庄"有生于无"和佛教的性空之说。《正蒙》云：

> 知虚空即气，则有无、隐显、神化、性命通一无二，顾聚散、出入、形不形，能推本所从来，则深于《易》者也。若谓虚能生气，则虚无穷，气有限，体用殊绝，入老氏"有生于无"自然之论，不识所谓有无混一之常；若谓万象为太虚中所见之物，则物与虚不相资，形自形，性自性，形性、天人不相待而有，陷于浮屠以山河大地为见病之说。此道不明，

---

① （唐）释道宣：《续高僧传》。
② （唐）释弘忍述《最上乘论》，《大正新修大藏经》第48册，第378页上。
③ （唐）宗密：《中华传心地禅门师资承袭图》，宗密著，邱高兴校《禅源诸诠集都序》，中州古籍出版社，2008，第116页。
④ 王孺童编校《〈坛经〉诸本集成》，宗教文化出版社，2014，第101页。

正由懵者略知体虚空为性，不知本天道为用，反以人见之小因缘天地。明有不尽，则诬世界乾坤为幻化。幽明不能举其要，遂蹒等妄意而然。不悟一阴一阳范围天地、通乎昼夜、三极大中之矩，遂使儒、佛、老、庄混然一涂。语天道性命者，不罔于恍惚梦幻，则定以"有生于无"，为穷高极微之论。入德之途，不知择术而求，多见其蔽于诐而陷于淫矣。①

在这段话中，张载提出"隐显""通一无二"论，这是在"虚空即气"的思想框架下的逻辑结论。隐，属虚；显，属气。虚空不离气，气不离虚空；气聚，为物，气散，归太虚；气聚为显，气散为隐。故隐与显，通一无二。此处的"一"，即"太虚"。张载进而批判佛教"幽明不能举其要"，意思是佛教不能"知幽明之故"。张载同时借此批判老庄"有生于无"之说，"明有所以为明，幽有所以为幽；其在幽者，耳目见闻之力穷，而非理气之本无也。老、庄之徒，于所不能见闻而决言之曰无，陋甚矣"。②

《说文》云："幽，隐也。"幽明，即隐显。张载说：

> 气聚则离明得施而有形，气不聚则离明不得施而无形。方其聚也，安得不谓之客？方其散也，安得遽谓之无？故圣人仰观俯察，但云"知幽明之故"，不云"知有无之故"。盈天地之间者，法象而已；文理之察，非离不相睹也。方其形也，有以知幽之因；方其不形也，有以知明之故。③

张载所引"知幽明之故"借助了周易的思想成果。《周易·系辞上》："《易》与天地准，故能弥纶天地之道。仰以观于天文，俯以察于地理，是故知幽明之故；原始反终，故知死生之说；精气为物，游魂为变，是故知鬼神之情状。"对于"知幽明之故"，张载解释说："天文地理，皆因明而知之，非明则皆幽也，此所以'知幽明之故'"。④ 天地之间可见的，均为万物之相与万事之象。物相之文理，事象之轨迹，之所以可见，是因为离明得施，是光明俯照后显现的结果。如果失去了光明，在黑暗中便难以显现。万物之有

① （宋）张载：《张载集·正蒙·太和篇》，第8页。
② （清）王夫之：《张子正蒙注》卷五《大易篇》，第239页。
③ （宋）张载：《张载集·正蒙·太和篇》，第8页。
④ （宋）张载：《张子全书·易说·系辞上》，西北大学出版社，2015，第208页。

形，为明；归于无形，为幽。有形之明中，无形之幽为其根本。而作为根本的无形之幽，亦因有形之明而得以显现。从太虚与气相即不二、虚气乃气之聚散的思想来观照，张载说："显，其聚也；隐，其散也。显且隐，幽明所以存乎象；聚且散，推荡所以妙乎神。"①

虽然张载表面上从周易汲取思想资源，其隐显幽明说在表达上看无疑源自儒家，但当我们把"幽"换成同义的"暗"字，"明暗"范畴在禅宗这里，事实上是颇为流行的语词。

在禅宗六祖惠能"三十六对法"中，明与暗为无情五对之一："对法外境，无情五对：天与地对，日与月对，明与暗对，阴与阳对，水与火对；此是五对也。"② 作为自性起用的一对，明与暗作为道之用，均不可执着，否则便落入两边。就道体而言，是超越明暗的。"师云：'道无明暗，明暗是代谢之义。'"③

惠能的弟子神会和房绾有如下一段对话：

> 给事中房绾问"烦恼即菩提义"。答曰："今借虚空为喻：如虚空本来无动静，不以明来即明，暗来即暗。此暗空不异明［空］，明空不异暗空。明暗自有去来，虚空元无动静，烦恼即菩提，其义亦然。迷悟虽即有殊，菩提心元来不动。"④

神会之意，虚空本无动静、明暗，明中有暗，暗中有明，明暗之本性均为空，故明空与暗空不异。烦恼与菩提亦然，烦恼即菩提，烦恼与菩提不异，其心体为菩提心，只是迷悟状态不同而已，迷与悟也是可以转化的。

惠能法孙石头希迁《参同契》中说：

> 当明中有暗，勿以明相遇。
> 当暗中有明，勿以暗相睹。
> 明暗各相对，譬如前后步。⑤

---

① （宋）张载：《张载集·正蒙·大易篇》，第 54 页。
② 赖永海主编、尚荣译注《坛经·付嘱品》，第 173 页。
③ 赖永海主编、尚荣译注《坛经·护法品》，第 166 页。
④ （唐）刘澄集《南阳和尚问答杂征义》，杨曾文编校《神会和尚禅话录》，第 94 页。
⑤ （南唐）静、筠二禅师编撰《祖堂集》卷四《石头和尚希迁》，中华书局，2007，第 201 页。

明中有暗，不可视为纯明；暗中有明，不可视为纯暗。明暗相对，只是或主于明，或主于暗，在主导者中均潜藏着对立一方，且双方的关系非静态，而是动态且相互转化的，时明居前，时暗居前。而对立的明暗双方则统一于一体之理中。

出于青原行思一系的石头希迁的"明暗回互说"为门下繁衍出曹洞宗打下了理论基础。而出于南岳怀让一系的南泉普愿和黄檗希运，也阐述了各自的明暗说。

南泉普愿作为洪州宗的传人，对于马祖道一门人以见闻觉知为性颇多反思，提出"大道非从见闻觉知"的观点，认为道本质上是不可认识的，这种不可知论的思想体系下，自然需要超越明暗等一切对待来直觉道体。"所以道非明暗法，离有离无，潜理幽通，无人觉知。亦云冥会。真理非见闻觉知，故云息心达本源。"[1] 南泉普愿多处强调道非明暗的论说，如："且大道非明暗，法离有无数，数不能及。"[2] "道不是明暗物，一切莫认著。大道冥通，智莫能测。"[3] 再如："大道无明，未曾有暗，非三界摄，非去来今。如来藏实不覆藏，师子何曾在窟？五阴本空，何曾有处所？且法身无为，不堕诸数。法无动摇，不依六尘。"[4]

在普愿看来，明与暗属于见闻觉知所能感知和认识的范畴，依旧属于境相的范畴，只有超越明暗，才能见道。

> 大道无形，真理无对。等空不动，非生死流。三界不摄，非去来今。所以明暗自去来，虚空不动摇；万象自去来，明暗实不鉴。如今有人将鉴觉知解者是道，皆前境所引，随他生死流，何曾得自由？[5]

虚空即大道，不动不静，非今非古，不生不灭，超越对待，超越明暗，也超越作为有限存在者的人的知解，达到这一境界，方可得到自由。

> 佛与众生，一心无异。犹如虚空，无杂无坏，如大日轮照四天下。

---

① （宋）赜藏主编集《古尊宿语录》卷第十二《池州南泉普愿禅师语要》，中华书局，1994，第195页。

② （宋）赜藏主编集《古尊宿语录》卷第十二《池州南泉普愿禅师语要》，第196页。

③ （宋）赜藏主编集《古尊宿语录》卷第十二《池州南泉普愿禅师语要》，第199页。

④ （宋）赜藏主编集《古尊宿语录》卷第十二《池州南泉普愿禅师语要》，第197页。

⑤ （宋）赜藏主编集《古尊宿语录》卷第十二《池州南泉普愿禅师语要》，第200页。

> 日照之时，明遍天下，虚空不曾明。日没之后，暗遍天下，虚空不曾暗。明暗之景，自相凌夺。虚空之性，廓然不变。佛与众生心亦如此。①

在普愿看来，众生心即佛心，众生自性即佛性，心佛众生无差别。佛性如虚空，日照则明，不照则暗，但不论照与不照，天明天暗，虚空本性并无明暗。明暗交替，而虚空本性并无变化。

我们再来看黄檗希运禅师的明暗观：

> 祖师直指一切众生本心本体，本来是佛，不假修成、不属渐次、不是明暗。不是明故无明，不是暗故无暗。所以无无明，亦无无明尽。入我此宗门，切须在意。如此见得，名之为法。见法故，名之为佛。佛法俱无，名之为僧，唤作无为僧，亦名一体三宝。夫求法者，不著佛求，不著法求，不著众求，应无所求。不著佛求，故无佛。不著法求，故无法。不著众求，故无僧。②

黄檗希运之意，一切众生，本心即佛，修无所修，求无所求，得无所得，无阶无渐，无明无暗。无明，亦无无明，既无无明，也就无无明尽。这种彻底超越对待、无求无得、本来具足的佛性思想，将般若学和如来藏学熔为一炉。

纵观禅宗的虚空和明暗诸说，不难发现，禅宗以虚空为体，明暗为用，体用一如，相即不二。张载以太虚为体，以气为用，太虚即气，体用不二。不同的是，张载以隐、幽言体，以显、明言用，而禅宗以虚空言体，明暗言用，将对立的明暗统一于虚空本体之中。尽管张载以周易的"知幽明之故"作为自己的理论基础，但张载在批判佛教"幽明不能举其要"的时候，恰恰受了禅宗流行的不以明暗论虚空的本体论和心性论启发，将佛教的"明暗"转换为儒家的"幽明"，从而不着痕迹地会通了禅宗的智慧。

小　结

张载思想与佛教之会通，诚不止以上所列诸条目。如，钱穆说："其实

---

① （宋）道原辑、顾宏义译注《景德传灯录译注》卷九《黄檗希运禅师传心法要》，上海书店出版社，2009，第615页。
② （宋）赜藏主编集《古尊宿语录》卷三《黄檗（希运）断际禅师宛陵录》，第40页。

《西铭》中所说，也多非古代儒家所有。如云天地之塞吾其体，此犹佛家之法身。天地之帅吾其性，此犹佛家之法性。"[1]

从本文上述讨论可见，张载在本体论、体用论、心性论、工夫论等诸多方面，或从佛教汲取思想，或借鉴佛教的思维范式，张载虽辟佛甚为有力，然不可回避的是，张载的思想建构与方法论自觉不自觉地受到了佛教的影响和启发。

---

① 钱穆：《濂溪百源横渠之理学》，《中国学术思想史论丛》（五），第71页。

王安石变法对儒家均平经济的新探索

肖永奎

摘　要：熙宁年间，王安石面对北宋的政治经济问题提出了自己的经济改革计划。这在当时引起了激烈的论争，虽然他援引儒术为其辩护，但在其后的长期历史中并不被儒家的正统接受。这固然可以在近代经济学的视野下对其进行解读，但不可否认的是，它有着深厚的儒家经济思想的背景。作为一种新改革方案，意图将儒家的均平理念与国家的富强结合在一起，这也使得它具有了思想史的意义。在梳理先秦儒家经济思想的均平方案中，可以更加清晰地看到他是如何实现儒家经济思想的创造性转化的。

关键词：王安石　变法　均平　富强

作　者：肖永奎，上海戏剧学院人文社科部讲师。

儒家经济思想一直包含着追求"均平"的倾向，尤其是《论语》所称"均无贫"的观念对后世影响深远。其中"均无贫"与"和无寡"正相对应，如果前者指经济分配的均平问题的话，那么后者则是社会政治的和合，两者紧密相关，都是儒家政治思想的重要组成部分。先秦以后的儒学围绕经济均平的问题进行了很多的探索。王安石变法推出的措施，如青苗法、市易法、农田水利及方田均税法等，之前都曾以某种面貌出现过，如管、商改革，又如汉代的平准法等，但王安石将它们整合起来，根据宋代的政治经济状况，重新加以改造利用。更为主要的是，它们被王安石宣称是来自儒家的经学传统的，是可以用来实践儒家的价值理念以建立均平秩序，进而实现国家的真正富强的。正是这样的诉求，使得他的变法超越了其具体的历史命运，从而具有了思想史的意义。①

----

① 近代以来，王安石的经济改革一直备受学界关注。李华瑞的《王安石变法研究史》对其进行了系统的总结，从中可以看出学界对王安石的评价，是如何深受时代之政治经济（转下页注）

一 "均平"之义辩

在古代典籍中，"均平"与"平均"是可以通用的，往往指某种理想的平衡状态。[①] "均"与"平"也是互训的，《说文》："均，平徧也，从土从匀。"[②] 但是对于儒家思想中一直存在着的经济主张，这里使用"均平"而非"平均"一词，是为了避免某种混淆。后者更容易使人联想到某种平均主义，即"份额相等"的分配主张。[③] 事实上儒家的主张更多地是指一种分配的均衡状态，并且是与其道德理想联系在一起的。

孔子对这一主张的表述如《论语·季氏》："丘也闻有国有家者，不患寡而患不均。不患贫而患不安。盖均无贫，和无寡，安无倾。"[④] 关键是"均无贫"的理念，怎样"均"便无"贫"了呢？何晏《集解》引"包曰"："政教均平，则不贫矣；上下和同，则不寡矣。"这是从整体的国家治理角度来谈

(接上页注①)背景（即社会气候）的影响，如20世纪六七十年代的计划经济时代，学者对王安石"均济贫弱"的赞扬；而到80年代，因市场经济的改革，很多学者转而批评王安石的新政。西方国家对王安石的关注，主要与凯恩斯主义或罗斯福新政的兴起密切相关，故西方很多学者倾向于将其理解为"社会主义"，或"国家资本主义"的代表。见李华瑞《王安石变法研究史》，人民出版社，2004。

① 如《荀子·王霸》篇中有"然后农分田而耕，贾分货而贩，百工分事而劝……则天子共己而已矣。出若入若，天下莫不平均，莫不治辨。"（王先谦撰《荀子集解》，中华书局，2013，第262页）《淮南子·齐俗训》中有"治国之道，上无苛令，官无烦治，士无伪行，工无淫巧……奸邪不生，安乐无事而天下均平。"（《淮南鸿烈集解》，中华书局，2013，第450页）这里"天下莫不平均"与"天下均平"都指政治治理的最高目标。

② 许慎撰，段玉裁注《说文解字注》，上海古籍出版社，1988，第683页上。古代"均"与"钧"通用，后者意为工匠制造陶器转轮，《诗经·节南山》"秉国之均，四方是维"，都是在国家治理的角度去讲"均平"的，但这里也包括财富的分配问题。见王铮《〈论语·季氏〉"均无贫"本意辨析》，《求是学刊》1997年第6期。

③ 很多学者将儒家的均平经济理想解读为"粗陋的共产主义"，或者是"乌托邦主义"，这其实是一种误读。如房德邻《儒家色彩的乌托邦和孔教的启示录》，《孔子研究》1992年第4期；张连顺：《孔子"不患寡而患不均"的形上意义及现实意义》，《贵州大学学报》2006年第5期。显然这是不合古代典籍的本意的，对此的讨论可参见施家珍《"不患寡而患不均"辨》，《孔子研究》1993年第4期；韩涛：《孔子均平分配思想的中道理念》，《孔子研究》2016年第4期。

④ "不患寡而患不均，不患贫而患不安"中"寡"与"贫"是否应当互换，学界一直存在争论。汉代董仲舒引文中有"不患贫而患不均"，后世学者如俞樾、钱穆、杨伯峻、王力等都主张互换。当然，也有学者持不同意见，如唐泽玉《"不患寡而患不均"辨》，《齐鲁学刊》1984年第1期；杨逢彬、陈建栋：《〈论语〉"不患寡而患不均"解》，《武汉大学学报》（人文科学版）2014年第5期。

论"均平"的，故朱熹训"均"为"各得其分"。① 这里的"分"有"性分""职分"的含义。"性分"表达的是目标，即人人各得其所，使自己的生命健康基本得到保障。而要达到这一目标，则是通过社会不同阶层的分工，即士、农、工、商的各有其职、各尽其责来完成的。显然，这里已经包含了分配的观念，只不过是从道德理想出发来进行描述的。刘宝楠《正义》中的解释涉及这一分配理念，其言："均者，言班爵禄，制田里，皆均平也。""爵禄""田里"都涉及财富分配的问题，那么怎样是均平呢？其言：

> 大富则骄，大贫则忧，忧则为盗，骄则为暴，此众人之情也。圣者则于众人之情，见乱之所从生，故其制人道而差上下也，使富者足以示贵而不至于骄，贫者足以养生而不至于忧以此为度，而调均之，是以财不匮而上下相安，故易治也。②

"均平"是避免两极分化，富者大富，贫者大贫。因为一般的情况是"大富则骄，大贫则忧"，成为社会动荡的根源。相对均衡的分配状况：富者足以展示自身的优越生活，不至于凌虐他人；贫者足以养生，不至于时刻面临死亡的威胁。如果将人口的基数与财富的多少用一个图来表示，那么儒家理想中的分配模式类似于枣核形，中间的部分越大就越是好的，因为这意味着掌握社会财富的人口数量不断增多，而贫困的人口却在不断下降。

这典型地代表了儒家的经济分配理念。它与那种追求"份额相等"的平均主义还是有很大的差别，因为它是允许财富有差额的，只是这种差额要控制在一定的程度上。实际上，绝对的均等是不可能做到的，今人陈焕章的论述较为贴切："平均分配财富，并非意味着人人均享有同等收入，而是人人均应有获得同等收入的同等机会，因此，会有少数人，由于他们的能力与工作贡献，他们理应获得与别人不一样的财富。但是，只要多数人能享有平等的生产机会，在不忍受贫穷的条件下能以社会标准生活，那么，此即是财富的平均分配。"③

当然儒家并不是一味地强调均平分配而不注重生产的。如何提供一种公

---

① 朱熹采取此解，见《四书章句集注》，中华书局，2012，第171页。
② 何晏集解，刘宝楠正义《论语正义》卷十九，《诸子集成》第1册，中华书局，1954，第352页。这段话最早出自董仲舒《春秋繁露》之《度制篇》，《正义》转引于此。
③ 陈焕章：《孔门理财学》，韩华译，商务印书馆，2015，第359页。

平的机制，使得人人都有平等的生产机会，也是均平经济的题中之意。这在儒家的设想中，主要是基于民生、民本的观念（与近代民权的观念不同）要求政府保障民众的产业。这一主张突出地反映在孟子关于仁政的论述中，他讲"夫仁政，必自经界始"，"经界"即"制民之产"，使民众有其"恒产"，这是因为"有恒产者有恒心"，然后才能"驱而之善"。在这方面，孟子的论述有很多，如"乐岁终身饱，凶年免于死亡"，"五亩之田勿夺其时，数口之家可以无饥矣"（《梁惠王上》），都是在民本或仁政理念之下提出的具体诉求。

而面对如何"制民之产"的问题，孟子回到了井田制的设想，即"方里而井，井九百亩，其中为公田。八家皆私百亩，同养公田"（《滕文公上》）。在《周礼》《王制》等篇中都记载着这一制度的原型，尽管学界对于它是否真正地作为西周的土地制度而存在过有着激烈的争论，但显然在古代中国，它的意义已经远远超出这一历史事实本身，而成为儒家最具代表性的农业均平方案。① 按照《孟子》《周礼》等的构想，井田制作为一种均平方案，至少具有如下两个方面：一是土地分配的平均，土地为国家或集体所有，根据人口与土地的肥瘠程度进行分配；二是赋税的均平，前提是土地的均分，赋税亦人人均摊，而税率以"什一"为准。

但孟子的设想并没有行于现实，反而各个国家开始了土地私有的进程，商鞅在秦国推行鼓励开垦的政策，并使土地私有具有了合法性，允许土地买卖。奠基于商鞅变法的土地制度成为秦汉以后古代中国的基本制度，使得井田制的实现面临着极大的挑战。但其中的均平理念并没有消失，随着秦汉以后土地兼并愈演愈烈，它却成为儒学改革现实、探索新的均平政策的思想基础。比较具有代表性的比如董仲舒提出的"限民占田"的政策，但当时并没有实行。西汉末年，哀帝时曾颁布法令，规定豪强占田"毋过三十顷"，然不久即废。王莽当政，意欲兴复三代井田制，故名天下田为"王田"，不准买卖。然王莽的政策往往随颁随废，国家随即陷入混乱，他也不可能取得成功。历史上比较接近于井田制目标的，便是南北朝以及隋唐所出现的均田制，但

---

① 民国时期，学界对于"井田制是否存在"有关很多的争论，肇始于20世纪20年代由胡汉民、胡适等人所发生的讨论，其后很多学者依据新发现之金文资料对这一问题进行了激烈的争论。可参见凌鹏《井田制研究与近代中国——20世纪前半期的井田制研究及其意义》，《社会学研究》2016年第4期；周书灿：《民国以来井田有无之辨综论》，《河南社会科学》2016年第1期。

这是在国家战乱之后，人口减少，国家拥有大量土地可以分配的情况下才得以推行的。① 随着唐朝允许土地买卖，到玄宗统治时期，又重新出现了豪强兼并土地的状况，均田制难以为继。

到宋代中期新儒学兴起，这一问题又成为焦点，包括李觏、苏洵、张载、程颢等都是井田制的拥趸者，其中以张载的"经界法"最具有代表性。所谓经界法，就是在综合考量土地的大小、肥瘠、地形等因素，而将土地均平分配的方法。张载以为只要土地分配做到均平，就可以持续下去。"苟如此画定，虽便使暴君污吏，亦数百年坏不得。"② 当然经界法只是在土地为国家所有，且在不允许自由买卖的情况下才可以实施。但面对后世土地私有不均的状况，张载亦具有颇为乐观的态度，他的方案是：没收大地产者的土地，同时以之为朝廷官员。为此他本人甚至亲自试验，买田分井。③ 同为理学宗师的程颢、程颐是基本上认同张载这一做法的，尽管他们清楚地知道复井田的做法在现实中不具有立即实现的可能性，甚至可能会遭到人们的嘲笑，但他们依然保持着乐观的态度，并在讲学中予以详细讨论，④ 甚至认为"不行于当时，行于后世，一也"，从中可以看出新儒学对均平的执着与向往。

二　王安石的均平方案

立足于北宋的社会经济状况，王安石的改革主要着眼于解决两个问题：一是财富分配的严重不均，即"富者财产满布州域，贫者困穷不免于沟壑"⑤；二是政府财政危机，"方今之所以穷空，不独费出之无节，又失所以

① 陈寅恪先生曾论南北朝田制之不同时，曰："北朝政府保有广大之国有之土地。此盖承永嘉以后，屡经变乱，人民死亡流散所致。故北朝可以有均给民田之制，而南朝无之也。"见《隋唐制度渊源略论稿》，生活·读书·新知三联书店，2001，第 156 页。

② 见《河南程氏遗书》中《洛阳议论》一段张载与程颢、程颐关于复井田的讨论。《二程集》卷十，中华书局，2004，第 111 页。

③ 对于张载的井田思想的论述，可参见范立舟《宋代思想环境下张载对井田制的理解与提倡》，载《湖北大学学报》（哲学社会科学版）2018 年第 9 期。

④ 朱熹对张载的主张有过评论："讲学时，且恁讲。若欲行之，须有机会。经大乱之后，天下无人，田尽归官，方可给与民。如唐口分世业，是从魏、晋积乱之极，至元魏及北齐、后周，乘此机方做得。荀悦《汉纪》一段正说此意，甚好。若平世，则诚为难行。"《朱子语类》卷九十八，中华书局，1986，第 2531 页。

⑤ 王安石：《风俗》，《临川先生文集》卷六十九，王水照主编《王安石全集》（以下称《全集》）第 6 册，复旦大学出版社，2017，第 1250～1251 页。

生财之道故也"。① 他认为这两个目标应该放在一起统筹考量，他所找到的方法就是"《泉府》之法"。熙宁二年，神宗问："何以得陕西钱重可积边谷？"王安石对曰："欲钱重，当修天下开阖敛散之法。"并论述道："泉府一官，先王所以推制兼并，均济贫弱，变通天下之财，而使利出于一孔者，以此也。"②"利出于一孔"是以国家力量抑制兼并，剥夺兼并之家的牟利方式为国家掌握。这样既增加了政府的财政收入，为国家富强之本，同时又以转引支付的方式投资农业，鼓励农民的生产积极性，实现所谓的"均济贫弱"。

需要说明的是，王安石所称的"兼并之家"并非一般的富户，主要是指当时的大地主、大商人，他们以放高利贷为生，如"一岁坐收息至数万贯"③者；或是垄断商行，以操纵价格取利，如"茶行十余户"④是也。在王安石看来，他们的奢侈豪华是建立在"侵牟编户齐民"的基础之上的，是造成中下阶层普遍贫困的原因，也破坏了经济的正常发展秩序。⑤虽然他有时使用"富者"一词，但显然不宜用富人或富裕阶层来指称其所谓的"兼并之家"，他的改革对象主要针对的是大资本对农业以及商业的垄断。用现在的概念来对比，应该相当于"大资本家"的概念。

王安石的新政主要表现在两个方面：一是抑制兼并，这是手段；二是发展农业，保护中小农民生产的积极性，这是目的。中小农民，即王安石所谓的"编户齐民"，是国家的经济基础，故而他的变法始终以"恤农"为念。实际上，如果我们关注其思想根源的话，此正与孟子所谓"制民之产"的观念紧密相关，王安石称之为"得其常产"，《洪范传》解"五福"曰："少长而有为也，莫不有富之道焉，得其常产则富矣。"⑥使民众各有产业，这是富民之道的根本。当然，这里的"常产"主要是指农民以及商人中的中小阶层，这与孟子所设想的"五口之家"的情况基本相似，其《进说》所谓"士之未命也，则授一廛而为氓"⑦是也。

---

① 王安石：《与马运判书》，《临川先生文集》卷七十五，《全集》第 7 册，第 1343～1344 页。
② 黄以周等辑注《续资治通鉴长编拾补》卷四，中华书局，2004，第 156 页。
③ 李焘：《续资治通鉴长编》卷二百四十，中华书局，2004，第 5829 页。
④ 李焘：《续资治通鉴长编》卷二百三十六，第 5738 页。
⑤ 李焘：《续资治通鉴长编》卷二百三十六，第 5738 页。据一些学者的研究来看，宋代的土地兼并、高利贷资本，以及大商户对商行的垄断发展到了前所未有的严重状况，参见漆侠《宋代经济史》，中华书局，2009，第 1117～1146 页。
⑥ 王安石：《洪范传》，《临川先生文集》卷六十五，《全集》第 6 册，第 1191 页。
⑦ 王安石：《进说》，《临川先生文集》卷六十九，《全集》第 6 册，第 1244 页。

首先来看王安石新政在农业上的政策。王安石虽然知道土地是中小农民最根本的产业，他也赞赏"井天下之田"的三代制度，但却不认为在宋代的现实中可以照搬这一模型。这从他对程颢等人的批评中可以看出来，《长编》载：

> （范育）又言"须先治田制"，其学与张戬同。安石曰："臣见程颢云：须限民田，令如古井田。"上曰："如此即致乱之道。"安石因言王莽名田为王田事，上曰："但设法以利害毁民，使知所趋避，则可。若夺人已有之田为制限，则不可。"安石曰："今朝廷治农事未有法，又非古备建农官大防圩埠之类，播种收获，补助不足，待兼并有力之人而后全具者甚众，如何可遽夺其田以赋贫民？此其势固不可行，纵可行，亦未为利。"①

"令如古井田"，不唯在现实中不可能做到（需要以公有制为条件），而且对中小农民是没有好处的。根本的原因是农民没有从国家那里获得补助，包括物资以及制度上的支持，所谓"朝廷治农事未有法"。而在古代农业生产力低下的情况下，中小农民不依靠大地主则不能维持生产，故王安石讲"待兼并有力之人而后全具者甚众"。这里可以看出，王安石尽管批评大地主作为"兼并之家"对经济秩序的破坏，但也看到了其在整个经济体系存在的必然性与合理性。

因此，王安石新政的关键就是改变原来的中小农民对大地主的依赖关系，通过国家力量补助农业，保护中小农民，打击了大地主的利益。这主要表现在两个方面：一是中小农民对大地主的信贷依赖，无论是青黄不接之时，还是其他紧迫之需，都为高利贷的盘剥提供了土壤。这正是推行青苗法的本意，即通过政府提供的低息贷款（相对于大地主的高利贷而言），补助农业，切断农户对高利贷的依赖。二是水利设施的发展，通过国家投资，颁布农田水利法，开垦土地，修建水利，发展农业。对于农民被国家的强制性劳役，则通过雇役法解除之，这样可以使农民专意于农业生产。不增加农民的赋税，而是通过重新丈量土地，以田亩的多少为单位，平均分配国家赋税，对于拥有大量田地、并逃税的地主是不利的。②

---

① 神宗与王安石谈论范育谓"须先治田制"事，见李焘《续资治通鉴长编》卷二百十三，中华书局，2004，第5181页。

② 对于这些制度的论述，这里参考了李金水《王安石经济变法研究》，福建人民出版社，2007；傅允生：《制度变迁与经济发展：王安石青苗法与免役法再评价》，《中国经济史研究》2004年第2期。

其次，新政在工商业上的措施亦是非常广泛的，涉及经济生产、销售的各个方面。以熙宁年间政府推出的措施来看，除了均输、市易比较大的举措之外，还有弛铜禁，免行钱、市例钱，以及冶炼行业的"二八抽分制"改革，还有在一些地区推行的盐、茶、酒等征榷制度。其中均输法是较早推行的，由薛向任东南六路发运使，目的在于减少运输成本，"徙贵就贱，用近易远"。市易务是当时争论和影响最大的部门，由吕嘉问主持，从资料的记载来看，它主要包括以下几种职能：通过政府采购调节物价，立法（较固法）打击垄断，即市场管理，还有就是为中小商人提供贷款。弛铜禁涉及货币的改革，王安石在大力扩大铸币的同时，废止宋初禁止货币外流的法令。免行钱变革城镇诸行具有应役性质的"纠行"制度，改应役上供物，为出免行役钱。市例钱为市易务推出的一种商业附加税。"二八抽分制"是在冶炼业推行的制度，要求冶户"自备物料烹炼，十分为率，官收二分，其八分许坑户自便货卖"，这项制度在各项冶炼业中得到了普遍地推行。征榷制度涵盖范围很广，比较显著的是熙宁七年后，对川茶的榷卖，其后福建、广西茶亦施行榷卖制度，还有沈括主持的东南盐法的改革，亦扩大了征榷的范围。[①]

从这些措施来看，新政加大了政府对工商业的干预，这一点也是它遭受攻击最多的地方。如市易务不仅严格立法以抑兼并，而且参与到市场的直接经营当中，增加商税，如市例钱，以及坊场、河渡之关税，进一步扩大征榷范围等，都有这一倾向。显然，这里在对待工商业的政策上，与农业略有不同。这与古代儒家一般所具有的"重农抑商"的思想相关，王安石曾曰："盖制商贾者恶其盛，盛则人去本者众；又恶其衰，衰则货不通；故制法以权之，稍盛则廛而不征，已衰则法而不廛。"又曰："工商之巧，重租税以困辱之。"[②] 农业为本，"抑商"正是为了"重农"。从思想上，固然可以说是保守的，[③] 但如果我们从国家财政的收入与分配的方式来看，这种政策也具有一定的合理性。因为通过增加商税，以及通过征榷制度增加国家财政，可以间接

---

① 相关资料可参见《文献通考·食货》《皇宋通鉴长编纪事本末》等的记载。此处亦参看了一些研究性论著，见漆侠《宋代经济史》（下册），中华书局，2009，第543～1146页；〔日〕加藤繁：《中国经济史考证》，吴杰译，商务印书馆，1973。

② 王安石：《答韩求仁书》，《临川先生文集》卷七十二，《全集》第6册，第1292页；《风俗》，《临川先生文集》卷六十九，《全集》第6册，第1251页。

③ 对于王安石经济思想中的"抑商"的倾向，一些学者也有论述，可参见叶坦《〈宋代经济思想研究〉概要》，《中国社会科学院研究生院学报》1990年第2期。

地减少财政过于依赖农业税赋，甚至还可转而补助农业，如兴修水利等。如此来看，王安石所宣扬的"民不加赋而国用足"，主要是指不增加农业税，而要转变工商业的政策来增加政府的财政。

当然，新政并非不注意工商业的发展，即使是增加财政也要以发展为基础。市易务打击高利贷，为中小商人提供贷款，对于维护公平的市场是有好处的。王安石曾讲到市易务对茶行的政策可使得原来的"十余户"不能垄断市场，"即此十余户与下户买卖均一"；无垄断，商税增加，"商旅获利可知"①，这正是新政着眼于均平的方面。新政最为促进工商业发展的政策，便是弛铜禁、免行钱，以及二八抽分制。弛铜禁扩大了商品与货币的流通，"边关重车而出，海舶饱载而回"。免行钱与二八抽分制结束了商行中落后的劳役制，代之以货币缴纳的形式；二八抽分制亦是如此，不过是在冶炼业实行，两者都与农业领域的免役钱相似。客观地讲，这些政策都有利于激励市场的积极性，并促进了经济的发展。甚至可以说，如果没有冶炼业产量的提升，熙宁年间的钱币改革甚至弛铜禁都是有很大难度的。②

值得注意的是，王安石对征榷制度的态度。对于这样的一个问题——是政府管制多一点还是放任市场多一点，王安石并没有一定要坚持哪一个方面。他的态度是实用的，即在均平、富国，以及经济的发展（富民）中统筹兼顾，因时因地而取更有利之政策。③ 王安石的基本观点是不赞成国家的征榷制度的，原因就是没有效率，即不利于富民。例如保留在其《文集》中的《议茶法》一篇，为其参与仁宗嘉祐年间的通商法改革的议论，从中可以看出他对征榷制度的一贯见解。在议论中，他从两个方面论证了通商法优越于国家专利制度：一是效率高，产品质量好；二是有利于国家长治久安。其中专门讲到"以今之势，虽未能尽罢榷货，而能缓其一，亦所以示上之人恤民之深而

---

① 李焘：《续资治通鉴长编》卷二百三十六，中华书局，2004，第5738页。

② 参见〔日〕荒木敏一《宋代的铜禁》，《东洋史研究》第四卷第一号，昭和十三年（1938）十月发行。

③ 今人陈焕章在讲到孔教一般的理财教义时说："一方面，我们发现孔教赞同社会立法；另一方面，我们发现孔教也赞同自由放任政策，换言之，二者均有益处。孔教是极高明而道中庸，并绝不走极端，适当的时间或条件为最好。"这一论述也是适合描述王安石的态度的，见《孔门理财学》，韩华译，商务印书馆，2015，第144页。

兴治之渐也"①。众所周知，宋代是古代专卖制度最发达的历史时期，② 虽然王安石持有着这样的观念，即希望"尽罢榷务"，但显然这是不现实的。而在变法期间，他也是劝导神宗"榷法不宜太多"，并对榷茶持反对态度，以为其获利无多。但是在其当政期间，确实扩大了对酒、川茶等的征榷，部分原因是与应对边防的需要有关，更与他的改革倾向于"恤农"的观念相关。③

由以上来看，新政致力于均平目标，首先是要在政府、中小阶层与大地主大商人（即"兼并之家"）之间寻求利益的重新分配，通过金融、立法等手段，将大资本对经济的垄断转变为政府的控制。其次是在农业与工商业的关系上，表现出了明显的倾斜。当然，所谓"抑商"并非抑制、阻止工商业的发展，而是以工商业的发展补助农业。虽然王安石曾援引《管子》中的"利出一孔"的观念，但他的改革理念还是根源于儒家对均平社会的想象，特别是孔子的"均无贫"以及"制民之产"的观念。立足于宋代的社会经济现实，他以"为天下理财"或"均天下之利"为口号，"使百姓无贫"。基于均平的改革，在历史当中总是面临着最大的阻力，而其言"若均天下之利，立朝廷政事，即凡因新法失职者皆不足恤也"④，表现出了改革的坚强意志。

三　与其他各派的经济思想争论

将王安石的新政看作儒家均平经济的代表，更加有利于我们去理解它在思想史中的价值。在北宋新儒学复兴的背景之下，关于经济问题的争论也成为儒家思想的内部之争。相比于程颢、张载等人的均平方案，显然王安石的选择更具有可行性。我们知道前者在井田制的问题上下了很多的功夫，但是他们的方案不通过产权的革命是没有办法实现的。当然，这并不意味着他们赞同现代暴力革命的方式，但他们还是期望某种根本性的转变，如朱熹所讲

---

① 王安石：《议茶法》，《临川先生文集》卷七十，《全集》第6册，第1258页。
② 对古代征榷制度的系统论述，参见李剑农《中国古代经济史稿》（下册），武汉大学出版社，2011，第950~1021页；齐涛：《中国古代经济史》，山东大学出版社，1999，第405~419页。
③ 对此的论述，参见漆侠《宋代经济史》，中华书局，2009，第794页。熙宁五年四月神宗与王安石有一段对话，谈到"盐酒法不须弛"的问题："上曰：'盐酒之法既未可弛，即须严禁。'王安石曰：'陛下虽致治如唐、虞时，盐酒法亦不须弛。若欲推利与民，政须厚农而已。末作不禁，更能害农，非尧、舜之政也。'"（李焘：《续资治通鉴长编》卷二百三十二，第5682页）从中可以看出他的重农思想。
④ 李焘：《续资治通鉴长编》卷二百三十六，第5738页。

的"大乱之后"。而事实上，即使一定时期实现了土地的均平分配方案，也未必可以持久，除非在法律上严格地限制豪强对土地的掠夺，唐代均田制的最终消亡就说明了这个问题。

司马光是另一个重要的代表人物，也是新政的极力反对者。他的经济思想建立在深厚的儒家传统之上，主张"藏富于民"，他相信民众对于财富的创造是自然的事情，"农工商贾者，财之所自来也"，国家只要养护之即可。①他关注国家与民众之间的财富分配，他的"节流"方案也是建立在这一基础之上的，政府应尽可能少地干预经济。他极力反对新政，主要是不信任古代中国的官僚体系，而新政处处需要政府权力以及资本的介入。两者争论的问题并不是要不要"富民"，而是怎样"富民"，根本点在于是否需要国家的介入。王安石看到兼并、垄断对普遍的民众利益的伤害，要求国家的介入，而司马光以为这将导致比兼并更糟糕的情况。

在熙宁元年关于南郊赐赉的争论中，王安石与司马光围绕着"善理财"的问题展开了辩论，从中可以看出他们之间的分歧，这后来被司马光记载在《迩英殿奏对》中：

> 介甫曰："国用不足，由未得善理财之人故也。"光曰："善理财之人，不过头会箕敛，以尽民财。如此，则百姓困穷，流离为盗，岂国家之利耶？"介甫曰："此非善理财者也，善理财者，民不加赋，而国用饶。"光曰："此乃桑羊欺汉武帝之言，司马迁书之，以讥武帝之不明耳。天地所生货财百物，止有此数，不在民间，则在公家。桑羊能致国用之饶，不取于民，将焉取之？果如所言，武帝末年，安得群盗蜂起，遣绣衣使者逐捕之乎？非民疲极而为盗邪？此言岂可据以为实？"②

由于记述出自司马光的笔下，王安石的观点并没有被充分表达出来，但也不难看出两者的分歧之大。在司马光看来，"善理财"是不可能存在的，因为财富的数量是有限的，不在民间，即在政府。政府获得了更多的财富，那民众的获取就一定会相应减少，这与政府所采取的方式是没有关系的。按照这种观点，政府应该尽可能地减少自身的花费，甚至越少越好。皇帝要以身

---

① 司马光：《论财利疏》，《司马温公集编年笺注》卷二十三，巴蜀书社，2009，第183页。
② 司马光：《八月一日迩英殿奏对问河北灾变》，《司马温公集编年笺注》卷三十九，第547页。

作则，为政府以及民众树立节约的典范。对于理财，政府只要做好常态化的工作就可以了，不应具有积极的态度，特别是在重大的人事任命上，不要任用那些专门的理财人士，更不要公开提倡一种兴利的风气，否则，将给国家带来不好的后果。为了提醒王安石，作为历史学家的司马光搬出汉代桑弘羊之徒以相告诫，"善理财"等于政府对民众财富的掠夺。

他们反对所有关于"生财之道"的想象，因为它总是让人想起政府对财富的掠夺。但王安石却坚信"生财之道"并不是简单地去增加国库收入，事实上，它更多地是指这样的一种信念：只要有好的制度，让人们努力从事生产，财富的创造就会大大增加，民众会更加富裕，国家也会增加收入，故其言"因天下之力以生天下之财，取天下之财以供天下之费"，又讲"欲富天下则资之天地"。而论宋代所面临的财政危机，其原因"不独费出之无节"，最根本的原因在于没有"生财之道"。显然"生财"不仅是要"国富"，更是要"民富"，并且后者是前者的基础，即政府财政的增长是随着经济的发展水涨船高，而不是通过巧立名目，增加税赋来实现。①

为了应对反对者的挑战，王安石回到儒家思想传统中为自己寻求根据。他试图说明"物质财富"的创造对于一个社会具有首要性的地位，如在解释《礼记·王制》讲"量地以制邑，度地以居民"时，曰："孔子谓富而后教之者，民窘于衣食，固不可驱而之善也。故富之者，王道之始也。"② "富之者"，正是王道之始。《洪范》为王安石所重视，变法期间屡次删润后呈递给神宗，其中在解释"五福"时，曰："人之始生也，莫不有寿之道焉，得其常性则寿矣，故一曰寿。少长而有为也，莫不有富之道焉，得其常产则富矣，故二曰富。得其常性，又得其常产，而继之以毋扰，则康宁矣，故三曰康宁也。夫人君使人得其常性，又得其常产；而继之以毋扰，则人好德矣，故四曰攸好德。好德，则能以令终，故五曰考终命。"③ "富之"之道在使民"得其常产"。"毋扰"并不是政府无所为，对于王安石而言，恰恰是积极作为，

---

① 笔者以为评述王安石的变法与学术要本于对他的内在逻辑的理解，也要根据当时的历史事实。现代的一些研究者往往批评王安石"变着法儿搜刮社会的财富"，或是为增加政府收入无所不用其极，无论这样的论述是出于什么目的，这都是不符合历史事实的。如宋衍申《评司马光的经济思想》，《晋阳学刊》1985 年第 5 期；丁万明：《试论司马光的经济思想》，《北京工商大学学报》2007 年第 2 期。

② 张钰翰辑录《礼记发明》，《全集》第 1 册，第 169 页。

③ 王安石：《洪范传》，《临川先生文集》卷六十五，《全集》第 6 册，第 1191 页。

"兴利除弊"，以国家政策引导经济的健康发展。

这里称司马光的政策是保守的，并不是一种贬义。他是一个历史学家，秉持儒家民本主义的观念，深谙国家与民众之间的关系是古代王朝兴亡的根本，而税收是其中最为重要的一种关系，特别是在古代农业社会财富创造的速度不高、财富的总额在相当长的时期内基本保持稳定的历史条件下，用一种道德主义的观念来约束政府，是有它的合理性的。因此轻徭役、薄赋敛不仅是一条处理财政问题的金律，更是一条根本的政治经验，它要求皇帝以节俭爱民为本，司马光所要保守的正是这一点。

王安石并不是不知道这一金律，《文集》中保存着熙宁二年五月他给神宗的《进戒疏》，便以"远声色"为修身之始。[①] 他也并不是要去反对轻徭役、薄赋敛的主张，而是思考怎样才能做到这一点。至神宗继位，宋代承平百年，人口繁庶，经济总量、国家赋税收入都达到了历史上的最高水平，用王安石的话来讲就是"升平之运未有盛于今日，固当家给人足，无一夫不获其所矣"，但现实却是大多数人依然贫困，国家依然积弱。他所面临的任务是：怎样进一步地通过国家财政的改革，使人人皆得其所，而不是保守原来的教条，故步自封。

由于对"生财之道"的反对，使得司马光等人在面对宋代的财政危机时，只能以"节用"为主要方案。当时对理财颇有心得的苏辙与之主张相同，上书首论"今日之患，莫急于无财而已"，并以去"三冗"为急务。而在具体的措施上，只能是"节用"。其言："臣所谓丰财者，非求财而益之也，去事之所以害财者而已。""非求财而益之者"，与司马光对"生财之道"的反对同出一辙。正是在当时舆论的呼吁之下，熙宁元年，神宗就已经听从司马光等人的建议，设立了裁减局，目的就是削减南郊祭祀、宗室给赐、京师冗官以及冗兵之费。[②]

为了避免误解，我们还是要强调一点，王安石并不是不主张"节用"。事实上，当时的士大夫都已认识到民众的负担已经很重，国家不可能再通过增加赋税的方式来实现增收。如熙宁二年乙亥，"上（神宗）谓陈升之、王安石曰：'今赋入非不多，只是用度无节，如何节用？'升之、安石皆言兵及宗室之费"[③]。这是王安石变法期间，裁抑宗室授官、推恩等法令才得以有力推行

---

① 王安石：《进戒疏》，《临川先生文集》卷三十九，《全集》第 6 册，第 772 页。
② 黄以周等辑注《续资治通鉴长编拾补》，第 105 页。
③ 黄以周等辑注《续资治通鉴长编拾补》，第 238 页。

的；而在整个变法期间，裁汰冗官、冗兵都是一项重要的任务。[①] 而关键是王安石认为仅仅依靠着"节用"是不足以达到国家的富强、不足以实现其均平目标的，他要求的是全面地改革当时的财政体制，这是他与诸家分歧的根本原因。

四 新政的走向与评价

综上所述，王安石经改的整体思路：在承认现存所有制的情况下，运用国家调控经济的手段，打击兼并，鼓励中小农民和商人的生产积极性。其均平目标在于壮大中间阶层的规模，削弱大地主大商人，从而避免两极分化。它的方式是建立普遍性的制度，并希望长期推行下去。它的动力是国家力量的扩展，将原来兼并之家所获得的利益收归国家，再以国家的方式进行再分配，如兴修水利、开垦新的农田等，从而在整体上使农业、农民获利。如此国家自然富强，不仅是政府增加收入，而且是实现民众普遍的富裕的生活，以及国家经济、军事力量的强大。

显然，新政并不是直接通过国家减免或补贴，而是立足于增加国家资本的投入，或通过立法调控的方式进行，它并不能使农民与中小商人直接获得利益。为了达到均平的目标，需要国家权力与资本的投入，但这并不意味着王安石主张国家权力与资本可以任意地干预经济的发展，这一点前面我们已经讲过。

因此，尽管现代的一些研究者指出王安石的均平政策类似于国家资本主义的策略，但也需对此进行说明，即他还是以生产的发展为目标的。前面我们已经分析过，政策的立足点都在于保护中小农民与商人的利益。在"重农抑商"的问题上，不应太过于夸大所谓的"抑商"。我国古代一直是以农业税为主要财政来源的，王安石虽然没有讲过要从工商业那里取得更多的收入，从而可以降低财政对农业税的依赖，但他的做法确实有这样的倾向，所谓"民不加赋而国用饶"。客观地对新法的效果进行考虑，也是应该对其发展生产的积极效果给予肯定的。特别是在变法之初，面对大资本的过度膨胀，新

---

① 可参见杨仲良《皇宋通鉴长编纪事本末》卷六十七记载之"裁抑臣僚奏荐、裁定宗室授官、裁定京官，以及裁抑宦寺"等条；李焘《续资治通鉴长编》卷二百五十、二百三十一等的记载亦可参见。

政打击兼并，维护市场的秩序、发展生产都具有积极的意义。

虽然王安石在国家调控与自由市场之间，采取一种实用的态度，但在新政的实施过程中，确实存在着扩大国家权力与资本的倾向。它鼓励国家资本的投入，如青苗、市易等法度都是如此，为了政策的可持续性，它们都收有较高利息，不能如反对者所讲的无偿或免息提供。为了新政的推行，基本都设有专门的官职，如提举官、均输官、市易务等，任由长官选任下属，并且国家以资本增值与否对其进行基本的考核。熙宁四年，面对神宗提出免役法增加税户负担的担忧，王安石解释说："若方可取之时取之，待其凶年阙食，量彼力不足而我所收役钱有余，则特与放一料，此乃是于粒米狼戾时多取之，放食不足时则赒之，合于先王不忍人之政。朝廷制法，当内断以义，而要久远便民而已，岂须规规恤浅近之人议论？"① 可见他是不惮多取民众财富的。

这便产生了王安石经济变法的内在悖论，无论他怎样强调均平的目标，实际上维持新政推行的都是以国家资本的增值或政府财政收入的增加为其内在动力的。又因为决定变法方向的另一位核心人物——宋神宗，似乎对王安石的均平目标并没有太多的兴趣，他更关注这些措施是否能够带来富国强兵的目的。正是这些因素引导着新法的走向，使得它逐渐走上盲目扩张国家资本、增加政府收入的道路。最为根本的是，在社会生产力不高的情况下，大多数民众生活在贫困线的边缘，随着新法的常态化，人们的不满也开始转移到新制度上。无论是免役法，还是差役法，对于大多数民众而言都是痛苦的。民间的高利贷固然难以承受，但政府的贷款对于他们依然是巨大的压力。加之变法所积聚的国家财富，在熙宁七年之后大规模地消耗在频繁发生的战争中，民众并没有从中得到更多的保障，这说明新法在完善全社会的福利与保障制度方面没有进一步的措施。正是在这一意义上，可以说王安石变法是失败的，尽管他一定程度上实现了财政的增长，并为神宗晚年的强国政策提供了支持，但它没有实现均平的目标，也无法从民众那里获得持续而坚决的支持。

但是一些批评者，简单地将其作为"管商之术"，甚或与北宋末年兴起的严密、完备的国家管控体系相提并论，则是有失偏颇的。现代的评论者倾向于忽视他的儒学背景而以现代经济学理论去"格义"，也不足以完全理解其改

---

① 李焘：《续资治通鉴长编》卷二百二十三，第5433页。

革的意义。应该看到他的改革方案所具有的创新性，它立足于宋代的社会经济现实，总结历史经验，也吸收其他各家的思想资源，但最终还是以儒家的均平理念为变法的最终目标。尽管他的政策没有被后来新儒学的主流所接受，如司马光、程颢、陈襄、苏轼等人虽然有着不同的经济理念，但在反对新政上，却基本一致，但其对于我们今天研究、发掘儒家的思想传统显然是不可忽视的。

朱子格物致知的阐释学解释

朱光镐

摘　要： 笔者认为南宋大儒朱子所说的 "格物致知"，即基于对对方的 "关心"，而达到人与外在世界之间的善解过程。当然，这样的善解并非一种单纯的认识，而是站在他者立场理解他者的一种态度。其中没有自私自利的唯我主义的成分，而且此人与人之间的关心、接近、善解的过程能同时引起主体道德人格的提高，渐次达到 "成己成物" 的君子修养。所以朱子的 "格物致知" 并非只是对客观对象的知识的一种获得，而是人与人之间、人和世界之间的 "互相关心"，并达到人类和平、万物和平的一种基本且极致的方式。

关键词： 朱熹　格物　涵养　豁然贯通　阐释学

作　者： 朱光镐，韩国同德女子大学。

人类和平是从人和人之间的和平关系中开始的。一个人和面前的人达不成和睦关系，怎能谈起人类和平。不仅如此，人类不能单独生活，一定在自然环境和各种各样的生活手段中生活。所以人类和平，不单从人和人之间的和平中来，而且从人和外在事物之间的和平关系中建立而来。① 因此，人间和平开始于主体与对象之间的和睦相处的关系中，而且人类和平的最基本的条件就是个人与外在对象的善处关系。

何谓 "善处"？善处的消极意义就是主体和对方都没有受到伤害，而积极意义乃是通过彼此接触而达到互相理解和成长。不伤害对方，意味着不以自己的需要或意图来歪曲或利用对方，对方不可成为自己的手段，故不为自己着想，而是居于对方的立场设想，适切地理解对方的处境，此即 "关心" 的

---

① 古代汉语当中的 "事物" 就是包括人所面临的事情（事）以及面对的一切东西（物）。

真正意涵。

笔者认为南宋大儒朱子所说的"格物致知",即基于对对方的"关心",而达到人与外在世界之间的善解过程。当然,这样的善解并非一种单纯的认识,而是站在他者立场理解他者的一种态度。其中没有自私自利的唯我主义的成分,而且此人与人之间的关心、接近、善解的过程能同时引起主体道德人格的提高,渐次达到"成己成物"的君子修养。所以朱子的"格物致知"并非只是对客观对象的知识的一种获得,而是人与人之间、人和世界之间的"互相关心",并达到人类和平、万物和平的一种基本且极致的方式。

本文首先提出一般研究者关于朱子格物致知观点的几个问题,其次分析朱子工夫论的结构以及其内在的含义,进而探讨朱子格物致知的阐释学含义。

一 问题:知识获得如何使道德提升?

朱子格物工夫的目的在于致知,而一般认为致知的"知"乃是对外在客观事物的知识。但众所周知,包括朱子所有儒学派所要求的工夫的最终目标就是成为"圣人"的理想人格。因此,我们可以提问:主体对外在事物的认识如何使道德提升成为可能?对此问题,不少研究者以格物与涵养工夫的关系来作为道德提升的途径。他们认为涵养工夫的目的是完善内在的道德本性,格物就是整合其完善性过程当中所做的外在"实习"或"考察"的工夫。在此理解的脉络中,外在对象便只是使自己达成圣人的一种"手段"或"工具"而已。

若如上述所言,我们无须探究所有的事物,而只需探究有益于确认和确保自己内在道德本性的一些"重要对象"即可,比如伦理关系以及其相关的一些规范即可。因此,朱子格物致知的研究者大部分关注的就是"伦理纲常"。

然而,我们要回归朱子反复强调格物的对象并不能局限为伦理关系。实际上朱子要求"格"一切存在。当然,朱子更强调的就是伦理规范以及其内在的道德问题,但他同时要求"格"鸟兽草木等跟道德规范没有关系的东西,我们应该充分理解朱子学的基本要求。

　　　　使于身心性情之德，人伦日用之常，以至天地鬼神之变，鸟兽草木
　　　之宜，自其一物之中，莫不有以见其所当然而不容已，与其所以然而不
　　　可易者。必其表里精粗无所不尽，而又益推其类以通之，至于一日脱然
　　　而贯通焉，则于天下之物，皆有以究其义理精微之所极，而吾之聪明睿
　　　智，亦皆有以极其心之本体而无不尽矣。①

　　这同时为"物理""性理"或"见闻之知""德性之知"的问题。朱子主张车
有车之理，船有船之理。那么这样的具体之理（即"物理"或"分理"）怎
能与所谓"天地生物之心"的道德本性（即"性理"或"一理"）有关，对
具体对象的认识（即"见闻之知"）怎能与主体的道德感受能力或者道德意
志（即"德性之知"）有关，这就是问题之所在。

　　关于物理与性理或见闻之知与德性之知之间关系的问题，牟宗三主张探
求物理或者得到客观知识对于主体的道德提高毫无影响。② 陈来主张为了达到
理想人格，需要"真"与"善"两个方面的提高，而将格物致知划归为
"真"的领域，虽然他认定格物致知的工夫作用，但他对于其与道德修养之间
的具体关系没有提出明确的说明。③ 对于鸟兽草木的探究如何提升主体的内在
道德性？这同样是问题之所在。

　　笔者认为朱子工夫论的目的绝不在于确认和确保内在道德性，而是以成
熟的人格来面对对象。这就是朱子所说的"顺性命之理，处事物之当"。他在
《大学章句》中解释"明德"为"具众理，应万事"。他主张这样扩张内在的
能力（明明德）就是工夫的目的。由此可知，朱子所主张的工夫的目的并不
是确认和确保内在的道德本性，而是如何以成熟人格来面对当前对象为核心
思想。

二　从"认识"到"关心"

　　朱子所说的"知识"常常与"行动"或"实践"有关。

① 《大学或问》，朱熹撰《四书或问》，上海古籍出版社、安徽教育出版社，2001，第 23～24
页。
② 牟宗三：《心体与性体》第 3 册，正中书局，1986，第 134～135 页。
③ 陈来：《朱子哲学研究》，华东师范大学出版社，2000，第 327 页。

> 知与行，工夫须着并到。知之愈明，则行之愈笃；行之愈笃，则知之益明。二者皆不可偏废。如人两足相先后行，便会渐渐行得到。若一边软了，便一步也进不得。①

通常"知行"意谓"认识和实践"。但"实践"这个概念含有强烈的规范意涵，即如果你知道，那么你应该如此实践。或者说行动之前的知识是并不完全的知识。对于与道德规范无关的知识，如鸟兽草木、鸢飞鱼跃或车子或船舶等的知识，要如何与道德实践产生关联呢？

知与行的关系只能在主体与对象之间的关系中发生。"关系"虽有亲疏远近，但只有在互相的关系中知识才可能与实践产生联系。但若有未实现行动的知识，则说明此知识与主体无法产生联系。因此，朱子所说的"知"是一种"关系之知"。

因其为关系之知，故"知之愈明，则行（关系）之愈笃"。关系越密切则知道得越清楚，即"行之愈笃，则知之愈明"。跟我有关的知即拘束我行为的知识，故此知则非为一种单纯的认识，而是从"关心"发出的"理解或认知"。比如说，"我的孩子最近玩什么样的电子游戏？"，这样的疑问就是一种"关心"。关心以"他"变成为"你"，"他"是认识的对象，而"你"是当下接触的对象。

> 格物致知，乃是就此等实事工夫上穷究，非谓舍置即今职分之所当为，而泛然以穷事物之理，待其穷尽而后意自诚心自正身自修也。②

朱子所说的"职分之所当为"是目前应当解决的问题。这样的事情当然跟我有密切的关系，故它与我的诚意、正心、修身有关，杜绝格致与我无关的闲事之后，可以走向诚意、正心、修身等。因此，大部分的研究者把朱子的格物局限为伦理关系或规范问题。这里，我们应该解释朱子所说的"鸟兽草木"和"职分之所当为"的关系问题，亦即笔者前文所提及的"关心"或"互相关系"的内涵相同。

如果鸟兽草木与我没有"关系"，关于鸟兽草木的研究就不是一个密切的

---

① 《朱子语类》第 1 册卷十四，中华书局，1994，第 281 页。
② 《朱熹集》卷五十六《答郑子上》，四川教育出版社，1996，第 2863 页。

问题，即不能为"职分之所当为"。若此时主体放弃其紧要的事情而去看《植物图鉴》，则是一种不顾责任的愚蠢行为。但是，当禽流感猖獗时研究鸟类，则是"职分之所当为"的表现。有如当被狗咬之后，查看狂犬病的行为也是所当为之事，所以当主体面对当前与己密切的事物时即会影响其行为和抉择，而且会以主体真挚（诚）的态度来面对它。所以当事物与主体密切相关时，即使是鸟兽草木等事物，依然会与主体发生规范性的问题，所有的"规范"皆发生在"关系"中。所以格物的关键问题并非面对何物，而是面对的对象与我是何等关系。从关系中发生的关心就是格物。

那么，通过工夫发生主体的变化到底是什么意思呢？《大学章句》的《格物补传》中朱子主张通过格物充分得到对对象的理解，则主体的"知"也充分达到至善。

> 所谓致知在格物者，言欲致吾之知，在即物而穷其理也。盖人心之灵莫不有知，而天下之物莫不有理，惟于理有未穷，故其知有不尽也。是以《大学》始教，必使学者即凡天下之物，莫不因其已知之理而益穷之，以求至乎其极。至于用力之久，而一旦豁然贯通焉，则众物之表里精粗无不到，而吾心之全体大用无不明矣。此谓物格，此谓知之至也。①

我们通过学习则会知道，这是很单纯的常识。不过，这里所说的"致知"并不意味单纯的知识增加，因为这是"吾心之全体大用无不明"。当因关心对象而接近研究对象时，主体自然会试着理解对象。如何能达到"吾心之全体大用无不明"呢？学习之前为何"吾心之全体大用"会不明呢？是被什么遮蔽着吗？

> 盖理虽在我，而或蔽于气禀物欲之私，则不能以自见。学虽在外，然皆所以讲乎此理之实。及其浃洽贯通而自得之，则又初无内外精粗之间也。②

朱子主张"吾心之全体大用"不明的理由是"气禀物欲之私"，即私欲。不过，比如说，我们关心到车子而研究车子，这怎么会成为问题呢，这与私欲有什么关系？因为私欲妨碍我们对对象的正确理解，因而最终妨碍我们和它

---

① 《大学章句》，朱熹：《四书章句集注》，中华书局，1983，第 7 页。
② 《朱熹集》卷八十《鄂州州学稽古阁记》，四川教育出版社，1996，第 4138 页。

之间的合理关系。所以，与对象无关的私欲不妨碍我们和它之间的关系。私欲成为问题，只有在此私欲与我们面对的对象有关时才会有遮蔽。比如说，我个人的气质是比较吝啬的，但这种私欲在我和面前的漂亮女人之间的关系上没有任何作用。但因为色欲，使我和她之间产生了问题，此色欲就改变了我和她之间的正常关系。

只有与对象有关的私欲才妨碍（遮蔽）主体内在的本来面目（"吾心之全体大用"），那么，应该说我们所说的"主体内在的本来面目"，也要限为与我面前对象有关的那一面。"主体内在的本来面目"可以规定为主体的"人格上的自己同一性"。比如说面前的车子影响到我的合理判断，此时受影响的人格只在于物欲方面，我的人格则没有变化。

由上可知，私欲和人格皆与当前的事物相关，我们通过工夫引起的主体变化也只与我面前的对象有关。比如说，如果我可以克服对面前美女的不正当的色欲，则我看待她为我所用的态度也会变化，我的人格上的自己同一性上也没有问题，且对她的理解也会更深更真，如此一来，我和她之间的关系也能保持在一个正当的关系之中，同时，主体的内在道德性也因此提升。这就是工夫。所以，工夫只能在"关系"中落实。

总而言之，"主体的变化"或"内在的真面目"，并不是人格一般或者道德本性等"境界"或"实体"，而是主体面对对象时，其自身所产生的"态度"而已。而此"态度"也只能在与对象的"关系"中产生意义。什么关系是与对象所保持的一种良好关系呢？它是一种如实接纳包容对象和崇敬爱护对象的态度。如《易传》的"天地生物之心"、程颢及其后儒所称的"生意"，即儒家古老的价值"仁"。此态度不限于主体与具体对象，而可以扩展到普遍对象，甚至没有具体对象的时候也是如此，儒学主张这样的"仁"是人本来普遍固有的，因而称之为"本性"。不过，这样的"本性"仍然只在具体的"关系"中才有实际意义，没有具体关系则容易变为空虚。

陈来不以物理和性理的关系解释主体和对象之间的关系，而主张朱子格物工夫的终极目的是"认识天理"。

他的格物穷理说，虽然在终极目的上位了把握所谓"天理"，但就穷理的直接对象来说广泛涉及到具体事物的性质和规律。不管朱熹在"天理"与具体事物之间如何架起一座从普遍到特殊的桥梁，不管人们对具体事物的研究能否上升到那个"天理"，朱熹主张从认识具体事物着手的。[①]

陈来虽然承认朱子格物工夫的对象是具体的事物，但他仍然规定朱子格物工夫的最终目的是把握"天理"，故他以为朱子本人不能说明具体事物和天理之间的架构，即特殊和普遍的关系。但按照阐释学的观点来看，朱子格物的目的就在于主体与当前对象的良好关系。研究具体对象善处此对象本身是工夫的终极目的，所以这里没有具体和普遍的关系。

与此很类似的是阳明格竹的故事。阳明数日不吃不睡格竹，但他格竹的终极目的是主体内在的道德本性，即性理或天理，而不是竹子本身，因而他最终失败了。因他误会了朱子格物工夫的方法，朱子所实行的方法可能是砍竹或烧竹等途径。[②] 更重要的原因在于阳明误会了格物的目的，他以为通过竹子要认识的是竹子内在的"天理"，由此来体认主体内在的道德本性。在此认知中，竹子只不过是一种"手段"而已。所以，他最终认为格是格自己内在面对的对象的态度。这就是还原主体主意的典型。

> 夫天生蒸民有物有则，物者形也，则者理也。形者所谓形而下者也，理者所谓形而上者也。人之生也，固不能无是物矣。而不明其物之理，则无以顺性命之正，而处事物之当。故必即是物以求之知求其理矣。而不至夫物之极，则物之理有未穷，而吾之知亦未尽，故必至其极而后已。此所谓格物，而至于物则物理尽者也。物理皆尽，则吾之知识廓然贯通，无有蔽碍，而意无不诚，心无不正矣。[③]

人的日常生活就是与外在世界之间的接触，即"人之生也，固不能无是物矣"，故人不得不好好处理当前靠近的一切事情和对象。在这样的处境中格物，意味着主体内固有的尊崇爱好对象的心情没有被私欲的障碍歪曲，而能顺应性之本然（顺性命之正），能按照对象固有的存在法则来对待对象（处事

---

① 陈来：《朱子哲学研究》，第 302 页。
② "问：'所谓"一草一木亦皆有理"，不知当如何格？'曰：'此推而言之，虽草木亦有理存焉。一草一木，岂不可以格。如麻麦稻粱，甚时种，甚时收，地之肥，地之硗，厚薄不同，此宜植某物，亦皆有理。'"《朱子语类》第 2 册卷十八，第 426 页。
③ 《朱熹集》卷四十四《答江德功二》，第 2113 页。

物之当）而已。

> 问："格物须合内外始得？"曰："他内外未尝不合。自家知得物之理如此，则因其理之自然而应之，便见合内外之理。目前事事物物，皆有至理。如一草一木，一禽一兽，皆有理。草木春生秋杀，好生恶死。'仲夏斩阳木，仲冬斩阴木'，皆是顺阴阳道理。"①

主体和对象之间接触（合内外）时，首先所需要的是主体对对象的理解，理解对象意味着理解对象的存在方式，然后按照此存在方式来对待对象。事物的存在方式是"所以然"，按照其存在方式来对待的行为规范即"所当然"。各个事物的存在方式是依其然而存在（有物有则），如何对待对象的问题只在于主体与此对象的关系中。

> 问："未知事物之所以然，何以能不疑？"曰："知事物之当然者，只是某事知得是如此，某事知得是如此。到知其所以然，则又上面见得一截。"②

在儒家传统中一切事物普遍的存在方式是"存在欲望"和"尊崇爱好一切事物的存在欲望"，即"生意"。这就是普遍的本性，即"性理"，又是儒家的最高价值"仁"。但这样的"仁"和"性理"只能在具体的关系中呈现。

关于所以然和所当然的阐释学理解，可以建立"见闻之知"和"德行之知"之间的联系。认识具体对象是一种见闻之知，但此种认识不限于单纯的认知或认识，而可以扩大为对对象的"关心"，这样的见闻之知可以引发对对象的德行之知，即如何对待对象等的主体态度问题，这就是道德。由此可知，要达到德行之知需要以见闻之知为桥梁，而非抛弃见闻之知而达到德行之知。

三　格物与涵养的关系

笔者认为朱子所说的工夫的目的，并不是体认把握道德本体，而是要搞好与对象之间的圆融关系。这种关系中的涵养工夫是排除自私自利的私欲，

---

① 《朱子语类》第 1 册卷十五，第 295 页。
② 《朱子语类》第 2 册卷二十三，第 555～556 页。

把握如实对待对象心态的内在准备（正身及物）。格物基于这种心态，实际接近了理解以及善待对象；涵养则是圆融关系所需要的态度工夫，格物是实际的"关心"和"理解"。

如此的关心和理解不只是一种认识，而是一种关系中的善处（成物），同时引发了主体内在道德面的变化（成己）。《大学》认为其结果乃是诚意、正心、修身、齐家、治国、平天下，朱子认为这整个过程就是"顺性命之正，处事物之当"。如果说"顺性命之正"和"诚意、正心、修身"是主体的变化，那么"处事物之当"和"齐家、治国、平天下"则是在推物上的至善表现。

涵养是自己的态度准备，格物致知是对对象的关心和理解，但这并不意味着涵养等同于成己、格物致知等同于成物。涵养和格物两项都是工夫的方法以及方向，成己成物是其结果和目标。若要得到理想的结果和效果，不能缺少任何一方。再说，没有涵养不仅不可能成己，也不可能成物，同样没有格物致知不仅不可能成物，也不可能成己。涵养和格物致知都是与对象接触时的必要工夫。但是，如果把工夫的目的规定为体认道德本性，那么成物的意义就消失了。如此一来，涵养就是成己的工夫，而格物则沦为一种辅助手段。再进一步批判的话，在这样的观点之下，工夫的方法和结果难以分别，成己就是涵养，只要涵养就可为圣人，故不必要处理日常生活。但此论点是朱子极力反对的，即道南及湖湘学派所主张的工夫内涵：舍弃一般的日常事物，而仅以追求内在道德本性为目的。

> 若知有未至，则反之而不诚者多矣。安得直谓但能反求诸身，则不待求之于外，而万物之理，皆备于我，而无不诚哉！况格物之功，正在即事即物，而各求其理。今乃反欲离去事物，而专务求之于身，尤非大学之本意矣。①
>
> 曰："近世大儒有为格物致知之说者曰：格犹扞也，御也，能扞御外物，而后能知至道也。又有推其说者曰：人生而静，其性本无不善，而有为不善者，外物诱之也，所谓格物以致其知者，亦曰扞去外物之诱，而本然之善自明耳。是其为说，不亦善乎？"曰："天生蒸民有物有则，则物之与道，固未始相离也。今曰御外物而后可以知至道，则是绝父子

---

① 《中庸或问》，朱熹撰《四书或问》，第87页。

而后可以知孝慈，离君臣而后可以知仁敬也。是安有此理哉！若曰所谓外物者，不善之诱耳，非指君臣父子而言也，则夫外物之诱人，莫甚于饮食男女之欲。然推其本，则固亦莫非人之所当有而不能无者也。但于其间自有天理人欲之辨，而不可以毫厘差耳。惟其徒有是物，而不能察于吾之所以行乎其间者，孰为天理，孰为人欲，是以无以致其克复之功，而物之诱于外者，得以夺乎天理之本然也。今不即物以穷其原，而徒恶物之诱乎己，乃欲一切扦而去之，则是必闭口枵腹，然后可以得饮食之正，绝灭种类，然后可以全夫妇之别也。是虽二氏无君无父之教，有不能充其说者，况乎圣人大中至正之道，而得以此乱之哉？"①

在与世间事物不断地靠近时，人与人之间彼此的关心和合理的对待是绝不能避免的，这就是工夫的目的。因此格物绝不是涵养的辅助手段，反而涵养是格物的前提和态度。② 因此，格物成为涵养的途径，对对象的正确理解能引发主体内在对对象的尊崇爱好的欲望（生意）。因此，格物能启动"吾心之全体大用"。总而言之，涵养和格物是主体以成熟人格来与对象建立圆融关系的两翼，而不是先后或主从的关系。

那么，格物和涵养，即主体的态度工夫和面对对象时的工夫是如何合一呢？

或问："格物、致知，到贯通处，方能分别取舍。初间亦未尝不如此，但较生涩勉强否？"曰："格物时是穷尽事物之理，这方是区处理会。到得知至时，却已自有个主宰，会去分别取舍。……能知得到，方会意诚，可者必为，不可者决不肯为。"③

致知，不是知那人不知底道理，只是人面前底。且如义利两件，昨日虽看义当为然，而却又说未做也无害；见得利不可做，却又说做也无害；这便是物未格，知未至。今日见得义当为，决为之；利不可做，决定是不做，心下自肯自信得及，这便是物格，便是知得至了。④

赵峰说："深知或知至，决不只是对生活的理智的理解，决不只是对本体的知

---

① 《大学或问》，朱熹撰《四书或问》，第 25 页。
② 《朱子语类》第 2 册卷十八："用诚敬涵养为格物致知之本。"第 407 页。
③ 《朱子语类》第 1 册卷十五，第 312 页。
④ 《朱子语类》第 1 册卷十五，第 297 页。

性的把握，它一定伴随着发自内心的价值认同和不可遏制的行动冲动。"① 通过格物（关心）得到知，是从内在发生行为的意志和冲动，这就如对待尊崇爱好对象时的意志和冲动。这样的意志和冲动就是主体内在的道德本性即"仁（生意）"本身，就是涵养工夫时要渐渐把握的心态。这样一来，涵养和格物就能内外合一了。

四　积累性工夫和认识飞跃的问题（豁然贯通）

这样的观点关系到对豁然贯通的理解。朱子在《大学章句》的《格物补传》中如此说："至于用力之久，而一旦豁然贯通焉，则众物之表里精粗无不到，而吾心之全体大用无不明矣。此谓物格，此谓知之至也。"一般认为豁然贯通是通过积累工夫而达到的一种认识飞跃，是一种境界。蒙培元把豁然贯通规定为通过对个别的探究以及类推而得到的对存在的一般认识。② 陈来说："朱熹的这些思想，仅从道德认识过程来说，是要求人们首先具体地认识各种具体的当然之则，尔后'两个合做一个，少见又七八个合做一个'，概括出支配各个分殊的当然之则的普遍原则来。所谓豁然，是指这一过程常常是在无意识的情况下自发地突然地实现的。……认识的这种飞跃也可以是在充分积累基础上主动地进行抽象思维的结果。"③ 他从理一分殊的思维方式来理解豁然贯通，认为通过豁然贯通最终要认识的还是"普遍原则"。按照朱熹和陈来等人的观点，则仍然必需解释鸟兽草木怎么能引导我们到道德原则，从认知认识怎么能达到普遍的道德原则理解。即使他们所说的是分殊的当然之则，还是有必要说明从分殊之则飞跃到一般道德原则的过程以及其可能性。

他们都认为豁然贯通是某种认识的"转回"或"飞跃"。但笔者认为豁然贯通不是认识的问题，而是"人格的升华"或是"综合性的洞察"。先谈"人格的升华"。笔者所说的"人格的升华"是属于主体态度的变化。

惟学之久，则心与理一，而周流泛应，无不曲当矣。④

---

① 赵峰：《朱熹的终极关怀》，华东师范大学出版社，2004，第163页。
② 蒙培元：《理学的演变》，福建人民出版社，1998，第64～66页。
③ 陈来：《朱子哲学研究》，第308页。
④ 《朱子语类》第2册卷二十，第446页。

> 心即理，理即心，动容周旋，无不中理矣。①

就朱子而言，能让主体和对象之间的接触不要走到主观歪曲的标准就是"理"。所谓"心与理一"的状态乃是主体的心态上已经准备好如实认识、理解、容纳对象的状态。如从上面所引用的文章中可以发现，不能限制这样的态度为特定的对象。这不会是对特定对象的最终的深奥的理解，也不会是通过对特定对象的深刻理解而达到的对普遍原则的神秘觉悟。这只是通过长期训练而达到的主体的没有自私自利的态度，这就是孔子所说的"从心所欲不逾矩"的人格境界。

那么，"心与理一"的状态和本体认识有什么差别？这里所说的"理"是各个存在的分殊之理，即物理，而不是理一的性理。通过豁然贯通而得到的认识以及行为态度，也是对当下主体面前的对象，而不是对一般的存在。不过，主体的态度已变，所以任何对象接近也是一样，因此可以说这是普遍的态度。

再谈"综合性的洞察"。这里所说的"综合性"的理论依据是朱子的世界观，即虽然各个存在的个别法则是互不相同的（有物有则），但任何存在都不能单独存在，一切事物之间都有密切的关系。这样的世界观来自邵雍先天易学等的"万物相关"说。从太极阴阳四象八卦到无限的世界都是互相关联的曼陀罗，故任何事物都不能单独存在。所谓的"洞察"就是认识到某一个对象相链接的一切关系网。

> 事亲中自有个事亲底道理，事长中自有个事长底道理；这事自有这个道理，那事自有那个道理。各理会得透，则万事各成万个道理；四面凑合来，便只是一个浑沦道理。②

奉养父母，当然有奉养的道理。但我和父母的关系绝不能单独存在，其中应有跟其他兄弟姐妹的关系，也有跟妻儿的关系，还有钱的问题，复杂得很。不顾一切，只有孝心就可以吗？这太纯真了吧。

> 问："明于天之道，而察于民之故。' '天之道'便是'民之故'

---

① 《朱子语类》第 2 册卷十八，第 408 页。
② 《朱子语类》第 7 册卷一百一十七，第 2828 页。

149

否？"曰："论得到极处，固只是一个道理；看时，须做两处看，方看得周匝无亏欠处。"问："天之道，只是福善祸淫之类否？"曰："如阴阳变化，春何为而生？秋何为而杀？夏何为而暑？冬何为而寒？皆要理会得。"问："民之故，如君臣父子之类是否？"曰："凡民生日用皆是。若只理会得民之故，却理会不得天之道，便即民之故亦未是在。到得极时，固只是一理。要之，须是都看得周匝，始得。"①

从上文中我们可以得到两个重要信息。其一，通过工夫要把握的内容并不能限于"福善祸淫"或"君臣父子"等伦理纲常。其二，要理解"民之故"还需要把握"天之道"，反之亦然。所谓"一个道理"并不意味"民之故"等同于"天之道"，而意味着"民之故"和"天之道"绝不是互不相关的关系，而是有着密切的联系。

朱子也强调积累性工夫的必要性。他绝不认同知道一二就能达到圣人的可能性，也不认同忽然间体认本性而成为圣人的可能性。他认为这样的态度是坚持一个话头而达到见性成佛的神秘主义。② 不过，积累渐进式工夫并不意味从日常到超越或从具体到一般的飞跃，因为这不是得到大的因而可以遗漏小的方式。③ 再说，"综合性的洞察"远于一般类推或抽象的本体认识。

"综合性的洞察"也不是积累所有的知识。孔子对于重视知识积累的子贡说，更重要的是"一以贯之"。④ 关键是如何链接种种的知识，而成为一种系统的观点。

"吾道一以贯之"，譬如聚得散钱已多，将一条索来一串穿了。所谓一贯，须是聚个散钱多，然后这索亦易得。若不积得许多钱，空有一条

---

① 《朱子语类》第 5 册卷七十五，第 1927 页。
② "愚谓致知格物，大学之端，始学之事也。一物格则一知至。其功有渐积久，贯通然后胸中判然不疑，所行意诚心正矣。然则所致之知，固有浅深，岂遽以为与尧舜同者一旦忽然而见之也哉？此殆释氏一闻千悟一超直入之虚谈，非圣门明善诚身之实务也。其与前章所斥，异端之学不知所先后者，又何以异哉？"（《朱熹集》卷七十二，第 1205 页）
③ "知至，谓天下事物之理知无不到之谓。若知一而不知二，知大而不知细，知高远而不知幽深，皆非知之至也。要须四至八到，无所不知，乃谓至耳。"（《朱子语类》第 1 册卷十五，第 296 页）
④ "曾子一贯忠恕，是他于事物上各当其理。日用之间，这个事见得一道理，那个事又见得一道理，只是未曾凑合得。圣人知其用力已到，故以一贯语之。"（《朱子语类》第 2 册卷二十七，第 681 页）

索，把甚么来穿！吾儒且要去积钱。若江西学者都无一钱，只有一条索，不知把甚么来穿。①

每个事物都不能单独存在，故各个知识只能在具体的脉络之中得到当下的意义。这样的"意义""一以贯之"之后，才能得到系统的解释和充分的意义。这并不意味得到"一以贯之"的系统的综合性知识之后各个知识不再重要了，反而，"综合性的洞察"的对象还是原来的具体对象。比如说，如果我们要理解某一个人的话，我们需要观察他的成长背景和教育环境以及经济情况和家族关系等，这么多的信息互相紧密地关乎同一个人的所有面向，故我们说的"综合性的洞察"的对象仍然是此人，而不是什么"人"一般，也不是"人内在的道德本性"。

　　基于存在论的理由，万物之理如此相连，在于所谓"同出一原"，即周敦颐之《太极图说》和邵雍之《先天易学》等中可以看出的"存在连锁"。不过，这里所说的"一原"并不意味本体论上的共同的"性理"。

　　　　大凡为学有两样：一者是自下面做上去，一者是自上面做下来。自下面做上者，便是就事上旋寻个道理凑合将去，得到上面极处，亦只一理。自上面做下者，先见得个大体，却自此而观事物，见其莫不有个当然之理。②

孟子以来儒家本体论的信念主张，所有存在者皆得到宇宙"天地生物之心"的本质，并成为自己的本性，这就是《中庸》所说的"天命之谓性"。如果按照这样的本体论的信念，要确认自己的本性，则以所谓"逆觉体征"的方式就可。工夫的目的是"体认本体"，故无须以格物来面对任何事物，因为不管面对什么对象都是一样。这样的认识中具体的对象就没有任何工夫意义，而成为主体体证本体认识的障碍。

　　　　问："'一理通则万理通'，其说如何？"曰："伊川尝云：'虽颜子亦未到此。'天下岂有一理通便解万理皆通！也须积累将去。如颜子高明，不过闻一知十。"③

---

① 《朱子语类》第 2 册卷二十七，第 684 页。
② 《朱子语类》第 2 册卷一百一十四，第 2762 页。
③ 《朱子语类》第 2 册卷十八，第 391 页。

所谓"贯通万理"的一理，如果是"同原之宇宙本性"，则当然得到"一理"就可以"贯通万理"，因为所有的理反正都是一样。不过，朱子所说的理，并不是性理而是物理，不是一理而是分殊理，因此需要积累的工夫。通过积累工夫要得到的，并不是"一般"的抽象或类推，而是对各个道理之间的关系网以及全体结构的综合性把握。总而言之，朱子所谓的豁然贯通，就是关心、接近、洞察、尊崇、爱护对象。完善此过程，主体的格物工夫才能完成，主体的知识也才能臻于完善，这就是"物格""知至"。豁然贯通先于"物格""知至"。

五　结论：尊崇对象就是世界和平

在中和新说之前，朱子偏向探究内在的道德本体，即所谓"求仁"等。经过他长期苦思后，他关心的核心转换至日常生活中的事物。其工夫核心的对象是一般的日常事物及主体面对事物时的态度。所以，舍弃日常生活事物而欲达到"本体认识"或"圣人"之道是不可能的。三纲五伦的儒家伦理纲常是本来关系性的。到了宋明儒学，这样的日常性变得抽象化、观念化了。好多现代研究者依然认为朱子格物工夫的终极目的是主体对道德本体的认识，但是，如果舍弃日常生活中的事物，主体的内在道德性要如何成就？因为"道德规范"只能在关系中成立。

按照阐释学的观点来解释朱子的格物工夫，就是关心、接近、洞察、尊崇、爱护对象。这样的态度是任何人际关系中都需要的，不仅人际关系，而且所有的关系中也都是需要的。所以，对朱子的格物工夫以阐释学的观点来解释，自然具有莫大的价值。此价值是现代世界中多数人所认同的。美国经济学者杰里米·里夫金（Jeremy Rifkin）主张，现代社会是一种"链接时代"，但笔者认为他说的"链接"只在网络上存在，现代人都在网络上链接，而实际上，人是互相断绝的。如当四人用餐时，四个人可能都仅专注在手机的信息，而少有人与人之间的互动，人和人之间的关系也形式化了，根本性的相互的内在"关心"已趋于式微了。

国际关系虽不同于人际关系，但面对的是同样的道理，宗教关系亦同。每个关系皆需由先关心对方做起，并以理解和容纳的态度来面对彼此。如果没有这样的余地，剩下的只有暴力和强迫。古希腊历史家修昔底德（Thucydides）

在他的著作《伯罗奔尼撒战争史》中阐述了人类历史进行的两个手段，即"暴力"和"文明"。每个时代可以选择其中一个，现代人类也可以选一个。大家都认同暴力的代价太大，其后果也太惨烈。文明的基本前提就是对话，对话的前提就是认同对方的存在，认同对方的开始就在于对对方的关心。我们在朱子格物致知的阐释学解释中可以找到对对方的关心。朱子主张物格知至之后，才能达到成己成物的理想人格。这就是现代社会所需要的圣人价值。

现代新儒学

牟宗三先生的《圆善论》中所蕴含的安身立命之道

杨祖汉

摘　要：牟宗三先生的晚年著作《圆善论》对康德论"德福一致如何可能"做出批评，认为康德的说法需要肯定上帝以作为德福二者的关联，此不是问题之真正解决；牟先生认为中国儒释道三教所含的圆教的义理与生命境界，可以证成"有德者必然有福"之理想。牟先生此书除了在哲学论辩上有深入而曲折的思辨外，也含有丰富的人生哲学的智慧，本文阐述其中一些见解，也做了一些讨论与发挥，希望能作为当代人思考安身立命之道的参考。

关键词：牟宗三　康德　德福一致　圆善　安身立命

作　者：杨祖汉，台湾"中央大学"哲研所、中文系特聘教授。

牟宗三先生的《圆善论》通过对儒道佛的诠释，提出了关于"德福一致"问题的解决之道，此解决之道是循着对康德的说法给出的进一步思考，可说是做了中西哲学会通的示范，牟先生此说除了在阐发中国哲学上有深刻的见解外，其中也包含了丰富的人生哲学的义理。本文准备从这一角度阐发此说的意义，希望能对当代人类如何能安身立命，提供可能的学理与可行的实践工夫，当然也希望与人类和平这一主题有所关涉。

一　康德对"德福一致"问题的解决与孔子"践仁知天"的比较

康德在《实践理性批判》的《辩证部》中，认为"哲学"的希腊古义是针对"何谓最高善"做出思考的，能够了解何谓最高善，又能实践最高善，是所谓有智慧。故如何说明及实践最高善，这是哲学思考最终的目的，而所谓最高善，就是"德福一致"，有德者是能够要求自己的存心纯粹，即以为义务而义务为动机而给出行动的人，不会考虑到要借义务或道德的行动获取自己想得到的好处，因此有德者不会祈求因德而来的福报。道德的价值在于人的动机或存心的纯粹，而不在于行动达成的结果，故这一价值是可以从要求自己行动的存心纯粹上用力来获至的，这虽然是很不容易达成的境界，人成为纯德，实在有千万艰难，但这是反求诸己之事，努力澄清自己行动的动机，使生命的主体纯按义务之故而行，这是可能的。而在现实生活中是否有幸福，则并非要求自己纯粹化自己的生命就可以达到，故有德者不一定有福，有福者不一定有德。固然有德者可以只求自己意志纯净，即只关心德性上的价值，对于现实上的是否有福可以毫不介怀，但有德者当该有福，因为有纯德的人，是值得有福的，这是每一个公正的人都承认的。因此依康德所言，有德者固然不求福，但因为他值得有福，故"德福一致"才是最高的善，这一最高，并非就德性本身就有最高的价值的最高，而是最圆满之意。① 牟先生则建议就"德福一致"而言的最高善，可说为"圆善"，单就德性本身说，当然可以说德是最高的价值，但有德者的遭遇常十分艰苦，为了实践仁义，常要牺牲了个人的幸福，甚至舍身才能取义，那就太悲壮，并不圆满。因此"德福一致"之为善，当然是最为圆满的，也是人生最合理的情况。作为"哲学"古义的"爱智慧"，所谓智慧，就是对于何谓最高善能够被明确规定，与通过何种的行动实践最高善。故哲学可以说是实践的智慧论。如果可以这样了解哲学的原义，牟先生认为就等于中国人所说的"教"，所谓教，是"凡足以启发人的理性并指导人通过实践以纯净化人之生命而致其极者"②。

虽然康德对于"德"与"德福一致"给出了很好的说明，但如何能够达成这一实践理性必然要求的最高善的理想，他的解决就不能令人满意。按康德的说法，由于德与福的领域是不同的，求德而给出的作用是通过自由意志自我立法而给出的实践；而幸福的生活则属于存在界的情况，现实人生的存在服从自然界的因果作用，人也是自然界的一种存在，也需要服从自然律，如需满足生理的需要，受自己所遭遇的存在界的种种情况的影响，也需要为自己行为结果的有利或有害做出关心，这与德之要求——按照无条件的道德法则而行、要自

---

① 最高善之"最高"，可以有"supreme"（最高或至上）与"perfect"二义的不同，见康德《实践理性批判》的《辩证部》。

② 牟宗三：《圆善论·序言》，台北：台湾学生书局，1985，第 ii 页。

发而无条件的为义务而义务并不相同。故道德的实践并不能使现实的存在界产生与我们的现实生命欲求相应的结果，于是德与福虽然不至于一定相冲突，但很难相称（合比例，即愈有德者愈有福）或一致，这不一致可以借用孟子所说的"求在我"与"求在外"（《孟子·尽心上》）的不同来说明。求在我者，就是由我自发的按照无条件的律令而行的自由意志来决定，而不管行为产生的结果如何，都具备道德价值，即道德价值内在于人的自由意志（本心、良知），只要行动由此发动，就有道德价值，人能纯净化其生命，能长期维持以本心作为行动的根源动力，人就是有德者。自由意志或本心良知自发地给出道德行动，这就是康德所说的"自由的因果性"，完全是由自己的意志来决定的，这作为因的自由意志并不属于现象界，此因是自我做主的，因上不能更有因，但如果以因果律来理解经验现象，则从果追因，因上又有因，可至无穷，于是在现实或现象上，不可能有自发而无条件的自由。从实践的理性的要求，必须肯定有自发的自由意志，不然就不可能有真正的道德行动的出现，于是说，作为道德行动的发动原因的自由意志虽然在现象经验中看不到，但一定是有的，因是在睿智界（本体界），有因必有果，行动的结果是落在经验的、现实的现象界的。

虽然如此，但经验的世界服从"自然的因果"作用，并不能操之在我，就如上文所说。这两层的不同，还是可以用孟子的话来说明："仁之于父子也，义之于君臣也，礼之于宾主也，……命也，有性焉，君子不谓命也。"（《孟子·尽心下》），儿女对父母可以表现纯孝，父母却不一定能以慈爱回应，反之亦然；臣子尽忠于国君，但国君不一定能重用忠臣；我对朋友尽礼，但朋友不一定以礼来回应我，这就是所谓"命"。虽然在这个问题上，有德者可以只要求自己不求回报，但未免有遗憾。那么如何可以让有德者又能够有相应的、合理的情况产生呢？人的遭遇如何才能有相称于他的德性之性福呢？在康德，就需要肯定灵魂不灭与上帝存在的两个设准（悬设），由于人虽然可以反求诸己而要求自己成为纯德之人，但能够达到什么地步，是很难说的，人不能不受感性欲望的影响，在要求实践道德而表现其自作主宰的意志时，感性欲望常会趁机而起用，于是在要求成德或按无条件的律令而行时，会面对私心自用，非要把无条件的实践转成为有条件的、有所为而为的行动，即总想借道德行动，得到个人的好处，这是所谓"自然的辨证"①。

---

① 见康德《道德底形上学之基本原则》，牟宗三译注《康德：道德形上学之基本原理》第一节，《牟宗三先生全集》第 15 册，第 33~34 页。

对于这种在行动的存心上遭遇到的困难，非常难以克服，于是人纯净化他自己的努力过程将是无穷无尽的。在此问题上，康德肯定了灵魂的不灭，由于成为纯德者是必须达成的理想，是实践理性所肯定的，于是人的有限的一生过去后，灵魂不会随之湮灭，因为必须要继续努力才能达到成德的理想，而就在这种要求自己生命纯净化，而又自知达不到纯德的地步中，虽知道达不到，但仍然尽其努力希望达到。在这种情况下，就会有灵魂不灭的肯定。康德对人在实践的要求而有的这种坚信做了很深刻的分析：

> 纵然如此，在朝向善而前进的进程中，要想去得有心灵之不动摇的坚固性之确信，这对于一被造物似乎是不可能的。因此之故，基督教使这确信只从那"造成圣洁化"的同一精神而来，即是说，只从这固定的目标（意向）以及与此目标（意向）相连的道德进程中的坚定性的意识，而来。但是，自然地（坦白地）说来，一个人，他若意识到在向较好而趋的进程中，通过其生命底久长部分，他已坚持到［其生命之］终结，而此种坚持又是依真正的道德动力而坚持，则他很可以有这种安慰作用的希望，（虽然不是有这确定性，）即：纵使在一延长至今生以外的存在中，他亦将仍然继续坚持于这些原则；而虽然在他自己的眼光中，他从未能在这里（在眼前）有理由"将继续坚持于这些原则"，他亦不能希望在"他所期望"的其本性之增加的圆满连同［其］义务之增加于一起中"将继续坚持于这些原则"，可是纵然如此，在这进程中，（此进程，虽然它是指向于依无限辽远的目标上，然而在上帝的眼光中，它却是被视为等值于已得的所有物，）他可对于一"有福的（有天福的）未来"有一展望；因为"天福"一词乃正是理性使用之以指表一"圆满的幸福"，即独立不依于世界底一切偶然原因的"圆满的幸福"者，此圆满的幸福就像"神圣性"一样，它是一个"只能被含在一无底止的进程以及此进程之综体中"的理念，因而结果也就是说，它从未能为一被造物所充分地达到。①

康德认为这种坚信是从圣灵而来的，即表示人能够肯定实践理性之要求人必

---

① 康德著，牟宗三译注《实践理性底批判》，见《康德的道德哲学》，台北：台湾学生书局，1982，第371页。又见《圆善论》，第223~224页，文字依《圆善论》所引校改。

须成为纯德者，虽然自知做不到，但仍然坚信可以达成，这种心灵的确信，似乎不是被造物所能有的，于是这种坚信应该是从圣灵而来的。这应该是人在尽心努力要求自己纯净化自己的存心时，体会到在自己生命中的道德的坚信与圣灵是相通的，这可以说是"践仁以知天"的基督教诠释。由于认为人不能没有感性的影响，故成德的历程是无限的，必须通过此无限的历程让自己的心灵不断接近纯德的地步，虽然可以说是永远不能完成的历程，但如果心智能够如此的坚定，则康德认为在上帝眼中，这种无限的力求企及的历程就等同于已经达到理想。康德此说也很动人，好像表达了人用尽其成德的努力，而又了解自己事实达不到时，产生了一种精神的飞跃，这很有宗教性的情感。在此处，康德从人坚信自己的灵魂可以无限地纯净化其自己，肯定了从上而来的圣灵的帮助，但这种纯净化其自己心灵的努力，应该还是在自己反身修德的范围内，不必直接求诸圣灵的帮助。故牟先生在此处解释云：

> 依基督教，此种坚定信之意识即是那"造成圣洁化"之精神。"心灵之不动摇的坚固性之确信"即从此精神而来。坚定性之意识，造成圣洁化之精神，即如亚伯拉罕之遵上帝命而奉献其子于祭台，虽然上帝并不真要其如此。（此虽足以表示亚伯拉罕之坚定性，但儒家圣人决不说这种诡谲话。）通过此坚定性，人可以希望：纵使在一延长至今生以外的存在中，他亦将继续坚持这些道德原则。[1]

按牟先生的解释，就不表示此"造成圣洁化的精神"是从上而来的"圣灵"，而依康德原文，应指上帝之圣灵。而即使此坚信不从圣灵而来，但通过修德而不断纯净化自己的努力，并由此努力而肯定人可以有无限的修德的进程，还是不能让人认为自己已经有纯洁圆满的德性，故在此处，康德必须肯定在上帝看来此无限的修德的进程已经是完成了的。即人如果有此确定的坚信，在上帝的眼中，便已经是达成了完全的德性人格，在此处还是不能没有对上帝的信仰。肯定灵魂不灭处是如此，在保证"德福一致"处，更是非要有上帝存在不可。这表示了康德虽然强调道德实践是自己按照自我立法的无条件律令而行，并非以上帝的拯救作为成德的基础，但在要求德性人格的圆满完成处，还是需要有上帝的保证，即由于上帝能全览无限的修德进程，故在上

---

[1] 牟宗三：《圆善论》，第224页。

帝眼中，此无限的修德已经等同于完成。

肯定了灵魂不灭，则人就可以通过无限的修德进程而达成纯德的希望。但即使如此，对于德福的一致，即有德者当该有福，却还是做不到，原因就是上文所说的"自由的因果"与"自然的因果"作用并不相同，故在现实中，有德者常常没有福，有福者则常常没有德，但这是不合理的，必须使德福相称，康德认为，这就必须肯定上帝的存在。由于人的内心是否为纯德，上帝可以了解，而存在界也为上帝所决定，于是上帝可以按照人的内心是否值得有福而做存在界的调整，让有德者可以有福。当然，就从事道德实践的人来说，践德是无条件的，并不为了得到幸福而实践道德，但也就是因为实践道德的无条件性，使人值得有福，在有德者不求福，而且在明知不会因为有德于是有福的情况下，还是努力践德，就在这种纯粹心情的流露时，就可以肯定有从上而来，即从上帝而来的帮助，此时人就可以肯定有上帝的存在，此意可引康德《理性限度内的宗教》中一段话来说明：

> 但是在道德的宗教中（而在已有的一切公众宗教中，唯基督教是道德的），以下所说乃是一基本原则，即：每一人皆须尽量作其力量之中的事以去成为一个较好的人，而且只有当一个人未曾埋葬其内在而固有的才能时，只有当一个人已使用了其根源的向善之能以去成为一较好的人时，他始能希望那不在其力量之中者将因一较高［层面］的协力合作（将通过从上面而来的协力合作）而被供给。但是"人定须知道此协力合作存于何处"这并不是绝对必要的；或许以下所说乃甚至是不可免的，即：如果此协力合作所依以发生的那道路已在某一定时间内被显露出来，则另一人在另一时间内定可对于此协力合作所依以发生的那道路形成一不同的想法，而形成此不同的想法亦是以至诚而形成之。这样，以下所说的原则是有效的，即："一个人想要去知道在其得救上上帝所作的是什么或已作的是什么"，这对于任何人而言皆不是本质的，因而亦并不是必要的，但只一个人想要值得有上帝之协助，"去知其自己所必须去作的是什么"，这才是本质的。①

对于通过对上帝的存在的肯定来解决德福之一致，牟先生是不同意的，他认

---

① 牟宗三：《圆善论》，第 129～130、331 页。

为在三教的圆教义理下，德福一致是浑圆之事，即二者是诡谲的、相即的，不必由上帝来保证。但虽如此，康德的说法也有其深刻的意义，而可以与孔子的教训相会通。如上文讨论灵魂不灭处所说，体会到自己践德而没有办法成为纯德者，在这种自知的情况下，还是努力去成德，就肯定了灵魂不灭的预设，而在明知实践道德并不能使人的现实生活变有福的情况下，仍然努力地践德，就肯定了一定有上帝的存在。而在此段引文中，更明说在反求诸己而修德中，可以相信有从上而来的协助，康德这些讲法都表达了在人面对上述情况下，仍然坚持践德，就产生了对超越者的肯定，表现了深刻的宗教精神。这种宗教的信仰是在践德中感受到自己的有限，而又不肯放弃，坚信践德或成德是人必须要完成的责任，而在此时，就有精神上的突破，我认为这与孔子说"不怨天不尤人，下学而上达，知我者，其天乎"的感受相似。孔子一生发愤忘食地努力实践，虽然在现实上对他践德的努力没有产生合理的回应，但虽然如此，他仍然不怨不尤地实践下去，知其不可而为之，在这种纯德的心情状态下，人就可以与天道相通。故孔子有"知我其天"的感受，这也可以说是"即有限而无限"，而这时所感受到的天，固然可以说是形而上的天道，是使一切存在能够维持存在、生生不已的根源性的动力或原理，但也可以理解为主宰性或人格性的天，孔子此时感到天知我，也可以涵在这个实践下，我也可以知天。若说天知我、我知天，即是说人能与天相知相感，则此天当然是有人格性的。当然儒学后来并不往以天作为人格神，而且以天作为道德实践的基础这一方向来发展，孔子本来也不强调对此天的崇拜，而重在所以能上达的"下学"，对于上达知天的理境或与天相知相感的感受，也并不多说，而强调人何以能够知天的努力，而此努力当然是自作主宰的道德实践，但能够如此做纯粹的实践，正己而不求于人，也不求于天，就可以自然与天相知相感，这一说法或体会也是该有的。

以上所说应合于孔子践仁知天（牟先生语）[1]的体会，上文已说过，牟先生不赞成康德此一通过上帝来调整、使人德与福一致的解决办法，他认为德与福虽然属于不同的领域，即人修德不会产生在现实遭遇上而为有福的情况，但也不能因此就预设上帝的存在来解决。康德之所以认为必须要预设上帝的存在，是因为如果德福不能一致，则实践理性之要求实现德福一致，就

---

[1]　牟宗三：《中国哲学的特质》，台北：台湾学生书局，1974，第49页。

是不合理的，假如道德实践或实践理性设定一个不能实现的理想作为一定要实现的对象，那就表示实践理性是有问题的。现在人从事道德实践是必须奉行的义务，是没有问题的，这也可以说是理性的事实，是无可疑的，那么德福之一致，就一定要达至。如是，就非要有灵魂不灭与上帝存在的预设，康德此一解决的办法，当然是顺着基督教的传统来说的，在人服膺义务、行其当行之时，一定会感到自己完全服膺义务或纯心纯粹是不可能做到的，而在自己承认为不可能时，就有从上而来的协助或帮助，承认人的无力自救，这是基督教教义的特色。而康德从意志的自律来解释道德的实践，反对意志的他律，已经是对基督教神学的修正，而在自我努力以求达到德性的圆满以肯定灵魂不灭，及从肯定有德者必有福而肯定上帝的存在，虽然保留了基督教的教义，但可以说是以意志的自律自我立法，肯定自由意志作为道德实践的主体而给出的对基督教教义的修正，这种修正所表现出来的精神，是合于儒家的，因此康德这一理论形态及此形态所表现出的宗教性体会，与孔子"知天"的体会是有相通处的。

牟先生在《中国哲学的特质》中说孔子之遥契天道，是"超越的遥契"：

> 孔子所说的"知我其天"，"知天命"与"畏天命"的天，都不必只是形上实体的意义。因为孔子的生命与超越者的遥契关系实比较近乎宗教意识。孔子在他与天遥契的精神境界中，不但没有把天拉下来，而且把天推远一点。在其自己生命中可与天遥契，但是天仍然保持它的超越性，高高在上而为人所敬畏。因此，孔子所说的天比较含有宗教上的"人格神"（Personal God）的意味。而因宗教意识属于超越意识，我们可以称这种遥契为"超越的"（Transcendent）遥契。否则，"知我其天"等话是无法解释的。①

在此处，牟先生所理解的孔子"践仁知天"的精神境界与义理形态，是指宗教上对人格神或超越者有一遥契。如果保留孔子此体会，就可以了解康德肯定道德的自律，但又不否定在道德实践的要求下，上帝存在是必需的设准之意，而在这一角度，或许可以提供儒学与基督教的说法一个会通的可能。即在践德的过程中，会产生对灵魂不灭与上帝存在的坚信，这同于孔子从践仁

---

① 牟宗三：《中国哲学的特质》，第49页。

而知天。而如果孔子此时所言的天可以有人格神的含意，则对于人格神的信仰，在修德者的努力下，也不是不能有的。更积极地讲，反身修德的实践努力是会在达到纯德的境界时，产生与超越者遥契的宗教精神，即知天或天人合一，这固然可以从内在于人的道德性的充分实现而通于生化一切的天道，也可以从践仁者的内心感受，产生与天相知相感的宗教性的精神。可能合此两面，才是践仁知天的全幅义理，这也可以说儒学是即道德即宗教之教。如果可以这样说，儒学作为宗教之教的意义也是可以很强烈而丰富的，在这方面应该可以说给出了一般人安身立命的教法。对于一般人，反身修德的意识很容易有，如果说明了道德的实践其实可以很自然地产生出对超越者的向往或遥契，则又可以接上一般人对宗教性的信仰的要求，如此对于儒学教化的推广应该很有帮助。这不是独断的信仰外在的神明，而是从自本自根的道德实践产生的信仰，如牟先生所说，是"自信自仰"，而非"他信他仰"。当然，依孔子的教训，虽然践仁会知天，但并不用精神在追问天是何种的存在，或上天如何对人给出帮助。人应做的只在于依道德法则而努力求诸己地践德，即当在"下学"处努力，虽然下学会涵上达，践仁会涵知天，但不用心在上达的境界上多做描写，也同于康德所说，对于上帝如何给予人帮助的了解并不必要，但知道人如何才能值得上帝的援助才是必要的。①

二　要真正为善，需先对治人性中的根恶

上面论述康德所以要肯定灵魂不灭作为人修德的设准，是因为人的成德在有限的一生是不可能达到完全的，而康德所以会如此说，是他对"恶"的来源有深入的省察，如上文所说的"自然的辩证"，此又可以理解为人性中的"基本恶"或"根恶"，人如果要达到纯德的地步，必须克服此根恶。康德所说的"基本恶"的意义十分复杂而且深微，此或须另作专文，在此处先做简要的说明。

牟先生在《圆善论》第一章之后做了一个附录，是翻译康德《单在理性限度内的宗教》的第一章《论人性中之基本恶》，此处牟先生加了很多译注，做了很多分析，阐明了康德此章表达人性中的根恶之义，并认为康德此说是

---

① 牟宗三：《圆善论》，第331页。

对儒家的人性论很好的补充。此处牟先生有关康德人性论内容的分析，如论人性之善恶，须从格准（人之存心），而不能从生而有之性能说；由是必须从人有其自由，才可说善恶，根本恶说中有关自由决意（Willkür）的讨论的确对于儒家的道德实践论有重要的补充作用。在此问题上，牟先生给出了对康德原文明白的诠释，是很有帮助的，如他认为康德所说的采纳善的格准或恶的格准来行动，是人性中的善或恶的倾向（性向），而此善恶的性向虽然可以说是本有的，但人必须为此而负责，因为是通过选择的自由才能表现的性向，康德此说十分深入，牟先生认为，这对"生之谓性"的人性论给出了很好的补充。

对于人性中趋向于恶之倾向（propensity），牟先生译为"性癖于恶之性癖"，是很能帮助了解文意之译笔。又如在按语中认为决意的自由是作为设准的超越的自由之"投映"①，非常有启发性，这是提出了对自由意志（本心）与自由决意的关系的解释。即若没有从对道德法则的意识而有之自由，亦不可能有自由之决意，而自由决意虽与超越之自由有关，但亦并非自由意志本身。决意的自由与超越义的意志自由之关系，或可以用"不一不二"来解说。在这问题上，应可以更进一步展开来讨论。牟先生对康德宗教书的第二章也大半翻译了②，该章说得更为明白，认为对于"恶"的来源在于人在受到感性的影响而挑战道德法则时，有接受以感性欲求为先之"倾向"（即性癖）。此倾向或性癖早已存在于人生命中，故康德认为人之为善，必须克服早已潜伏在人理性背后的敌人。由于敌人（即根恶）早已存在，所以人之为善，须先对抗此人性中之恶，故德性是涵勇敢在其内的，一个人首先能做的善行是"弃绝罪恶"③，或曰"从恶走出来"④。这是十分深刻的洞见。要勇敢地克服的不是如斯多亚学派所说的人的感性性好，人在为善时所要面对的敌人并不是感性欲求，而是顺着此等欲求，不加抵抗，使存心成为不纯粹之倾向。恶的根源存在于当人面对感性的挑战时，选择接受感性的要求，而颠倒了行动的存心。即当人意识到道德法则，而要选择采用法则作为自己行动的格准时，

---

① 牟宗三：《圆善论》，第 67 页。
② 《牟宗三先生译述集》，收入《牟宗三先生全集》第 17 册，台北联经出版事业公司，2003，第 379 ~ 420 页。
③ 《牟宗三先生译述集》，第 383 页。
④ "人们所能做的最初的真正的善，就是从恶走出来。"康德著，李秋零译《纯然理性界限内的宗教》，中国人民大学出版社，2012，第 44 页。

有借道德行动来满足欲望的倾向起作用，恶就存在于当这种倾向产生影响力时，人不加抗拒，接受这种影响。康德认为为善需要面对的敌人不是感性欲望，而是顺着或接受感性欲望的影响的这种倾向。人在这时，总会接受、"默许"它，如康德所说，"设若我们不曾秘密地早已与诱惑者相联盟，则我们毕竟不会为诱惑者所误引而误入歧途"①。意即感性的性好虽然有诱惑性，但人在面对这诱惑时不打算抗拒，才是问题所在，这才是人要真正为善时所要面对之敌人。这敌人须在人做出行动时的存心，即采纳何种原则之自由决意上寻找。故人虽在感性性好影响下才会如此，但仍须为其恶行负责。由于这一恶的倾向与人的选择的自由分不开，而且完全是取决于自己的事情，故要将之克服是十分困难的。而选择上的自由是出于人的理性的，只是也同时受到感性的影响，故此敌人可以说是躲在理性的作用之后的，理性是人能给出道德原则的根据，但在理性之后，却又隐含了为恶的根源，会利用理性的自由而要求人做出了不合道德原则的格准（存心），谢扶雅先生把康德这一章的标题译为"与善俱存的恶的原理"②，十分恰当而传神，表达了要了解所以会产生恶的原则，必须要从给出善原则的自由来理解。

康德这一对恶的根源的分析十分深微，确实是值得从事道德实践或研究儒家实践理论的人参考的，其与孟子的性善论及陆王心学，亦可深入比较。如果此处对于人性中潜伏的恶根的分析是对的，则明白了这一罪恶产生的根源，人的实践的工夫就可以做得很切实，如果真的能够如此，则人比较有希望通过修德的工夫，从根上净化自己的生命，成就纯善的意志。这也应是要达成人类和平必须要解决的问题，不能明白人性中恶的根源，错认了为善时所需要对治的敌人，则修德就不可能有达成完满德性的希望，因此，这一对人性中恶的来源的说明，是成德之教必须要有的哲学性的思辨，如果这个问题说明白了，而给出了恰当的为善去恶的工夫，则可以为达成真正的人类和平给出根据。

这一恶的原理是与善的原理俱存的实情，是十分诡谲难明的，陆象山在讨论"克己复礼"一章的义理时，似乎有相当接近的说法：

---

① 牟宗三：《牟宗三先生译述集》，第386~387页。李秋零译："假如我们没有默许诱惑者，我们本来是不会被他所诱惑的。"《纯然理性界限内的宗教》，第46页。
② 谢扶雅：《康德的道德哲学》，香港：基督教文艺出版社，1972。

颜子之贤，夫子所屡叹，气质之美，固绝人甚远。子贡非能知颜子者，然亦自知非俦偶。《论语》所载颜渊"喟然之叹"，当在"问仁"之前；"为邦"之问，当在"问仁"之后；"请事斯语"之时，乃其知之始至，善之始明时也。以颜子之贤，虽其知之未至，善之未明，亦必不至有声色货利之累，忿狠纵肆之失，夫子答其"问仁"，乃有"克己复礼"之说。所谓己私者，非必如常人所见之过恶而后为己私也。己之未克，虽自命以仁义道德，自期以可至圣贤之地者，皆其私也。颜子之所以异乎众人者，为其不安乎此，极钻仰之力，而不能自已，固卒能践"克己复礼"之言，而知遂以至，善遂以明也。①

此段是说以颜渊的修养造诣，应该已经不会有贪求声色货利的毛病，但何以孔子还是要他"克己复礼"呢？颜渊还会犯《论语》上所说的"非礼而视听言动"一般的过错吗？应该不会的。象山对此做了特别的解释。象山之意可以用上文所说的"为善必须要先从恶中走出"来理解，因此，象山认为先要克去己私，才能真正实践仁义，假如不先对付自己的私心，而自以为就可以实践仁义，以仁义自命，而在此时正是他的私心发用，借实践仁义的自我做主所产生的自由，来满足感性的欲求，于是感性欲求之私，会借着从道德意识而来的自由而膨胀，这时候愈以仁义自期，便愈发危险。人自以为自己可以直接实践仁义，这却正是他私心趁机起用的时候，象山认为明白了个中的问题曲折，才可以说知至。象山的话不是十分直接，但应该表示的就是这个意思，因此，实践仁义要以克去己私作为先行的工夫，即仍要先克服潜在理性背后的敌人，先有这一省察，克服己私，才可以真正为善。如果以上的解释不错，则象山此意表达得相当诡谲而曲折，一般不容易了解。朱子就对象山此说给出强烈的批评：

黄达才问："颜子如何尚要克己？"先生厉声曰："公而今去何处勘验他不用克己！既是夫子与他说时，便是他要这个工夫，却如何硬道他不用克己！这只是公那象山先生好恁地说道，'颜子不似他人样有偏处；要克，只是心有所思，'便不是了。尝见他与某人一书说道：'才是要克己时，便不是了。'这正是禅家之说，如果老说'不可说，不可思'之类。

---

① 陆九渊：《陆九渊集》卷一《与胡季随》，中华书局，1980，第8页。

他说到那险处时，又却不说破，却又将那虚处说起来。……夫子分明说：'非礼勿视，非礼勿听，非礼勿言，非礼勿动。'颜子分明是'请事斯语'，却如何恁地说得？"①

据上引象山之说，是表达先要克去己私才能复礼，即使是颜渊这般有高修养的人，也不能够自以为是，必须在为善时先作省察，看自己的为善是否为己私所乘。如康德所说，为善时要与早已潜伏在理性之后的敌人（恶）决斗，象山之意应该依康德所说来理解，朱子以象山是禅、不说破来批评，应该是误解了，当然朱子对克己复礼的了解，强调了克己复礼应下手做的工夫，也不是不对，说明了实践上要从事的正面工夫。当然比较起来，象山的体会尤为深刻，象山应如康德般表达了任何人为善时都必须警惕，有一个借善而为恶的敌人早已潜伏在人的生命中，必须与此恶根决绝，才能真正为善。朱子对象山上面的说法虽然不满意，但朱子对于这种"为善而不真实，会给恶者所乘"之意，其实也很有了解。朱子云：

> 夫不知善之真可好，则其好善也，虽曰好之，而未能无不好者以拒之于内；不知恶之真可恶，则其恶恶也，虽曰恶之，而未能无不恶者以挽之于中，是以不免于苟焉以自欺，而意之所发，有不诚者。夫好善而不诚，则非唯不足以为善，而反有以贼乎其善；恶恶而不诚，则非唯不足以去恶，而适所以长乎其恶。是则其为害也，徒有甚焉，而何益之有哉？②

这是说虽然人对于善是本知的，但必须要加强明善的工夫，如果不能真正明善，不只不能实践善，反而会被满足私欲的存心趁机起用，于是，为善而不诚会助长恶，这除了强调"对善的真知"的必要外，也隐含为善的背后潜藏了恶根之意。

三 儒道佛的圆教对德福一致问题的解决与道家的玄理

牟先生认为儒道佛三教的圆教可以不从康德这一依基督教传统而来的理

---

① 朱熹：《朱子语类》卷第四十一，中华书局，1986，第1057～1058页。
② 赵顺孙：《大学纂疏　中庸纂疏》，华东师范大学出版社，1992，第76～77页。

论解决，即不用通过上帝与灵魂不灭的设准才可以保证德福的相称。从儒家所肯定的仁心与良知的感通无限，可证内在于人的良知充其极就是天道的创造性的活动。良知从横面说与一切存在的感通无限，而从纵贯面说则与天道相通，通过仁者或圣者的道德实践，在道德活动的表现处，呈现了天道的创生性的活动与意义，证实了天道作为一切存在的根据，并表现了其感通润物的作用。牟先生认为此一内在于人的本体是无限智心（自由无限心），这就是一切存在的根据，既肯定此，就不必以上帝存在作为一切存在的根据。而通过本心良知的呈现，就可以当下呈现纯粹的善的意志，而此意志的活动就是理的呈现，在此情况下，康德所认为的感性欲望对人的求善的意志的限制，或在人的自由决意时，乘之起用的"根本恶"，就可以顿时被克服，于是为了成就成德的意志而设的灵魂不灭的设准也不必要。顺此再进一步，自由无限心的朗现可以通过王龙溪对阳明四句教的调适上遂而讲的四无说，表现为"体用显微只是一机、心意知物只是一事"的浑化境界。而在此浑化的境界中，心与物一体不分，有如是的心就有如是的物，此时的心由于是自然而然地表现道德实践，故一定是神感神应、顺物而化的，而此时所对的物，由于就是无心而自然的心境表现的场所，心物不能分，故也一定是与心一样的顺当而自然。依此境界，则良知所对的境就一定是顺心如意的，而顺心如意当然就是福。于是，在为善去恶而自然的四无境界下，心与境虽分而不分，心的顺当就必有如意的境与之相应，而这时也分不清楚哪一个是心哪一个是境。而从德与福的关系上说，德福因为分属于内心与所处的环境，也是有区分的，但同样是虽分而不能分，因为在此无分别的，或非分解的良知与物的一体呈现下，德与福也相即不离，二者虽不同，但也不能够分开，于是牟先生就以德福二者为"诡谲的相即"来表达此义。这就说明了修德者如果达到纯德或圣者的境界，就一定因为心意知物是一而成功了知德之所在就是福之所在，一切存在都因无心之心、无知之知的呈现而为心的活动所对的顺心如意之境。故牟先生说，在此时，一切法随心而转。由于德之所在就是福之所在，二者相即，也就是有必然的关联性，于是就不必以上帝存在作为实践德福一致必需的预设（设准）了。这一从圣德的生命而表现出来的德福诡谲的相即的境界，不只在儒家是如此，道家的真人表现的迹冥圆的境界，与佛教天台宗所说的佛即九法界众生而成佛、成佛而三千法都是佛法都含此义。这就说明了通过东方儒道佛三教的教说与修行，修行而致其极，就可以达到有德者必有福的圆善境界。如果此说可通，则从事修德、成圣或成佛、成真人的东方之教，可以凭自己的内圣的工夫而达到圆善得以实现之境。这就道出了一个人如果能够反身修德、诚心努力实践而致其极，就可以达到德福一致这个圆满的善的境界，可以说在此时人生就不会再有遗憾了。就此意而言，当然是可以让人产生对于反身修德而成圣或解脱的教法无比的信心。牟先生通过对三教的圆教来说明二者可以诡谲地相即，我认为是很有道理的。这阐发了成圣成佛或成真人之教，可以达成古希腊以来对哲学的思辨所希望达成的目的。

当然达至圆善是修德者的最高境界，一般人是不容易企及的，但一般人也可以在日用中通过实践的努力多少体会到其中的意义，此可以用道家的迹冥圆来稍做说明。道家希望人的生命达到冲虚无为、自然而然的地步，而一旦有这种冲虚自然的生命境界，当然会把这种境界具体表现在所遭遇的种种情况中。人有冲虚、自然、毫无人为造作的生命境界，当然不会排斥日用伦常的生活，不会故意地、有造作地去做事，也不会有意地不做事。则在这种自然的心境下，一定因种种人事物之来，而给出自然而然的回应，于是所面对的遭遇、种种事情，就一定成为自然而然的生命境界实现的场所。王弼所说的"圣人有情"很恰当地表达了此义，郭象所说的尧的治天下，固然是迹而不是本（本是无为），但迹其实就是无为之本的体现处，所谓"迹冥圆"也是此义。于是人若能够使心境自然而然，则所面对的生活上的事情就会成为无心而自然的表现场所。于是日用的行为就一定成为道的境界的实现处，而二者是一体不分的，从道家这一意义来契入，对于心物是一、德福相即之境是比较容易了解的。道家的玄理是用正言若反来表示的，如所谓"无为而无不为""知出乎无知，为出乎无为"，从反面说，就是"愈为之，愈失之矣"，于是为与不为、知与无知，一定需要结合起来才是玄理，不能只说无为，当然也不能只说要为。而这种玄理也符合康德论审美判断所说的"无所关心的满足""无目的而合于目的"，综合上面所说的意思，道家强调了无为而自然的心境，一定要连同所处的环境、生活的事件来表现，而且是以一种无为而自然、无心去做却自然达成目标的情况来表现的，于是既不离开现实，或进一步说，一定以现实作为自然心境表现的场所，心是自然的所以境也一定是自然的，而且这一心境是通于无目的而又合目的的审美与为善而自然的境界，似乎迹冥圆或迹即冥比较容易说明牟先生所谓的对于至德之人而言，"一切法随心而转"之意。

四　从德福的"区分而又相即"论对存在界的肯定及从圆教保住一切法的意义

从上文道家的玄理，就可以比较容易理解德福二者是诡谲的相即之意，于是德福就有必然的关联性，这样说也强调了反身修德、冲虚无为及观空破执等工夫是可以作为德福一致的根据，当然这些工夫必须要至其极而达到化境才能德福相即。虽然这是以至德的境界来解明德福一致的可能，但此意不能理解为福的是否具备，收摄在主观修德上虽然是要以修德为主，但没有存在界的一切存在福也是不可能有的。故牟先生的圆善论强调了三教的圆教，认为圆教保住一切法才能保住有德者之必有福，这表示了德福二者虽然可以诡谲地相即，但必须保持"福属于存在界"之意，而且由于福属于存在界，故存在界的一切存在，一个也不能少。这里表达了中国哲学中对存有论的一种特别的看法，即通过修德来保住一切法，或可以说通过实践的要求，而对一切法做出了根本上的肯定。用康德之意来说也可以通于此意，康德说从事道德实践的人，固然不意在追求幸福，但由于有德者值得有福，所以福不能少掉，此说就是对于"人生的存在，必须是幸福的存在"做了一个从道德理性而来的肯定。人生的幸福，比较而言，当然不能如修德所表现的善的价值之高，实践道德表现了无条件的、绝对的意义，故道德的善是至上善，这当然不是人间的幸福可以相比的，但人间的幸福是有德者值得拥有的，于是在成德的要求下，幸福的人生也收进来而成为与德性有相关的事情，而且这种相关是必然的相关，于是如何去达成现实人生的幸福也是人生的义务。按照此意，对于人生的幸福是绝对不可以轻视或忽略的。而由于圆教的说法，一切现实人生可能的情况，也丝毫不能少掉，这除了是仁者必须吉凶与民同患，无为的冥必须通于现实之迹，及佛必须即九法界众生而成佛，此中所含的圣与佛的悲心所自发的要求外，也应该涵由于福是有德者配享的，而福不能离开存在，故一切存在也不能有任何一个少掉之意。于是仁者与万物为一体，就不只是泛说的与一切相通相感，而是在要使一切的存在情况都能与至德者心境相顺的要求下，对于各具体的存在要做善化的努力，也可以说对于人生一切的存在，是在正视每一存在的具体特殊性而做出的如何才能恰当的善化、安排，使之实现人生的幸福而做出努力。于是儒道佛的肯定一切法，不是泛泛地肯定概念上所涵的一切存在，而是对一切存在的各种特殊情况、各个个体的不同性格、人生的不同时空中或情况中表现的千差万别的人生事物做出肯定。这是天台宗所以要肯定三千世间法，而且这三千世间法是差别法，并非只是无差别的佛境界的法之意，于是从圆教肯定一切法的意义下，就可以给出对现实世间的每一个具体的人、每一个具体的事件，都需要尽心的理解、安顿的要求。这应该是牟先生阐发的儒道佛圆教所含的意义，在这一理解下，不会对于一切具体的存在、一切的人事物，不加以肯定。

这一从德福一致而肯定存在界的存在，包括存在事物的差别性都要保住的说法，等于是对具体的人生做了全面的肯定，而幸福就是在个别的人遇到具体不同的生活情况而产生的感受。这种感受是在具体的生命活动，即与外界做具体而真实的接触才能表现的，所谓幸福固然有理性与知性的成分，但也含感性、想象等。所以幸福的产生，必须是在理性、知性、感性与想象合在一起的具体生命中，于是人生的具体的活动，种种与我们的感性、想象接触的人和事物，都是我们产生幸福的资源，于是可以说，具体的、活泼的人生是幸福之源。由于有德者应该有福，故幸福是应该存在的，而幸福不能离开或不能没有具体的生命活动，故具体的、活泼的人生种种，都是应该的、甚至必需的存在，于是由德福一致的理论而肯定的福，就连带肯定人生种种具体的存在情况，世间乃至于一切的事事物物，都必须以其具体而特殊的状况而存在，这些具体的存在法，都必须被肯定，一个都不能少。而在圆教肯定一切法，而且是差别的三千世间法的理论下，就能够说明幸福所需要的具体的存在情况。即是说人的幸福，不是由概念所统一的一切法而产生，而是在种种人生的具体的情况下，才能表现的，从这个角度就可以了解何以天台宗一定要对三千世间法做出肯定，认为一法都不能少，而且这三千世间法是有各别不同的特殊性的，从幸福是人生需要有，而且在有德者应该有的理论下，世间的具体的差别法的肯定，在理上是必要的。从这个角度来理解天台圆教与华严圆教的不同，及天台中山家与山外的争论，应该可以更为清楚，又通过以上的说明，也可以理解儒家肯定世界的性格，如程子认为"道外无事，事外无道"之意。

五 结论

第一，从牟先生对康德道德神学的批评，可以看出儒学的发展不必走肯定人格神的途径。但虽如此，在孔子的践仁以知天的体会中，也可以有与作为超越者的天相知相感的情形，在此处也表现了非常浓厚的宗教感。践仁是反求诸己的纯粹的理性的实践的事，而当这种实践充其极时，也可以有与超越者相知相感的感通，这种道德情感对于了解儒学的义韵是相当重要的，而且也可以帮助儒学的推广。因此而引发的道德实践的热情，也会比只从形上意义或从理上来了解天道来得动人。另外，康德的肯定灵魂不灭，是以人必须纯净化他的心灵、使他的行动的格准（存心）完全合于理为根据，这是一道德理性的根据是很纯正的。人的成德由于只能是一无限接近的历程，而不能圆满达到，这里给出了人肯定有灵魂不灭的一个道德实践上的理由，人应该成德，这是人的义务，这义务是必须达成的，而达成此义务，必须有生命的不断延续，不能在今生完结之后，心灵就不存在了，这是所谓对灵魂不灭给出了道德实践上的理由，这种肯定灵魂不灭或人可以不朽，并不由于人的贪生怕死。这一讲法有点像佛教认为人从业力的束缚中完全解脱是很不容易的，必须要经过多次生死轮回的努力修持才能达成，由于要从业力轮回中解脱，肯定了来生的存在。这两种说法相似，但康德的说法完全基于道德理性的要求，佛教的说法是以离苦为目的。比较而言，康德的说法更为纯粹而正当，这一对灵魂不灭的肯定，虽然是基于基督教的传统来说，但由于是以道德实践为根据而发出来的要求，则儒学成德之教也可以表现这种坚信，虽然儒家肯定性善，甚至可以当下呈现心即理的心体，但对成德的艰难也有很深的体会，于是应该也会有一生时间太短、不能完全纯净化自己生命的感受，顺着这种对于成德艰难的感受，也可以有灵魂不灭的肯定。① 另外，从修德需要生命无限的善化的历程之说，可以将人的生命的历程理解为德性逐步表现的历程，存在得愈久，德性的意义或价值就可以表现得愈多。德性的意义或说天德的意义有无穷的内容与奥秘，如果人可以有不朽的生命，就可以使德性的意义透过生命的善化其自己的过程而逐步朗现，而且这种朗现是一直在往前进的。如果可以这样说，生命的存在就是德性价值呈现的过程，生命存在得愈久，就愈能展现德性价值的内容，这样应该可以为人的生命存在给出一个道德价值的肯定，说明人的生命是值得存在的。

第二，根据康德的分析，人在意识到道德而从事实践时，了解到人是自

---

① 唐君毅先生早年就有对灵魂不灭的肯定，见唐君毅《致廷光书》，台北：台湾学生书局，1998。

由的。在此时，对于人的有自由意志，而且此自由同时是自律的，有明确地肯定。如此就可以体会到人是可以给出普遍的实践的法则而自己遵守的，人可以摆脱他的感性欲望的影响与利害的关心，而行所当行，这是人的尊严所在。但也由于人意识到道德法则而有的自由，可以成为感性欲望借以影响人行动的机缘，感性欲望借该有的道德行动的动机来满足欲望的需要，即借道德意识的而呈现的主体自由来满足个人之私，在这时候人的主体自由可以表现为决意的自由，可以为了善而为善，也可以为了利而为善。而没有这种决意的自由人也不可能为恶，因为如果人的为恶是在不自由的情况下给出的，那他也不必为他的恶行负责。康德对于根本恶的分析与说明，相当深刻地表达了恶之根潜伏在人的生命中，或躲在人的生命的理性运用下的事实。通过牟先生的译注对这一问题有了更清楚的表达。如果通过此一分析的确可以说清楚人的恶根所在，则对于人的修德、成圣的目的当然是有极大帮助的，如果说明了这一种善恶的原则是相依而存在的事实，人就不那么容易自欺，即不会以表面的善行来满足私欲的要求。

第三，牟先生对三教圆教的说明，表达了从德福一致的角度非要肯定世间一切法的存在，而且此所谓一切法，是具体的生活中所表现的存在。如果有此一肯定，则人生所有可能的具体情况，都有从理而来的合理性，这种对人生一切具体活动或事情上的肯定，可以通过幸福必须是有德者该有的而给出说明。这会提供了一个人从事具体生命活动——不管是哪一种活动，都可以是体现无限人生价值的存在，这一说法可以说是极高明而道中庸，对于日常人生的活动，本来就含有的无限价值给出了一个清楚的说明。由于幸福不能离开具体的人生活动而表现，故具体的存在就得以被肯定，于是每一个不同的人，虽然过着不同情况的生活，但只要能修德而觉悟，就都可以不离开他个别的特殊生活，而表现无限的意义。

通过以上的分析，可以发现牟宗三先生的《圆善论》中含有很多可以让人真正安身立命的智慧或见解，是很值得阐发的，以上所说可能有不清楚或者稍微过度的引申，希望以后能做更进一步的思考。

应用儒学

论秦国"帝王之业"的军事伦理变革：
由"首功论"到"义兵论"

王兴尚

摘　要：秦国成就"帝王之业"，从"王国"发展为"帝国"，经历了从"首功论"到"义兵论"的军事伦理变革。其中，秦、赵"长平之战"是一个转折点，由商鞅提出的"首功论"军事伦理，逐渐被吕不韦提出的"义兵论"军事伦理扬弃。在秦国统一六国的战争中，尉缭子继承了吕不韦"义兵论"的军事伦理，帮助秦王政扫平六国，实现了天下统一。秦帝国的诞生，"义兵论"军事伦理贡献巨大。所以，由秦国实现天下统一，不仅是法家所崇尚的军事暴力和财富生产力的作用，同时，不能否定儒家所崇尚的道德礼义和理性知识的价值。

关键词：秦国伦理　首功论　义兵论

作　者：王兴尚，宝鸡文理学院政法学院教授，周秦伦理文化与现代道德价值研究中心主任。

秦国取得天下，成就"帝王之业"，难道如战国策士苏代所言"秦取天下，非行义也，暴也"[1]，难道仅仅是军事暴力的作用，没有道德的作用吗？司马迁在《史记·六国年表》中指出："秦取天下多暴，然世异变，成功大。传曰'法后王'，何也？以其近己而俗变相类，议卑而易行也。学者牵于所闻，见秦在帝位日浅，不察其终始，因举而笑之，不敢道，此与以耳食无异。悲夫！"[2] 司马迁肯定地指出，秦取得天下，军事暴力起了巨大作用，这是社会历史变迁的必然趋势，秦国顺应了社会历史发展潮流，所以取得了巨大成功。因为秦国不主张"法先王"，而主张"法后王"，虽然没有古代的崇高人

---

① 缪文远、缪伟、罗永莲译注《战国策》，中华书局，2012，第954页。

② 司马迁撰，韩兆琦评注《史记》，岳麓书社，2012，第280～281页。

文价值，却是容易实行。可是，一些学者看到秦帝国短命，不了解秦国成就"帝王之业"的真实历史，便嗤笑秦帝国，不敢讲出历史真相，这就像用耳朵用餐，是不能知道美味的。悲哀呀！可见，秦国取得了天下，成就了"帝王之业"，其中一定包含着取得巨大成功的秘密。

秦国取得巨大成功的秘密究竟在哪里？原来秦国把握了政治国家的四种权力，经过商鞅变法，秦国"四世有胜"，终于在秦王政时代完成了"帝王之业"。政治国家的四种权力，一是暴力，二是财富，三是道德，四是知识。前面两种相当于约瑟夫·奈（Joseph S. Nye）所说的"硬权力"，后面两种相当于"软权力"。秦国商鞅变法重视"耕战"，以农耕、军战立国，即强调"硬权力"。"首功论"以在战场上对敌人斩首多少来计算军功爵位，这使得秦国从秦孝公即位时的弱国变成秦惠文王时代不断强起来的"王国"。吕不韦当政之后，不仅重视"硬权力"，同时扬弃了商鞅变法后"尚首功"的政策；吕不韦还重视"软权力"即道德礼义和理性知识的作用，提出了"义兵论"，后来经过尉缭子等人的发展，为秦国奠定了新的军事伦理基础，终于使秦国从"王国"发展为"帝国"，使秦始皇成为"千古一帝"。

一 商鞅"首功论"：使秦国成就"王国"的军事伦理

春秋时代，周王室权力衰落，包括秦穆公在内的"五霸"已经逐步将其周边弱小的诸侯国兼并殆尽；春秋末期，秦国发生"四世之乱"，即"会往者厉、躁、简公、出子之不宁"，秦国丧失河西之地，受尽屈辱，"诸侯卑秦，丑莫大焉"①。战国时代，周王室权力更加衰落，战国"七雄"之间陷入"霍布斯"式的无政府主义状态，即彼此以敌人关系相对待，征战不休。秦孝公用商鞅变法，通过"强国之术"试图恢复昔日秦穆公的霸业，并为王业、帝业奠定基础。在商鞅"强国之术"中，"首功论"为秦国成就"王国"奠定了军事伦理基础。

1. 商鞅"三道一术"："霸道""王道""帝道""强国之术"

商鞅听到秦孝公《求贤令》的消息来到秦国，曾经向秦孝公提供了四套变法方案。第一套讲"帝道"，第二套讲"王道"，秦孝公认为那是将来的

---

① 司马迁撰，韩兆琦评注《史记》，第 106 页。

事情，都没有采纳；第三套讲"霸道"，秦孝公开始有了采纳的意愿；第四套讲"强国之术"，正好符合秦孝公的意愿，非常喜欢，秦孝公采纳了。商鞅的四套变法方案"霸道""王道""帝道""强国之术"，可以简称为"三道一术"。

商鞅提出的"三道一术"变法方案，其实就是当时理论界的四种政治哲学理念。所谓"帝道"，就是一种顺应天地之道，主张天下为公的政治哲学理念。这是黄帝、颛顼、帝喾、帝尧、帝舜即"五帝"治理天下的政治哲学方案。所谓"王道"就是以天下为家，既用明德又用刑罚，既有明德之恩又有杀伐之威的政治哲学理念。这是夏禹、殷汤、周文王即"三王"治理天下的政治哲学方案。所谓"霸道"就是一种在王道衰落、诸侯争权夺利状态下，能够率领诸侯形成政治同盟，"挟天子以令诸侯"，以武力、权谋、法治、契约为手段，追求诸侯政治利益的政治哲学理念。这是齐桓公、晋文公、秦穆公、宋襄公、楚庄王即春秋"五霸"治理天下的政治哲学方案。商鞅提出的这三种政治哲学方案，秦孝公都兴趣不大，他只是希望恢复秦穆公的霸业，所以秦孝公只对"霸道"稍有留意而已。秦孝公真正感兴趣的是"强国之术"，即如何解决令他日夜焦虑的秦国救亡图存、富国强兵问题。

商鞅"三道一术"的实质是什么？荀子曾对"王道""霸道""强国之术"的实质做了比较。《荀子·王制》指出："王夺之人，霸夺之与，强夺之地。夺之人者臣诸侯，夺之与者友诸侯，夺之地者敌诸侯。臣诸侯者王，友诸侯者霸，敌诸侯者危。"① 就是说，"王道"在于争夺人心，"霸道"在于争夺盟友，"强国之术"在于争夺土地。争夺了人心的，可以臣服天下诸侯，做天下的王者；争夺了盟友的，可以会盟诸侯，做诸侯的盟主；争夺土地的，可能给自己树敌，成为诸侯的敌人。臣服诸侯的称王，做诸侯盟主的称霸，做诸侯敌人的称危。荀子站在儒家立场上，认为一个国家如果运用"强国之术"夺得了土地，往往失去了天下人心，为自己树立了众多敌人，面临被其他诸侯攻击的危险，使诸侯国陷入土地争夺的危险之中。

可见"强国之术"只是一种争夺土地的权宜之计。《韩非子·定法》指出了"强国之术"的具体实施方法："公孙鞅之治秦也，设告相坐而责其实，连什伍而同其罪，赏厚而信，刑重而必。是以其民用力劳而不休，逐敌危而

---

① 荀况撰，方勇、李波译注《荀子》，中华书局，2011，第119页。

不却，故其国富而兵强。"① 就是说商鞅在治理秦国时使用"什伍连坐制"，让民众承担连带责任；使用赏罚这二种"选择性激励"手段，而且奖赏有信用，刑罚逃不脱；民众努力耕作劳动不休息，勇猛杀敌不怕死，最终能够达到国富兵强的目标。其中包含的军事伦理，就是"首功论"，即以斩杀敌人的首级来取得官爵和财富。韩非子说，即使秦孝公、商鞅死了，秦惠文王即位，秦国根据"强国之术"建立的各种法律也没有失效，依然在秦国发挥作用。

2. 秦国"首功论"军事伦理与"四世有胜"的"虎狼之国"

商鞅变法鼓励"公战"，禁止"私斗"，将秦人的力量聚焦到为杀敌立功上面，这是"首功论"的前提。根据《史记·商君列传》记载："有军功者，各以率受上爵；为私斗者，各以轻重被刑大小。"② 就是说，将一个人参加"公战"即国家军事战斗建立功勋与个人社会地位尊卑的"地位性物品"即军爵联系起来，设立了十八级以后，又增加到二十级的军功爵，建立的功勋越大获得的爵位越高，鼓励秦人"公战"。而"私斗"是宗法家族血亲复仇的一种社会恶疾，"杀人之父，人亦杀其父；杀人之兄，人亦杀其兄"③。许多游侠刺客目无国法，也卷入宗法家族血亲复仇的私斗之中去了。商鞅变法对于参与宗法家族私斗的人，按照造成后果的轻重处以大小不同的刑罚，以禁止"私斗"。

商鞅变法任用官爵仅凭能力，不凭亲戚关系，仅凭杀敌立功，由军功决定官职爵位，宗室成员没有军功不得享有官职爵位，这改变了世卿世禄制度，是"首功论"的核心内涵。"宗室非有军功论，不得为属籍。明尊卑爵秩等级，各以差次名田宅，臣妾衣服以家次。"④ 就是说秦国宗室贵族如果没有建立军功，不得列入公室属籍，不得拥有官职爵位，不得享受公室属籍特权。所以，以军功决定公族属籍，官职爵位。为了表明尊卑贵贱和爵秩等级，按照功勋等级占有田宅，甚至臣妾衣服样式也按照功勋等级而定。这就打破了世卿世禄制度，为群臣客卿立功获取爵禄开辟了道路。

秦国"首功论"的具体内容是什么？根据《商君书·境内》记载："能

---

① 韩非撰，周勋初修订《韩非子校注》（修订本），凤凰出版社，2009，第485页。
② 司马迁撰，韩兆琦评注《史记》，第996页。
③ 杨伯峻译注《孟子》，中华书局，1960，第327页。
④ 司马迁撰，韩兆琦评注《史记》，第997页。

攻城围邑斩首八千已上，则盈论；野战斩首二千，则盈论；吏自操及校以上大将尽赏。""故客卿相论盈，就正卿。"① 就是说，如果是攻城围邑，斩首敌军八千以上，就完成了定额；如果是在野战中斩杀敌军二千，就完成了定额；军吏从操及校以上大将都有奖赏。凡是到秦国担任将领的客卿完成了定额，就可以升任为正卿了。针对一般卒伍的军功爵方案："能得甲首一者，赏爵一级，益田一顷，益宅九亩。级除庶子一人，乃得入兵官之吏。"② 《韩非子·定法》指出："商君之法曰：'斩一首者爵一级，欲为官者为五十石之官；斩二首者爵二级，欲为官者为百石之官。'官爵之迁与斩首之功相称也。"③ 《睡虎地秦墓竹简·军爵律》甚至规定了关于奴隶军功爵的方案："及隶臣斩首为公士，谒归公士而免故妻隶妾一人者，许之，免以为庶人。工隶臣斩首及人为斩首以免者，皆令为工。其不完者，以为隐官工。"④ 就是说，隶臣斩获敌首应授爵为公士，而请求退还公士的爵，用来赎免现为隶妾的妻一人，可以允许所赎的都免为庶人。工隶臣斩获敌首和有人斩首来赎免他的，都令作工匠。如果形体已有残缺，用作隐官工。

商鞅变法将官爵与田宅相对应，光荣和显赫取决于功勋，这是"首功论"追求的社会荣誉效应。"有功者显荣，无功者虽富无所芬华。"⑤ 就是说，使得有功勋的获得官爵而显赫光荣，没有功勋获得官爵的人虽然富裕，也没有什么声誉光彩。所以，秦国一切官职爵位的光荣和显赫取决于耕战建立的功勋，而不是贵族血统和亲戚关系。

在商鞅"首功论"激励下，秦国军事实力"四世有胜"，秦人被列国称为"虎狼之国"。尤其在秦昭王时期，不但大肆兼并列国土地即"攻地"，而且采纳范雎的策略"攻人"，即大肆歼灭敌国有生力量。《荀子·议兵》指出，秦国经过商鞅变法，"强国之术"及其"首功论"取得了"四世有胜"的巨大成就。"秦人，其生民也狭厄（狭隘），其使民也酷烈，劫之以势，隐之以厄，忸（习惯）之以庆赏，鳅（逼近）之以刑罚，使天下之民，所以要利于上者，非斗无由也。厄而用之，得而后功之，功赏相长也，五甲首而隶

---

① 商鞅著，张觉校注《商君书校注》，岳麓书社，2006，第 150 页。

② 商鞅著，张觉校注《商君书校注》，第 153 页。

③ 韩非撰，周勋初修订《韩非子校注》（修订本），第 487 页。

④ 睡虎地秦墓整理小组：《睡虎地秦墓竹简》，文物出版社，1978，第 55 页。

⑤ 司马迁撰，韩兆琦评注《史记》，第 997 页。

五家，是最为众强长久，多地以正。故四世有胜，非幸也，数也。"① 《韩非子·初见秦》也指出，"今秦出号令而行赏罚，有功无功相事也。出其父母怀衽之中，生未尝见寇耳。闻战，顿足徒裼，犯白刃，蹈炉炭，断死于前者，皆是也。夫断死与断生者不同，而民为之者，是贵奋死也。夫一人奋死可以对十，十可以对百，百可以对千，千可以对万，万可以克天下矣。"② 可见"强国之术"与"首功论"激发出了秦人"贵奋死"的尚武精神，使秦国成为名副其实的"虎狼之国"。

3. 商鞅"首功论"的历史意义：秦国从孝公称"霸"发展为惠文称"王"

商鞅变法运用"强国之术"及其"首功论"使秦国强大起来，即秦孝公十九年，被周天子命为"伯"，秦国再次称霸西方。前325年，秦惠文君已经不满足于称霸，秦国开始称王。公元前770年周平王东迁洛邑，前707年楚武王挑战周天子开始称王，此后楚庄王"问鼎"，企图取代周天子，引发了齐国、晋国、秦国"尊王攘夷"的抵抗运动。所以，春秋时代，除了南方楚国、越国等蛮夷之国称王之外，中原各国无一称王。可是，自从东周王朝被分裂为东周、西周之后，周德衰落，丧失人心，周天子无其德而有其名，周王室政治威望沦落。此时，作为"普天之下，莫非王土"意义的"王"的称号，已经名不副实。经过"田氏代齐""三家分晋"之后的齐、魏二国，与周王室关系较为疏远，所以，前353年，齐威王称王，不朝周天子；公元前344年，魏惠王虽然朝见周天子，却又自称"夏王"；前334年即周显王三十五年，魏国与齐国相会于徐州，魏、齐二国相互称王。在齐、魏二国称王的形势下，周天子派大夫辰致文武之胙于秦国，根据《秦封宗邑瓦书》（现藏陕西师范大学博物馆）记载，前334年即秦惠文君四年，"周天子使御大夫辰来致文武之胙"。周天子试图与秦国联合起来共同制约齐、魏二国的僭越行为。在这种情况下，秦国的地位得以突现出来，频频受天子眷顾。可是，当秦惠文君收复了河西之地和上郡十五县之后，秦国实力大增，其已经不满足于称霸了。于是，前325年即秦惠文君十三年，秦国背叛了周王室，也开始称王了。前324年，秦惠文君改元，称秦惠文王元年。由于秦国称王，前323年，"六国皆称王"。从前353～前323年，30年间，除了春秋时已有旧二王，即楚

---

① 荀况撰，方勇、李波译注《荀子》，第231页。
② 韩非撰，周勋初修订《韩非子校注》（修订本），第3页。

国、越国之外，又有了新八王，即齐国、魏国、宋国、秦国、韩国、赵国、燕国、中山国纷纷称王。秦国称王，引发了东周政治格局的巨大变化。那么，秦国"称王"与"称霸"有什么实质差异呢？

秦国"称王"与"称霸"的实质差异，一方面是政治哲学理念的差异。按照华夏文化的政治理念，诸侯"称霸"是以"尊王"为前提的，作为一方诸侯之长，至少在名义上，霸主服从周王的指令，积极维护周朝礼制规范，干预不服从周朝礼制的诸侯，打击侵扰华夏的四方夷狄，征讨不来朝贡的"不廷"者。作为最高统治者的"王"是唯一性的、排他性的政治实体。《公羊传·僖公二十四年》记载："王者无外。"① 《国语·吴语》也记载："夫诸侯无二君，而周无二王。"② 王者无二，这是中国"王"的原始意义。所以，春秋诸侯的政治理念是"尊王攘夷"，不能僭越周朝宗法封建制度的政治秩序。然而，诸侯相互称王，从周王室正统的意义上说，就是一种对周王室排他性、唯一性王权的僭越；可是，春秋战国时代，周王室与诸侯国实力对比上，出现了《左传·昭公十一年》说的"末大必折，尾大不掉"③ 的历史必然趋势，诸侯称王就是反映了这种历史必然趋势的理性诉求。

另一方面是伦理关系的差异。诸侯称王完全改变了周王室与诸侯之间的责任伦理关系，使东周王朝失去了作为排他性、唯一性的华夏之王这一地位。此时大国诸侯相互称王，只是大国之间的妥协，是一种短暂的历史现象。按照华夏文化"王者无外"的一般政治观念，王是排他性的、唯一性的政治实体。一旦大国在实力上相互抗衡，相对平衡的状态被打破，历史的天平必然向一个大国倾斜。这是一个风雷激荡的过程，等待一切尘埃落定之后，华夏文化之中，只能有一个唯一的王。

二 吕不韦"义兵论"：使秦国成就"帝国"的军事伦理

秦孝公采纳"强国之术"，用商鞅变法修刑，鼓励耕战，军事暴力与财富生产力的"硬权力"得到发展，"尚首功"的军事伦理更使六国人闻风丧胆，秦国复兴秦穆公之业，再次称霸；秦惠文王时期，收复全部河西以及上郡十

① 杜预等注《春秋三传》，上海古籍出版社，1987，第189页。
② 陈桐生译注《国语》，中华书局，2013，第683~684页。
③ 左丘明著，李梦生注释《左传今注》，凤凰出版社，2008，第570页。

五县，向南吞并巴蜀富庶之地，秦国由此走上富强之路，秦惠文君成为秦国称王第一人；秦昭王时期，魏冉蚕食六国，范雎远交近攻，秦国挑战国际权力体系，试图从称王升级为称帝。秦国剑指东方，秦国与六国的博弈就像冠军队与明星队的对抗比赛，更像狡猾的黄鼠狼与绳子系在一起的连鸡之间的较量。秦国军队在南部击破楚国，中部击溃韩国、魏国，东部削弱齐国，北部打残赵国。此时六国合纵抗秦，秦则以连横破纵，秦国以灵活的外交斗争与猛烈的军事进攻逐次削弱诸国，形成了不得不由秦统一天下的态势。根据《荀子·强国》记载，李斯问荀卿说："当今之时，为秦奈何？"孙卿曰："力术止，义术行。曷谓也？秦之谓也。"①"力术止"就是"硬权力"，即军事暴力和财富生产力方面，秦国已经发展到最大极限；"义术行"就是此时秦国需要"软权力"，即用道德和知识的力量，来实现天下的统一。也就是"节威反文，案用夫端诚信全之君子治天下焉，因与之参国政，正是非，治曲直，听咸阳，顺者错之，不顺者而后诛之"②。在此历史背景下，吕不韦延揽智士编撰《吕氏春秋》，提出了一套"义兵论"的军事伦理，试图将秦国从"王国"升级为"帝国"，实现天下统一。

1. 吕不韦为相国，扬弃"首功论"的"攻人"策略，提出"义兵论"

秦庄襄王任用吕不韦为相国，吕不韦扬弃商鞅"首功论"以及范雎的"攻人"策略，在吸收儒、墨、道、法的"道义"思想基础上，提出"义兵论"的军事伦理。公元前251年，即秦昭王五十六年，秦昭王卒。公元前249年，即庄襄王元年吕不韦为被任命为相国，庄襄王在位3年即死，一直到秦王政九年，即公元前238年嬴政22岁亲自执政以前，吕不韦执政达12年之久。在军事伦理上，吕不韦开始修正商鞅"尚首功"即按照杀死敌军人数授予爵位的做法，改变范雎"攻人"即追求消灭敌人有生力量的政策。因为，按照"尚首功""攻人"的方针政策，秦国军队在战场上勇猛消灭敌人，已经对山东六国形成了压倒性优势。据不完全统计，从公元前354年商鞅变法到公元前256年昭襄王五十一年，"在这112年中，先后大屠杀18次，共杀1617000人（小杀戮不计）；昭襄王时达到顶峰，先后屠杀14次，共杀1263000人，这真是骇人听闻的数字"③。但是，秦国军队"尚首功"，大量屠

① 荀况撰，方勇、李波译注《荀子》，第258页。
② 荀况撰，方勇、李波译注《荀子》，第259页。
③ 朱绍侯：《军功爵制研究》，上海人民出版社，1990，第160~199页。

杀交战国士卒，包括长平之战坑杀降卒 45 万的做法，造成了东方六国人民的恐惧和愤怒，引发六国人民的全民拼死抵抗，这给秦国的统一大业造成了巨大障碍。

所以，吕不韦提出"义兵论"，让秦国军队由"尚首功"的功利之师、野蛮之师，转变成仁义之师、文明之师。这是一种军事伦理变革。在《吕氏春秋》中，吕不韦及其合作者阐述了"义兵论"思想。

其一，吕不韦在《吕氏春秋·荡兵》中提出，"古圣王有义兵而无有偃兵"①。他反对废除军事武装的偃兵论，论证军事武装取得统治权的合理性。"夫兵不可偃也，譬之若水火然，善用之则为福，不能用之则为祸；若用药者然，得良药则活人，得恶药则杀人。义兵之为天下良药也亦大矣。"② 吕不韦主张，以义兵消除暴乱，而反对废除国家军事武装的观点，将军事斗争比作医治天下痼疾的良药。

其二，吕不韦在《吕氏春秋·振乱》中提出，义兵"攻伐之与救守一实也"③，即无论是进攻战还是防御战都是合理的。"夫攻伐之事，未有不攻无道而罚不义也。攻无道而伐不义，则福莫大焉，黔首利莫厚焉。禁之者，是息有道而伐有义也，是穷汤、武之事而遂桀、纣之过也。"④ 吕不韦主张，只要是义兵，在攻无道而罚不义的过程中，既可以采取防御战策略，也可以采用进攻战策略。

其三，吕不韦在《吕氏春秋·论威》中提出，义兵的作用就是震慑敌人，保护人民。"敌慑民生，此义兵之所以隆也。"⑤ 吕不韦在《吕氏春秋·怀宠》中提出，秦国军队必须遵守保护人民生命和财产的"七不"政策，以争取天下人心："故兵入于敌之境，则民知所庇矣，黔首知不死矣。至于国邑之郊，不虐五谷，不掘坟墓，不伐树木，不烧积聚，不焚室屋，不取六畜。"⑥ 吕不韦主张，只要秦国军队将战斗锋芒对准敌国的统治者而不是人民；秦军在消灭暴虐的诸侯军队的同时，主动保护人民的生命与财产安全，就会得到六国人民的理解。

---

① 吕不韦撰，陆玖译注《吕氏春秋》，中华书局，2011，第 195 页。
② 吕不韦撰，陆玖译注《吕氏春秋》，第 198 页。
③ 吕不韦撰，陆玖译注《吕氏春秋》，第 203 页。
④ 吕不韦撰，陆玖译注《吕氏春秋》，第 204 页。
⑤ 吕不韦撰，陆玖译注《吕氏春秋》，第 225 页。
⑥ 吕不韦撰，陆玖译注《吕氏春秋》，第 213 页。

其四，吕不韦在《吕氏春秋·简选》中提出，要重视训练将士和配备精良装备，只空谈道德礼义是世俗之论。"世有言曰：'驱市人而战之，可以胜人之厚禄教卒；老弱罢民，可以胜人之精士练材；离散系系，可以胜人之行陈整齐；锄櫌（农具）白梃（木棒），可以胜人之长铣利兵。'此不通乎兵者之论。"① 吕不韦主张，"简选精良，兵械铦利，令能将将之，古者有以王者、有以霸者矣，汤、武、齐桓、晋文、吴阖庐是矣"②。他还强调"夫兵有本干：必义，必智，必勇"，"义则敌孤独"，"智则知时化"，"勇则能决断"，③ 而不能空谈道德礼义。

2. 尉缭子发展吕不韦"义兵论"，为秦国铸造战无不胜的"铁军"

自从公元前 237 年，即秦王政十年，吕不韦因为嫪毐案件连坐被免职，公元前 235 年饮鸩自尽。此时秦王政开始采纳尉缭、李斯等人的军事、经济、外交谋略，策划消灭六国。

据《史记·李斯列传》记载，李斯从荀子那里学习了"帝王之术"，便来到秦国向秦王政分析列国的强弱众寡，指出秦国消灭关东六国的时机不可丧失，由称王升格为称帝，这是万世才有的一次机会！李斯指出：待人而成事者，往往失去转瞬即逝的机会；能够成就大功勋的人，就在于他能抓住可乘之机下狠心去做。从前秦穆公称霸，却没有吞并六国是为什么？原因在于诸侯国还多，周德没有衰落，五霸交相更替，还都尊重周王室。自从秦孝公以来，周王室日渐卑微，诸侯彼此兼并，关东变成了六国，秦国乘胜役使诸侯整整六代了。现在诸侯服从秦国就像郡县服从朝廷一样。以秦国的强大、大王的贤明，就像打扫灶灰一样，足以消灭诸侯，成就帝业，实现天下统一，"此万世之一时也"④。如果现在怠慢而不急速行动，一旦诸侯再次强大，相聚签订合纵盟约，虽然像黄帝一样贤明，也不能兼并了。因此，秦王政任命李斯为长史，听从了他的计谋。

又据《史记·秦始皇本纪》记载，大梁人尉缭于公元前 237 年，即秦王政十年来到秦国，劝说秦王道：凭着秦国这样强大，诸侯就像郡县的长官，我只担心山东各国合纵，联合起来进行出其不意的袭击，这就是从前智伯、

---

① 吕不韦撰，陆玖译注《吕氏春秋》，第 230 页。
② 吕不韦撰，陆玖译注《吕氏春秋》，第 231 页。
③ 吕不韦撰，陆玖译注《吕氏春秋》，第 236 页。
④ 司马迁撰，韩兆琦评注《史记》，第 1212 页。

夫差、愍王所以灭亡的原因所在。希望大王"毋爱财物，赂其豪臣"①，即不要吝惜财物，给各国权贵大臣送礼，利用他们打乱诸侯的计划，这样只不过损失三十万金，而诸侯就可以完全消灭了。秦王听从了他的计谋，会见尉缭时以平等的礼节相待，衣服饮食也与秦王一样；让他当秦国的最高军事长官，并始终采用尉缭的谋略。

尉缭担任秦国"国尉"一职，继承发展了吕不韦的"义兵论"，极大地推动了秦国的统一大业。贺润坤等人认为，"尉缭的军事名著《尉缭子》一书是其入秦后的作品，其军事思想基本上可视为秦的军事思想的一部分"②。尉缭的"义兵论"有以下三点内容。

其一，尉缭在《尉缭子·兵教》中指出："兵者，凶器也；战者，逆德也；争者，事之末也。王者伐暴乱而定仁义也。"③ 尉缭子界定"义兵"的性质就是惩罚暴乱，实行仁义；诛杀暴君，禁止不义。

其二，尉缭在《尉缭子·武议》中指出："凡兵不攻无过之城，不杀无罪之人。夫杀人之父兄，利人之财货，臣妾人之子女，此皆盗也。故兵者所以诛乱禁不义也。兵之所加者，农不离其田业，贾不离其肆宅，士大夫不离其官府，由其武议在于一人，故兵不血刃，而天下亲焉。"④ 尉缭子主张，"义兵"作为仁义之师，不仅不攻无过之城，不杀无罪之人，而且要运用军事力量保护社会生产和人民生活的正常秩序。

其三，尉缭在《尉缭子·兵教》中提出"义兵"必胜之道的十二制度：一曰连刑，二曰地禁，三曰全军，四曰开塞，五曰分限，六曰号别，七曰五章，八曰全曲，九曰金鼓，十曰陈车，十一曰死士，十二曰力卒。⑤ 尉缭子的军事制度的实质就是法家的刑赏分明，农战食爵，赏信罚必。《尉缭子·制谈》说："一武夫仗剑击于市，万人无不避之者，臣以为非一人之独勇，一市万人皆不肖。何则？死与必生，固不触也。听臣之术，足使三军之众为一死贼，莫敢当其前，莫敢随其后，而能独出独入焉。独出独入者，王伯之兵也。"⑥

① 司马迁撰，韩兆琦评注《史记》，第 122 页。
② 贺润坤：《论战国时期关东诸国各派思想对秦国政治思想的影响》，载于秦始皇兵马俑博物馆编《秦俑秦文化研究》，陕西人民出版社，2000，第 94 页。
③ 徐勇：《尉缭子浅说》，解放军出版社，1989，第 94 页。
④ 徐勇：《尉缭子浅说》，第 159 页。
⑤ 徐勇：《尉缭子浅说》，第 150 页。
⑥ 徐勇：《尉缭子浅说》，第 61 页。

尉缭子主张，通过建立严明的军事制度，鼓励军队为正义而战，普通战士也会变成不怕死的英雄豪杰。

尉缭的"义兵论"军事思想再加上他的外交思想，为十年统一战争提供了战略方针的指导。所以，秦灭六国，皆师出有名。秦始皇说："寡人以眇眇之身，兴兵诛暴乱，赖宗庙之灵，六王咸伏其辜，天下大定。"① 秦国终于从"王国"升级为"帝国"。

三 秦国"义兵论"军事伦理变革对成就
"帝王之业"的意义

秦国通过吕不韦、尉缭"义兵论"的军事伦理变革，成就了"帝王之业"，这是中国历史上具有划时代意义的重大事件。因为秦国作为"帝国"具备了马克斯·韦伯所说意义上的理性官僚统治的基本特征，这是人类政治文明史上的奇迹。同时，秦帝国的中央集权官僚政治体系也属于"历史官僚帝国"的范畴。艾森斯塔得指出，中央集权的"历史官僚帝国"有以下主要特征："第一，尊奉世袭的具有传统—神圣合法性的最高政治领袖，他拥有对统治事务的最高决断权；第二，最高统治者依靠发达的官僚机构实现对广土众民的理性行政，这些官僚在全国范围内选拔，而非世袭贵族；第三，通过有效的地方行政制度，保证中央对地方的有效管理，从而有别于封建制。"② 秦帝国的建立，标志着周王朝宗法封建制的政治体制被消灭了，取而代之的就是中央集权的官僚政治体制。

弗朗西斯·福山在《国家、法治与负责制政府》一文中说："从秦朝开始，中国人就建立了世界上第一个符合马克斯·韦伯定义的现代国家。中国成功发展了统一的中央官僚政府，发明一套非人格化和基于能力的官僚任用制度，管理众多人口和广阔疆域，比罗马的公共行政机构更为系统化，中国人口中受统一规则管辖的比例也远远超过罗马。"③ 事实证明，在秦帝国的诞

---

① 司马迁撰，韩兆琦评注《史记》，第 129 页。
② 〔美〕S. N. 艾森斯塔得：《帝国的政治体系》，阎步克译，贵州人民出版社，1992，第 3 ~ 14 页。
③ 〔美〕弗朗西斯·福山：《国家、法治与负责制政府》，记者马国川，载于《财经》2012 年 12 月 2 日。

生过程中，不仅有法家所崇尚的军事暴力和财富生产力，有使得新兴政治体制从旧的政治体制中脱胎出来的"助产士"作用，而且，不能否定儒家所崇尚的道德礼义和理性知识给新兴政治体制带来人类崇高价值理性的甘美"乳汁"！我们只惋惜秦始皇迷信政治巫术，秦二世滥用督责之术，让秦帝国饮鸩止渴，最终短命而亡。

龙与奇美拉

——中国外交的起源兼论春秋时期诸侯国行为性质

朱小略

摘　要：伴随着外交学在国际上的整体复兴，中国的外交学研究也迎来了新一轮的繁荣。这一时期，呼应着"外交在中国"的进一步深化，"中国的外交"作为中国外交学学科建构的核心内容，也成为当下理论界自觉研究的方向之一。而外交学本土化势必要求外交理论与中国的国情和历史的深入结合。但由于中西外交传统断裂、移植与平行并存的复杂关系，国际关系研究对外交学的过强影响，以及传统文史哲研究和外交学研究的学科壁垒，长期地影响着中国外交学的学科建构，"在威斯特伐利亚体系成形之前的古代中国是否有外交，应当从何时开始追溯中国古代外交"仍然是一个难解的疑团，并借但丁的诗性语言将自身表述为"维吉尔之问"。应对这一问题的方法，是同时积极地推进外交学理论的建构，明确外交学的研究对象与理论框架；同时深入到文史哲研究领域，以文献记载与考古发现为依托，从"夷夏之辨"与大一统的语境中还原古代历史中的外交活动。综合学界对这一领域已有的研究和批评，今人可以发现，横亘于中国外交溯源的疑问，一部分出于对外交学理论的理解不够深入，一部分出于史料学、政治思想与政治史研究在学科建构上的乏力，而通过文献、历史、考据、考古与外交学的综合研究，我们可知，中国古代存在着实然的外交传统，而这一传统开端于春秋时期的诸侯会盟。

关键词：中国外交　主权　春秋诸侯　维吉尔之问　夷夏之辨

作　者：朱小略，复旦大学国际关系与公共事务学院副研究员。

伴随着近年来盛行的民粹主义，不确定性主导下的大国关系走向以及解释乏力的国际关系理论困境，外交学研究在中国迎来了新的繁荣期：外交主体的非主权化延伸和多边外交的机制建构等都成为这一时期外交学研究的关注焦点。部分学人致力于完善中国外交学的学科建设（当然，这里的外交学特指脱胎于西方学术体系的现代学科，而非外交实践或对外政策研究），对西方外交学理论的大规模译介则贯穿其始终。譬如高飞指出外交学的学术传统源自欧洲，以黎塞留（Armand de Richelieu）、卡利埃（Francoisde Callieres）、萨道义（Ernest Mason Satow）等作为代表人物。① 张清敏指出二战前世界政治的中心在欧洲，当时中国竭力学习西欧。新中国早期外交学又取法苏联，外交学研究实际全程受到过强的外部影响。② 金正昆认为：外交学一方面从属于社会科学，是国际关系学的重要组成部分；另一方面又应当集中于指导当代外交实践。③ 在这部分学人的努力之下，西方外交学诸新论及时引入中国，其路径亦与自20世纪二三十年代以来中国外交学的建设一脉相承。效仿哲学界对本土哲学学科建设的反思，从引介和嫁接这两个特征出发，我们拟将这一类思考归纳为"外交在中国"。④

除此之外，国内学界亦着力于学科交叉背景下的范式融合与理论建构，尤其与历史学和古代哲学研究积极结合，由"移花接木"转向"追本溯源"。2000年前后国内的外交学研究日渐致力于探索本土经验与外交理论之间的衔接：譬如叶自成认为春秋时期诸侯国即具有主权国家的基本特征，其国家间行为应被视为中国外交的起源。⑤ 秦亚青从中国古代社会组织的关系特性，以及作为朴素辩证法的阴阳为基点，构建起"关系本位"与"过程建构"理论。⑥ 阎学通虽着重于国际关系理论，但其道义现实主义的路径也延展至外交理论。⑦ 或如王逸舟从中国政治的现实需求与时代定位出发，提出外交"创造性介入"的转型需求。⑧ 从历时性建构与共时性比较的多元视角出发，这种立

① 参见高飞《我国外交学研究的现状和主要问题》，《国际论坛》2007年第1期。
② 参见张清敏《外交学的复兴与外交学学科建设——外交学学科定位、研究对象及近期研究议程》，《国际政治研究》2012年第4期。
③ 参见金正昆《对外交学研究若干范畴所进行的思考》，《教学与研究》2003年第3期。
④ 关于冯友兰先生"哲学在中国"与"中国的哲学"两说的界定，参见冯友兰《中国哲学史新编》，人民出版社，2007，第30页。
⑤ 参见叶自成《春秋战国时期的中国外交思想》，香港社会科学出版社有限公司，2003。
⑥ 参见秦亚青《关系本位与过程建构：将中国理念植入国际关系理论》，《中国社会科学》2009年第3期。
⑦ 参见阎学通《道义现实主义的国际关系理论》，《国际问题研究》2014年第5期。
⑧ 参见王逸舟《创造性介入：中国外交的转型》，北京大学出版社，2015。

足于构建本土化外交话题体系的尝试，可以被称之为"中国的外交"。

表 1　中国外交学的学派划分

	传统派	特色派	非传统派
外部环境	无政府状态、力量平衡	国际体系、文化认同	全球化、命运共同体
哲学基础	现实主义、新现实主义	马克思主义、建构主义	自由主义、后现代主义
核心问题	国家间政治（politics among nations）	中国与世界间政治（politics between China and the world）	跨网络政治（politics among networks）
外交行为体	国家、外交部、驻外使馆	国家、外交部、驻外使馆	国家、非国家行为体
主要概念	实力、战略、博弈	时代、秩序、特色	民主化、社会化、公共外交、非传统外交
代表人物	阎学通、叶自成	梁守德、秦亚青	王逸舟、赵启正

注：参见赵可金《探索外交理论的中国路径》，《清华大学学报》（哲学社会科学版）2016 年第 5 期。

然而，这同冯友兰先生"接着讲"的学术抱负大相径庭。相较西方外交学研究无碍地将外交活动上溯至两希（希腊、希伯来）时期，中国的外交学研究既面临着舶来不足百年的现状，又受困于古代政治思想与当代政治学科的断崖，甚至难以就如"主权国家"等政治学基本概念与文史哲既有研究达成共识，实际加深了中国外交学研究所面临的认同危机。[①] 从这点上看，中国外交学研究偏重译介而弱于创新，空穴自有来风。而为应对这一理论上的困难，本文将致力于梳理两个问题：1. 外交学的内在框架能否恰如其分地界定古代政治中的外交行为；2. 中国的外交学研究是否能够恰如其分地吸收古代政治经验的精华。并希望通过这样的研究，能够在外交学与传统人文学科的研究范式和成果之间，构建起某种有效的互通机制。

一　断裂与壁垒——中国外交学研究的"维吉尔之问"

意大利诗人阿利盖利·但丁（Dante Alighieri）在其代表作《神曲》中曾

[①] 这一类批评在当代学界研究中时有所闻，"例如，用阴阳学说和中庸价值观解释强盛后的中国也不会对世界形成威胁，似乎并不比'中国者中道之国，人道之国也'，'中国者，中庸之国、和合之国也'之类的旧论更具学理性支撑……从中国的阴阳思想获得某种灵感是可能的，但必须承认，这终究不是一种精确的方法。"尚会鹏：《关于国际政治"关系理论"的几个问题》，《国际政治研究》2017 年第 2 期。

论及一个神学问题，即在基督降世之前即已去世的贤人究竟能不能升入天堂。但丁借维吉尔之口说道：

> 他们并无罪过，但即使他们有功德也无济于事，因为他们不曾受过洗礼。而洗礼正是你所虔信的那个宗教的入口。因为他们先基督而生，他们无法对上帝做应有的崇敬。（《神曲》）

耶稣诞生数百年前的义人，有没有资格受救赎？同理，现代学科体系萌发自欧美学术的基壤，而另有传承的古代中国思想是否应排除出这一体系之外？在哲学领域中，它表现为"中国无哲学"的解构；在外交学领域则表现为中国政治传统与当代外交之间的隔膜。① 语词的溯源鲜明地揭示了这一点：现代外交（Diplomacy）几乎是一个全新的词。相比其他可直接追溯至古希腊罗马的语汇，diplomatique 18 世纪晚期才姗姗来迟。它是法国人模仿 aristocratie（贵族）而从 diploma 生造的法语词。而 diploma 与后继的 diplomacy 并没有语义的衍生关系：源生于希腊语 diplōma（对折的纸）的 diploma 指官方文书与公告。② 而 1695 年莱布尼茨（Gottfried Leibniz）编辑出版的《万民法典》（*Codex Juris Gentium Diplomaticus*），因包含了诸多外交文书，才在语用的角度上推动 diplomatic 转义为外交。这是独自酝酿于欧洲政治语境的文化现象，与中国古代的"近者不亲，无务来远；亲戚不附，无务外交"（《墨子·修身》）和"为人臣者无外交，不敢贰君也"（《礼记·郊特牲》）中的外交几无关联。整体来说，外交机制的演变脉络大体如下。

在共时性与历时性的两个维度中，外交、外交思想与外交学的发展都体现出平行性、割裂性与移植性并存的趋势。通过语言溯源，我们已窥见其三位一体的演变轨迹：在欧洲，外交的延续有惠于其现代的嬗变，并使外交思

---

① 从哲学史的角度来看，黑格尔在《哲学史讲演录》将东方哲学与思想排除出哲学，海德格尔以一种较好的动机，将东方的思维归类为"诗性思维"，以补正主、客二分的西方形而上学思维。德里达 2001 年访问上海时，亦将中国古代思想排除出"哲学"的队伍。当然，三者的动机各有不同，但对"中国哲学"这一门学科的合法性而言，其冲击是并无二致的。参见钱文忠《是哲学，还是思想——王元化谈与德里达对话》，《中国图书商报》2001 年 12 月 13 日。

② 当然，学界对此有另一种意见。譬如黄金祺、鲁毅等认为 diploma 特指古希腊君主或罗马元老院为使节颁发的、以"双重折叠"作为装帧方式的特许证书。参看鲁毅等《外交学概论》，世界知识出版社，2004，第 2 页。

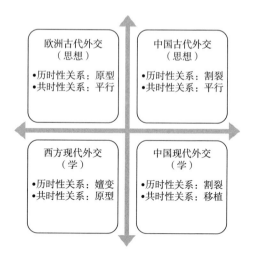

图 1　比较视域下的外交发展脉络

想顺畅地完成学科层面的重组；而中国却明显受到维吉尔之问的困扰，从历时性层面上看，外交思想与制度传承都有所断裂。至于东西外交的共时性联系，也由历史上思想和实践的独立并行蜕变为思想和实践上的移植和复制。这与前述语言分析所揭示的结论两相映照。当然，横亘于外交学研究的隔膜亦有其历史的逻辑——被动卷入现代化的中国既然选择了舶来的共和国政体，便使得民族国家体系全盘替代朝贡体系，同时将传统政治的影响局限于政治文化心理层面——在这个方面，政治学研究的维吉尔之问是合乎逻辑的。整体来看，以 1906 年福斯特（John Watson Foster）出版的《外交实践》，及 1916 年萨道义所著《外交实践指南》为标志，狭义的外交学在威斯特伐利亚体系成形两百年之后，才从国际法研究中独立出来。这意味着现代国家与外交学两者之间势必存在着紧密的内部关系：该关系可能是结构性的（如主权之于国家），也可能是时间性的（如 1648 年后），同时符合这两个条件的对象被先验地纳入外交学的核心关怀；反之则可能游离于学科研究的视野之外。

　　然而，由于国际关系、国际政治研究与外交学研究之间的混淆，学界正倾向于将威斯特伐利亚体系的时间节点与现代国际关系的结构特征当成界定外交主体的标准，这造成了外交学研究的混乱。譬如就中国近代外交制度的形成时间，学界迄今仍未形成统一意见：从外交制度的视角出发，日本人川岛真（Kawashima Shin）将总理衙门的设立视为中国近代外交转型的起点，并将 1943 年开罗会议定为转型完成的标志。① 然而国内部分学者却主张应以朝贡体系和威斯特伐利亚体系的冲突为准，将 1840 年鸦片战争定为中国近代外交的起点。② 毫无疑问，这个问题的悬而未决，与中国外交学学科建设的"天时"不畅是互为因果的。近代外交思想发展的第一个繁荣期是 17 世纪欧洲对外交实践行为的界定和探讨。譬如基恩斯·索伯（Maurice Keens - Soper）在《卡利埃与外交理论》一文中，梳理出 1625 年至 1700 年这 75 年间出版的 153 部外交专业文献里，有 114 部为新著，亦即有 74% 的文献均为应时而生。③

然而，进入 20 世纪，外交学理论却陷入了整体的衰颓之中："外交理论和实践的繁荣在 20 世纪戛然而止。外交由于没有能够阻止第一次世界大战的爆发而受到许多批评。主要大国拒绝如国际联盟这样的多边外交努力更显出外交的无能为力。"④ 由于国家间交往在这一时期主要表现为强势冲突、军备竞赛与世界战争，外交学研究因此受到国际关系理论的强势影响。不幸的是，中国外交学的舶来和移植适逢此时。1902 年《外交报》虽曾指出当设"外交学"之学科，但是，回顾周鲠生在《近时国际政治小史》中所提出国际政治的研究对象等要素，"外交学"不过徒有其名，仅是国际政治、国际关系和对外政策等学科的代称。⑤ 以陈荣广、王几道《外交新纪元》，周鲠生《国际政治概论》，罗仁斯《国际同盟论》，吴品今《国际联盟及其趋势》等为例，彼时学界流行的是威尔逊主义、国际联盟与和平主义。尽管以理想主义为代表的国际政治思想亦追求以外交手段达成和平目的，同外交学有相似性，但究其本质仍然是以国际关系运行状态与体系格局为核心对象的国际关系研究；另一部分学者则以国际法研究和现实主义国际政治理论作为研究重心，对外交理论的研究相形见绌。⑥ 至于 1921 年至 1937 年国内大学所设"政治与外交

---

① 参见川岛真《中国近代外交的形成》，北京大学出版社，2012，第 69 页。
② 参见龙向阳《关于"中国外交近代化"的思考》，《求索》2007 年第 8 期。
③ Maurice Keens - Soper, "Francois De Callieres and Diplomatic Theory," *The Historical Journal* Vol. 16, No. 3 (1973): 497.
④ 〔英〕斯图尔特·默里：《外交学的复兴》，《国际政治研究》2012 年第 4 期，第 27 页。
⑤ 卫琛、伍雪骏、刘通："（中国国际关系学是在何时作为一门学科出现的？）中国最早关于国际问题的专刊《外交报》于 1902 年提出宜设'外交学'专科，周鲠生先生在《近时国际政治小史》、《国际政治概论》中提出国际政治研究的对象、目的、范围和发展趋势，认为其在 20 世纪 30 年代成为一门新学科。"《百年炮火中的未竟之学：对民国时期国际关系研究与教学的回溯》，《世界经济与政治》2011 年第 11 期，第 44 页。
⑥ 参见赵思洋《民国学人对春秋战国时期国家间政治思想的诠释》，《世界经济与政治》2016 年第 1 期，第 33 ~ 42 页。

史"（周览、陈源）、"中国外交史"（蒋廷黻）等课程，则以外交史为主，理论研讨涉猎有限。[①]

表 2　外交学与国际关系研究领域比较

	外交研究	国际关系研究
研究对象	国家或国际行为主体的行为	国际关系的运行状态
研究重点	外交制度	国际关系体系
近代的历史起点	1450 年米兰公爵向佛罗伦萨派遣常驻使节	1648 年《威斯特伐利亚和约》的签订
研究的视角	以主权国家或相应的国际行为主体的行为为研究出发点	可分为体系、国家、决策者三个层次，体系层次决定其他两个层次
研究对象的特点	具有主观性	具有客观性

注：参见金安平《北京大学政治系的前生今世（上）》，2016 年 12 月 17 日。http：//www. sg. pku. edu. cn/content/？1313. html，最后查看时间：2017 年 8 月 6 日。

相较而言，时间门槛实非"中国的外交"的阿喀琉斯之踵：尽管近代民族国家体系自《威斯特伐利亚和约》才孕育成形，但近代国际体系实非外交行为的肇始。作为政治实践的外交行为溯源于有史可证的 1450 年，即以米兰公爵弗朗塞斯科·斯福扎（Francesco I Sforza）向佛罗伦萨派遣常驻公使团为标志，非常任使团向常任使团的过渡真正开启了外交制度化的进程。[②] 相比之下，1648 年威斯特伐利亚会议实际是以条约形式确认了业已存在的常设外交使节制度，而 1815 年维也纳会议也只是进一步统一了欧洲各国的外交机构名称与等级。它们确实帮助催生了使馆制与现代外交体系，但并非外交研究的起点。

从民族国家这一逻辑节点出发，结论也是相似的。在欧洲和中国两个维度中，都能发现政权建立与民族形成的错位。民族国家或现代世界体系均非"中国的外交"历史溯源的桎梏。自从查尔斯·蒂利（Charles Tilly）在研究民族国家的形成过程中强势区分了国家政权建立（state - making）与民族形成（nation - building）两个概念，并指出（欧洲的）国家形成要早于民族的认同，政治制度建设与民族国家建设两者就实际脱钩了；抑或说，政权建设

[①] 参见高飞《我国外交学研究的现状和主要问题》，《国际论坛》2007 年第 1 期。

[②] 一说 1455 年斯福扎公爵向热那亚派遣常驻使团为近代外交之开端。参见王红续《中国外交从宗藩体制向近代体制的转型》，《学习时报》2005 年 11 月 7 日。

与民族形成之间不一定存在共时性关系。^① 芮玛丽（Mary Wright）指出，晚清时期的政权建设实际是在民族主义思潮的倒逼之下才形成的被动反应，清朝帝国原生的政治形态实际与现代国家机器大相径庭。^② 杜赞奇（Prasenjit Duara）亦言及，即便就近代中国而言，政权建设与民族形成的步调也是不一致的。^③ 综上所述，外交学研究与以威斯特伐利亚体系为基础的国际关系研究之间的关系是相对疏离的。中国的现代外交理念固然是 20 世纪的舶来品，但古代外交的回溯却可以不受近代时间节点的裹挟。同时，对外交学学科的梳理亦至少帮助厘清了如下关系：1. 国际关系研究与外交学研究在时间节点与逻辑节点上都不完全重合。威斯特伐利亚体系及其随之而来的现代外交体系诚然是外交学研究的主要对象，但并非唯一内容；2. 外交学研究的对象是国际行为中的独立人格主体以及外交制度建设，而非国际体系运行状态。无论在何种国际体系中，只要符合国际行为主体要素，或形成一定的外交制度，都应成为外交学研究的对象。上述追索无疑为中国古代外交溯源提供了极佳的参考。

二 "夷夏之辨"与"夷外之辨"——中国外交溯源的比较与转换

无论以怎样的心态来推动"中国的外交"，现代人都不得不遵循历史的叙事规律，从历史事实中界定古代外交的主体，而后厘清古代外交的实然形态。然而，这一领域却密布着雄辩的声浪：20 世纪早期吴成章与陈体强从外交实践的专业化角度指出，古代的聘使制度不同于外交，中国自古无外交。^④ 然而，民国国际政治与外交研究的特征之一，就是将国际格局与春秋战国加以比较，并在其中发掘共性。陈顾远《中国国际法溯源》依国际法框架解释春秋时期朝觐、聘问、报拜、告请等行为；徐传保、洪钧培亦有此说。^⑤ 双方各

① 〔美〕查尔斯·蒂利：《强制、资本和欧洲国家》，魏洪钟译，上海人民出版社，2007，中文版序言。

② Wright Mary, *China In Revolution：The First Phase*, 1900 – 1913（New Haven：Yale University Press 1968），pp. 1 – 10.

③ 参见〔美〕杜赞奇《文化、权力与国家》，江苏人民出版，1996，第 2 页。

④ 参见吴成章《外交部沿革纪略》，台北：文海出版社，1987；陈体强：《中国外交行政》，商务印书馆，1945，第 1 页。

⑤ 参见陈顾远《中国国际法溯源》，上海书店，1991；徐传保：《先秦国际法之遗迹》，上海书店，1991；洪钧培编著《春秋国际公法》，中华书局，1939。

抒己见。

新时期关于中国古代外交的争论，既受益于学科研究的客观发展，又继承了民国激辩的余音袅袅。譬如黄金祺指出中国古代的外交虽然表征不同，但仍符合外交"国家主体的对外行为"的特征，杨公素认为春秋时期的邦交是古代外交的源头；① 除前文表 1 所列学者外，陈琪、徐进、张锋、王日华、漆海霞、许田波等亦从历史与国际政治的角度言及古代外交事实；② 然而，反对的声浪亦无日无之。日人坂野正高（Masataka Banno）区分了朝贡体系与现代外交，徐中约认为古代王朝亦无外交关系，只有藩务和夷务，王承庆承接此说。同时杨恕、辛万翔、曾向红、赵鼎新等学者对中国古代外交或肯定，或不置可否，但从研究范式、历史背景和主权资格等角度对春秋外交起源论提出批评，旁涉历史学、民族学、国际政治和外交学等多个领域。③ 整体来说，对中国古代是否存在外交行为及外交应当溯源至何时，其主要批评观点如下。

通过对上述批评意见的整理，我们发现对古代外交的质疑主要分三类。1. 方法维度，即对比较历史学研究方法的质疑。自民国始，学人主要运用比较历史研究的方法，将春秋战国时期与 1648 年前后的欧洲格局相比对。但这种比对一定程度上略去了东西方历史的差异性；2. 结构维度，即从有主权的行为主体出发，认为古代中国并非民族国家，只有"夷夏之辨"而无外交行为；或认为春秋时期诸侯国无主权标志，难以堪称古代外交之渊薮，唯有割据下的战国或稍后的秦汉才有主权特征；3. 关系维度，即认为现代国际体系的平等原

---

① 参见黄金祺《漫谈"什么是外交"》，《外交评论》1987 年第 1 期；杨公素：《外交札记》，北京大学国际关系学院（内部发行），1998，第 46 页。

② 参见陈琪、黄宇兴《春秋时期的国家间干涉——基于〈左传〉的研究》，《国际政治科学》2008 年第 1 期；徐进：《孟子的国家间政治思想及启示》，《世界经济与政治》2009 年第 1 期；张锋：《解构朝贡体系》《国际政治科学》2010 年第 2 期；王日华：《国际体系与中国古代国家间关系研究》，《世界经济与政治》2009 年第 12 期；王日华、漆海霞：《春秋战国时期国家间战争相关性统计分析》，《国际政治研究》2013 年第 1 期；许田波：《战争与国家形成：春秋战国与近代早期欧洲之比较》，上海人民出版社，2009。

③ 参见坂野正高《现代外交分析——情报、政策决定及外交交涉》，东京大学出版会，1971；徐中约：《中国近代史：1600～2000，中国的奋斗》，世界图书出版公司，2008；王承庆：《中国外交体制的建立与近代化转型》，《史学月刊》2015 年第 6 期；杨恕、王欢：《春秋时期诸侯国是独立主权国家吗?》，《中国边疆史地研究》2005 年第 4 期；辛万翔：《春秋战国时期的国家和国际关系》，《兰州交通大学学报》2009 年第 2 期；辛万翔、曾向红：《"多国体系"中行为体的不同行为逻辑及其根源》，《世界经济与政治》2010 年第 3 期；赵鼎新：《在西方比较历史方法的阴影下——评许田波〈古代中国和近现代欧洲的战争及国家形成〉》，《社会学研究》2006 年第 5 期。

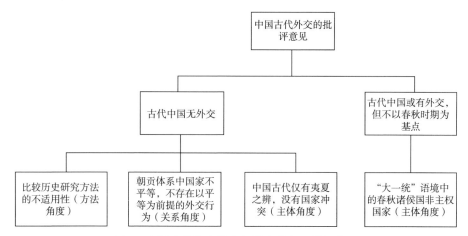

图 2　中国古代外交界定问题中的主要批评意见

则是外交的本质表现，大一统的封建王朝即便有主权特征，也只有夷务而无外交。这些批评意见实际形成了一套自洽的逻辑，即外交一定是建立于近代以平等为基础的国际体系中主权国家参与的国际互动行为之上。①

　　幸运的是，前述对外交学研究对象与性质的界定，已经帮助我们澄清了部分误解：现代国际关系研究与外交研究的对象不尽相同，尽管古代外交行为在一定程度上缺乏平等性要素，但在依托于使节制的和平协商行为中，亦体现出了充分的"独立性"，即古代国家的对外政策仍然由国内的最高统治者独立做出，使团也充分代表派遣国的意志，这在结构上仍然符合外交主体的本质特征。基于这个原理，尼克尔森（Harold Nicolson）才得以将西方外交追溯至公元前 476 年，而雷蒙·科恩（Raymond Cohen）指出外交学界摒弃西方中心论的影响，进一步将外交溯源至公元前 4000 年的苏美尔城邦。② 举一反三，在外交学的视角之中，古代中国确有外交。

　　但是，上述批评意见仍然击中了外交溯源的肯綮。外交研究应当借助中国古代史的内生视角，而非单纯借助比较历史研究的方法，来研究"中国的外交"。但在这个过程中却充满了困难：出于传统政治史料学建构的乏力，古

---

① 譬如王承庆认为："所谓'外交'，就是一个国家在国际关系方面的活动，如参加国际组织和会议，与别的国家互派使节、进行谈判、签订条约和协定等。"王承庆：《中国外交体制的建立与近代化转型》，第 129 页。

② Harold Nicolson, *Diplomacy*（Oxford University Press, 1950）, p. 35. Raymond Cohen, "Diplomacy through the Ages," *Diplomacy in a Globalized World*, p. 21.

代政治史，中国古代史与中国政治思想史长期杂糅在一起，① 并导向了如下两个维度：1. 民族融合与古代外交在"夷夏之辨"中的混淆；2. 过强的大一统观念对古代外交原型的遮蔽，二者实际构成了上述古代外交批评意见的理论架构。特别是对"夷夏之辨"的解释，势必消解内生视角下的古代外交。"夷夏之辨"在包含民族视角的同时，是否消解了古代外交的客观事实？古代外交与"夷夏之辨"有什么区别？学科壁垒所导向的困境在这一维度上表现得淋漓尽致。

确实，作为政治思想载体的古代文献尽管具有极高的参考价值，却表现出以价值判断替代历史事实记述的基本倾向。这在外交溯源中体现得殊为明显：古今文经学都依照"夷夏之辨"的精神将中原诸侯与四方四夷加以区分。例如《左传》与《公羊传》都指出，与晋素有仇雠的中山国实为白狄国家。《春秋左传正义·定公四年》记载："水潦方降，疾疟方起，中山不服；弃盟取怨，无损于楚，而失中山。"《春秋公羊传注疏·襄公十八年》记载："十有八年春，白狄来。白狄者何，夷狄之君也。"② 在这里，《左传》与《公羊传》都注明中山就是鲜虞，对以族别为界的"夷夏之辨"持卫道姿态。但在血缘之外，以《左传》为代表的古文经学和与《公羊传》为代表的今文经学就意见不一了。譬如昭公十二年"冬十月，公子慭出奔齐。楚子伐徐，晋伐鲜虞"，依《春秋》经文所记，楚伐徐书楚君之爵名，但在晋伐鲜虞上并未称晋之爵位。董仲舒《春秋繁露》发挥宗盟之礼的地位，指出"春秋"以周礼作为夷夏的标准，应周天子之请出兵伐徐的楚子是守礼之君，因此称其爵位；鲜虞与晋同出于姬姓，晋伐鲜虞不合周礼，要贬其爵号。今文经学所言"夷夏之辨"的核心，俨然文明黼黻。

但以《左传》为代表的古文经学并未将"夷夏之辨"的标准从血缘扩大至文明。③《春秋左传正义·僖公二十八年》记载晋侯侵曹："齐桓公为会而

---

① 这一领域尽管已有阎学通、徐进著的《中国先秦国家间政治思想选读》，但其重思想而略史实的风格在文献的选取上就可商榷，至于版本、考据等小学功夫亦有不足。除此几无古代政治学和外交学史料学之成果。参见阎学通、徐进《中国先秦国家间政治思想选读》，复旦大学出版社，2008。

② 孔颖达：《春秋左传正义》，北京大学出版社，1999，第1542页。

③ "上古时期'华夷'分野的观念，主要还是为了维持我国中原地区正在形成中的华夏族体血统纯净的需要，即所谓'裔不谋华，夷不乱夏'。华夷观念所反映的，是中国境内华夏族体与其他族体之间的对立与交流关系。"何芳川：《"华夷秩序"论》，《北京大学学报》（哲学社会科学版）1998年第6期，第30页。

封异姓，今君为会而灭同姓。曹叔振铎，文之昭也。先君唐叔，武之穆也。且合诸侯而灭兄弟，非礼也。"① 指出侵同姓国"非礼"，但并不赞同前述晋伐鲜虞未加尊号，乃是"夷夏之辨"的春秋笔法，以僖公二十八年晋伐曹之事亦为同姓相侵，然而《春秋》之经文依记"晋侯侵曹"，未去晋之爵号。这实际是对今文经学夷夏观的最好反驳。而对春秋三传的文本分析，更证实了这一点：《左传》计"晋伐"搭配共 7 处，包括经文所载 1 处（即伐鲜虞）与传载 6 处，其中既有会盟伐诸夏，如"会晋伐齐"（《春秋左传正义·宣公八年》），又有晋伐四夷，如"晋伐郦戎"（《春秋左传正义·庄公二十八年》）。

古今文经学在"夷夏之辨"上的分歧不胜枚举。可以说，今文经学固然承载了丰富的思想资源而为新儒家所重视，但《左传》更为客观地袭承了古早依自然血缘而分的"夷夏之辨"的观念。古代外交的回溯更应当倾向于历史学的研究路径，以客观事实而非政治思想为对象。否则，在"夷夏之辨"莫衷一是的标准之下，古代王朝的民族融合与对外行为可能被士人阶层等量齐观，从而层叠地造成研究对象的认知混乱（譬如模糊"外""夷"等政治核心概念）。实际上，以文明黼黻为标志的，是政治制度与身份认同层面可转化的上层建构；而地域和血缘等物质区分则是古代王朝借以区分族别与国家的标志。

过去，上述混淆使文明标志渐为区分族别与国家的主要标志，模糊了羁縻土司与相应"内附"，宣慰藩国与"归化"，以及册封外邦与相应"朝贡"三者的区别（譬如造成史学界对高句丽与王氏高丽间关系的论争）。而外交学的研究应有鉴于史，从"夷夏之辨"的内涵出发，寻找内生于古代王朝政治话语体系中的"夏→夷→外"进路——实际上，在民族融合与封建割据交替出现的历史中，古代外交已在政治实践中完成了初步的自我界定。古人对四族和外国已有直观的认识：春秋时期，"夷夏之辨"确实只涵盖四方四夷。但举正史"四夷传"可知，秦后之四方四夷与外国已有平行之实。而与私家治史相迥，二十四史作为王朝官方意志的体现，忠实地反映了王朝对四夷与外国的认知变化。

相比之下，尽管近代历史学研究更为注重官定史书（二十四史）以外的一手史料，譬如章太炎、顾颉刚等说。然而散见于起居注或士人散记的政治材料，受今、古文经学论争的影响，其史观或自相左。② 唯上述目录学的统计

---

① 李学勤：《春秋公羊传注疏》，北京大学出版社，1999，第 444 页。
② 参见罗志田《史料的尽量扩充与不看二十四史——民国新史学的一个诡论现象》，《历史研究》2000 年第 4 期，第 151～152 页。

为我们揭示了古代外交的演进历程。

表 3　正史所载四夷向外国的演进

书目	四夷	外国
《史记》	20	未列入
《汉书》	66（实列 15 支）	未列入（实列入 51 国）
《后汉书》	42	未列入
《晋书》	29	未列入
《魏书》	91	未列入
《隋书》	38	未列入
《旧唐书》	45	未列入
《旧五代史》	未列入	12
《新唐书》	59	未列入
《辽史》	未列入	2
《金史》	未列入	2
《宋史》	88	28
《元史》	10（其余散见"地理"等传）	未列入
《明史》	99（依"土司"官职）	145

注：参见朱小略、叶自成《"攘夷"与"徕外"——传统社稷安全观的对象与对策》，《世界经济与政治》2016 年第 12 期。

第一，自《汉书》始，部分王朝就以政治主体的身份对四夷与外国两个不同的对象做出了初步区分。[①]

譬如《汉书》从体例上就区分了匈奴与西域诸国的异同：《汉书·匈奴传》单独列传，而西域 51 国另列于《西域传》下，分开视之；不仅如此，其曰："匈奴，其先夏后氏之苗裔，曰淳维。唐虞以上有山戎、猃狁、薰粥，居于北边，随草畜牧而转移……无城郭常居耕田之业，然亦各有分地。"指出匈奴与汉有共祖之血缘关系，而《西域传》则有"西域诸国大率土著，有城郭田地，与匈奴、乌孙异俗，故皆役属匈奴"之语。毫无疑问，班固因循族别血缘、经济生产与文化习俗三个标准将汉、匈奴与西域三者区分开来，还指出西域诸国自武帝前与中华素无往来，自张骞始有往来，[②] 反映出当时的国/族分野。伴随着版图的扩张，"四夷"与"外国"的区分日趋明显：《旧五代

---

①　参见王义康《中国古代的外国与外臣考》，《西北民族论丛》第十二辑，第 301～304 页。

②　参见《汉书》，汉语大辞典出版社，2004，第 1859～1937 页。

史》受分裂格局下古代国家主体意识的自觉影响，将传统的四夷列传编订为外国列传；语言的变化并非无的放矢，《宋史》《明史》更将"四夷"与"外国"从目录上并列。考其内容，《宋史》记宋辽之间所设和聘制度，远非汉时常遭扣押的临时使团可比，而是依据每年的时令、庆典按时派遣的周期性使团，双方也互设礼信所予以接待，宋代的对辽文书也由诏升级为制，体现出兄弟之盟中两国的平等地位；《明史》记传教士利玛窦（Mattero Ricci）贡《万国全图》，且依此描绘殖民运动中欧洲所绘就的五大洲版图。这一世界观的扩充，一方面使得自汉以来传统的"四夷"加剧演化为"外国"，譬如朝鲜、日本（倭）；另一方面开拓外国以新的外延，譬如"和兰""佛郎机"等欧洲国家。"夷夏之辨"逐渐被现代意义上的国家观念与外交行为所取代。

第二，少数民族入主中原加速了"夷夏之辨"的易位。

二十四史中，《宋史》为元人所纂，《明史》为清人所纂，而这两部史书在夷外关系上的认知远较其他王朝开明。这也是由于现实促使政治思想自我调整所形成的新局面。传统的"夷夏之辨"在汉人王朝中有根深蒂固的影响力，并由于今文经的影响，发展为身份认同与政治制度的决定性因素。但元清两代"夷夏之辨"在激烈的争辩中亦有修正，特别在价值观念、族别血缘、文化特征等领域形成了以王朝国家而非地区民族政治制度与文明先进程度为主体（譬如宋、辽）。区分外国与四夷两种身份的整体特征，① 其内容如下。

表4　古代政治身份认同的逻辑结构

族别	版图分布	价值观念	血缘亲属	文化特征	族别起源	可转化性
华夏	中原聚居	同	同	同	同	是
四夷	中原混居	异	同	异	同	是
外国	境外聚居	异	异	异	异	否

注：参见朱小略、叶自成《"攘夷"与"徕外"——传统社稷安全观的对象与对策》，《世界经济与政治》2016年第12期，第106～121页。

从上述材料回溯，中国古代外交在"夷夏之辨"的自我建构与王朝涉外政治行为的历史经验中不断地自我提纯，从而形成了较为完整的外交制度与实践经验。这一历程虽曾长期遮蔽于"夷夏之辨"，但却抽丝剥茧地完成了古

---

① 参见朱小略、叶自成《"攘夷"与"徕外"——传统社稷安全观的对象与对策》，《世界经济与政治》2016年第12期。

代外交的对象界定与制度建构。由此回应古代外交的批评意见，可以逻辑地将我们导向最后一个疑难——中国古代外交的内容是什么，并回溯至中国古代外交的起源——春秋时期。

三　家国同构与将裂天下——春秋时期诸侯国的行为分析

上述"夷外之辨"虽指向了古代外交的实存，却无法诠释其内在机制。尽管就共时性研究的角度来看，"夷外之辨"的所指是比较明晰的；但历时性维度下夷外身份的转换就模糊不清了。[①] 盖因历史语境中外交对象的界定仍然依靠地域、血缘与文化等非政治结构性因素，导致了后人将古代外交混同于民族融合，或矫枉过正地将民族融合清一色地诠释为古代外交。试以唐与靺鞨并宋、辽关系为例：《旧唐书·北狄列传》记契丹居鲜卑故地，本臣于突厥。武德四年（621）与贞观二十二年（638）两次内附于唐，太宗设松漠都督府，并封窟哥为左领军将军，此时所行的制度为羁縻制。所谓羁縻制，指的是给予内附四夷汉地官职，朝廷收税赋且可调度兵权；但其余由大首领自治，官职亦可世袭的政治制度是内政视角下的应夷之策。[②] 但《辽书》所记契丹于后梁贞明二年（916）依汉制建国，耶律德光于公元946年改国号为辽。辽圣宗统和二十三年，宋、辽签澶渊之盟，以辽萧太后为叔母，辽圣宗为弟，两国依例通使、输银、开市。从制度上看，既非羁縻，亦非朝贡，而是以国家为主体的平等交往关系。

传统的单一民族视角只揭示出历史维度中契丹向辽的过渡，未在民族身份与国家实体的比较维度展开论述，亦即缺失历史中外交主体的认定标准。相比之下，尽管西方的外交实践亦早于民族之观念，但其却内含一套自洽的理论体系：自《伯罗奔尼撒战争史》观之，希腊世界中各城邦间早有"同盟会议"，即以城邦联盟为基础所构建起的古代希腊外交制度。这一现象亦融入

---

① 程妮娜："（就羁縻与外国朝贡两种体系而言）现有研究成果不仅多数是从中外关系的角度研究朝贡制度，而且绝大多数都混淆了两种朝贡体系的区别……但目前学界对于什么是区别两种朝贡体系的核心标准仍然模糊不清。"《羁縻与外交：中国古代王朝内外两种朝贡体系——以古代东北亚地区为中心》，《史学集刊》2014年第4期，第20～21页。

② "即其部落列置州县。其大者为都督府，以其首领为都督、刺史，皆得世袭。虽贡赋版籍，多不上户部，然声教所暨，皆边州都督、都户所领，著于令式。"《新唐书》，汉语大辞典出版社，2004，第903页。

了古希腊公共政治生活，成为公民大会与市集辩论的议题。在这里，外交实践所依托的是城邦主体，即无分僭主制与民主制，亦不受希腊神话中城邦起源的认同拘束，而单纯以外交活动主体人格（即同盟会议的参会者）来加以区分的国际人格。因循这一进路，我们得以发现中国外交学研究本土化进程之中的关键要件，即外交主体的界定标志："主权"。

主权观念亦源出自西方。公认的主权理念首倡于让·博丹（Jean Bodin）1577 年出版的《国家六论》（*Les six livres de la République*）。在该著作之中，他号召国家的主权应当高于任何居民，并完全地支配一个国家。而能最好保存主权的制度莫过于君主制。荷兰的格劳秀斯（Hugo Grotius）领衔的国际法体系作为现代外交的母体，为外交学研究划定了基本的门槛。《奥本海国际法》规定：

> 主权国家是真实的国际人格者，和它相区别的，还有表面的而非真实的国际人格者，例如邦联和在内战中被承认为交战团体的叛乱者……这些都不是真实的国际法主体，而是在某些点上被视为国际人格者，因而不成为国际大家庭的成员。[①]

只有主权国家才能成为国际法的主体，非主权国家尽管也可以参与外交或外事行为，但并不能视为国际人格者。尽管外交学研究也在不断地自我丰富，如夏普（Paul Sharp）、霍夫曼（John Huffman）等学者已自觉地关注非传统外交与公共外交的探索；[②] 但从历史上看，在对外政策制定相关的核心领域，外交仍然是由国家及政府主导的行为。相较之下，主权实非中国传统政治关照的概念。[③]

---

① 〔英〕劳特派特：《奥本海国际法》，商务印书馆，1989，第 96 页。

② 参见 Paul Sharp, "Who Needs Diplomats? The Problem of Diplomatic Representation," *International Journal* Vol. 52, No. 4 (1997); John Hoffman, "Reconstructing Diplomacy," *British Journal of Politics and International Relations* Vol. 5, No. 4 (2003); 赵可金：《非传统外交导论》，北京大学出版社，2015。

③ "毋庸置疑，以朝贡体制为核心的天下体制是一种过时的国际体制，基于伦人主义的'亲情法则'、'人情法则'和'生人法则'之所以能够在具有不同质的国际行为体之间起作用，与古代国家的'主权'观念不清、领土疆界不明、贸易及人员来往不多、信息交流不充分有关……既然源自西方的现代国际秩序也是不完美的，就应允许以更客观的、非西方中心主义的态度来讨论历史上曾经存在过的其他类型的国际体制，思考其作为人类的经验是否对今天有所借鉴的问题。"尚会鹏：《"伦人"与"天下"——解读以朝贡体系为核心的古代东亚国际秩序》，《国际政治研究》2009 年第 2 期，第 42 页。

中国传统政治强调"家国同构"的国家结构与权力运行机制，它也正是会同"夷夏之辨"、共同构成中国外交溯源主要批评的理论原型。何谓家国同构？葛兆光认为这一结构完善于西周，即以父子关系为权力让渡之基准，夫妻、兄弟关系为权力分配之准绳而形成的政治结构：[①] 家国同构预设了一国一君与一家一父的对应，而对一国一君的提炼又逻辑地催生了"大一统"的政治思想。当然，正如"夷夏之辨"对外交溯源的遮蔽，大一统亦影响了古代外交的认知：譬如它强调外交应当归属于统一王朝。统一王朝的主权特征固然毋庸置疑，邦国往来却不同于藩镇割据，其核心亦在于主权特征。追本溯源，在特定历史的分析中，我们仍然可以揭示出潜存于古代中国特定历史时期邦国的主权特征，或与主权观念相近似的政治要素。这里的国家主权特征，特指在国际行为中的国际人格特征；而堪称渊薮的始源时期，特指公元前770年至公元前473年的春秋时期。

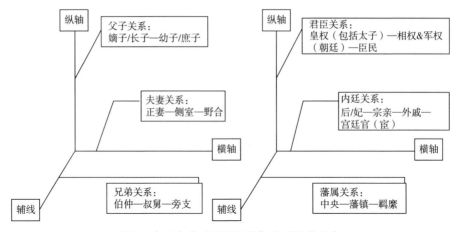

图3　中国古代"家国同构"主线架构示意

如前所述，自民国始春秋就成为外交学研究的热点。除国际法学者从事周礼与国际秩序、盟会与国际联盟的类比工作外，新时期学者多将研究的重心放在国际体系的诠释、霸主国崛起的合法性与春秋国家的主权特征上。而

---

① "周代礼治的核心，是确立血缘与等级之间的同一秩序，由这种同一的秩序来建立社会的秩序，换句话说，就是把父、长子关系为纵轴，夫妇关系为横轴，兄弟关系为辅线，以划定血缘亲疏远近次第的'家'，和君臣关系为主轴、君主与姻亲诸侯的关系为横轴、君主与领属卿大夫的关系为辅线，以确定身份等级上的'国'重叠起来。"葛兆光：《中国思想史》，复旦大学出版社，2004，第35页。

在这些假设中，诸侯国作为国际体系的成员，其是否为完整国际人格的讨论并未进一步深入。① 叶自成认为春秋时期诸侯国有主权，但因此引起的争论也持续良久。诚然，主权观念不见于中国古代政治话语体系，且家国同构的政治体系也先验地将一统视为政治常态。然而，至少有两个方面的问题是家国同构的话语体系不能自洽的：第一个特征是经济性的，亦即诸侯国经济行为中所体现出的主权特征。传统的政治结构分析倾向于强调经济生产方式与政治结构的内在联系，譬如戴维·伊斯顿（David Easton）在《政治结构分析》中对结构主义马克思主义政治分析范式的批评。② 然而，由于学科研究的相对独立，对先秦经济的研究并未转为外交研究的助力。尽管有学者考证租税地力对诸侯国荒政的影响，但对春秋诸侯国的贸易中，作为商贸媒介的货币才是经济活动中主权特征的鲜明载体。

自出土文物与文献的互证可知，古代中国的商品贸易起源甚早。西周货币制度虽未成形，但通行贝币，亦以实物货币如谷帛等结算。譬如阮元《积古斋钟鼎彝器款识·师遽敦》记载"王呼师，朕锡师遽贝十朋，遽拜稽首"，吴闿生《吉金文录·刺鼎》中的"王锡刺贝卅朋，天子万年"皆有贝为贝玉之义，且贝币单位"朋"已成为西周的观念价值尺度。相比之下，春秋时期的货币体系却呈现相当的主权特色。这一时期稳固的货币体系依各诸侯国的经济与文化特点，分为流行于黄河流域的布币系统（即布币与空首币）、东方的刀币系统（即齐刀、燕刀）和南方的楚币系统。③ 同时，春秋时期的货币伴随商贸关系也形成了成熟的通兑制度。吕思勉于《先秦史》提道："然则古之作泉，乃欠岁用而求粟于竟外，犹之乞粜也。"④ 货币的出现替代实物交换成为商业活动的中介，其职能本就是流通。而共同货币的出现，亦是为应对主权货币体系过强的封闭性而出现的结算方式。傅筑夫曾认为，在诸货币体系外，黄金起到了共同货币通兑的职能。但实际上，金并非周王室钦定的本位币，仅是依各国共识形成的中介媒质。

本位货币的缺位，货币体系的并行与共同货币的出现，都使得春秋时期

---

① 参见周方银《松散等级体系下的合法性崛起——春秋时期"尊王"争霸策略分析》，《世界经济与政治》2012 年第 6 期。

② 参见戴维·伊斯顿《政治结构分析》，北京大学出版社，2016，第 289 页。

③ 参见冯晓明《夏商周时期货币起源与发展研究》，哈尔滨师范大学中国古代史硕士学位论文，2011，第 25~38 页。

④ 吕思勉：《先秦史》，江苏人民出版社，2014，第 282 页。

的货币体系与西周、汉代（五铢钱本位）、明清（银本位）乃至于现代国际体系中的"一国多货币"或"多国一货币"等非主权货币现象有所区别。特别是在当代国际体系中，主权国家的货币与主权货币两个概念间的关系更加复杂：譬如特定的主权货币可以担任世界货币，譬如布雷顿森林体系之后的美元；抑或区域共同货币与主权特征分离，譬如作为超主权货币的欧元；又或者同一国家中并行多种货币，譬如港元与澳元。但是，"一国多货币"现象中的并行货币只能在特定地区流通，不能全境流通，且货币政策的制定依托于本国最高机构；"多国一货币"则是经济发展受特殊的政治历史背景，譬如受殖民史、世界大战或区域联盟等影响，而形成的"超主权货币"。这是现代国际关系体系中的特定产物，其机制与基壤与古代世界截然不同。相比之下，春秋时期的周王室未制定统一的财政措施，未发行本位币，更未收缴各国铸币权。货币的铸造与发行由各诸侯国独擅，这是春秋诸侯国主权特征的体现。

表5　春秋与大分裂时期货币流通的结构与特征

时期	形制	来源	跨境结算	对象	范围	主要目的	主权特征
春秋	多元	地域文化独立起源	共同货币	境外	区域流通	跨境兑换	有
战国	多元	政治版图继承前制	直接结算	境外	全境流通	跨境兑换	有
三国/南北朝	一元	政治版图继承前制	实物结算	境内	区域流通	国内流通/政治合法性	无
五代十国	一元	政治版图继承前制	实物结算	境内	区域流通	国内流通/政治合法性	无

依前所述，三大货币体系至迟在战国时实现了直接结算。以燕为例，北京朝阳门外呼家楼出土的货币中有布币92枚、邯郸刀117件，铸于战国时韩、赵、魏等地；石家庄东郊古城村出土15公斤刀币，其中四分之一为赵邯郸刀和柏人小直刀。辽阳下麦窝村所见400枚布币铸于赵、魏、韩、燕等国。这说明战国时货币的全境流通性全面增强。[①] 相较中国历史其他分裂时期，各

---

① 参见周斌《春秋战国时期诸侯国间的贸易及货币的流通》，《首都师范大学学报》（社会科学版）1993年第2期。

朝各国虽亦自有铸币，然而在形制，名称与传承上却体现出鲜明的大一统倾向与正统之争。譬如三国的货币政策是与其追求代汉的政治诉求高度一致的。魏与蜀所发行货币皆承袭汉制，均名"五铢"，形制亦同，均为外圆内方，只是在币值、规格和镌刻上稍有出入；吴行大泉当千、二泉当千等，制式亦从五铢钱。且通货膨胀之后迅速流产，国内代之以实物结算与蜀五铢。随后的五胡十六国主要以实物结算，未大行货币；至于五代十国承唐而来，北方五代通行唐制开元通宝，同时，梁唐两代亦新铸开元通宝以示政权之合法性来源（晋汉周铸币极少）；南方十国中，三国未铸新钱，蜀、闽两国钱币在制式与名称上与唐开元关联甚深。且在跨境结算中，由于各国政权彼此不承认，以及各方铸币的质量不一，各国仍主要采用布帛等实物与贵金属结算，货币体系几乎瘫痪。可以说，古代中国的货币流通着实体现出主权特征的邦国与封建割据的区别。

第二个特征是政治层面的，亦即春秋时期诸侯国的外交行为。在这一维度，最能凸显主权特征的诸侯国行为是"盟会"。自盟津之会始，西周已有盟会。而《尚书》等文献载商盟 2 次，西周盟会 3 次，亦强调当时盟会由天子主导的特性。相较之下，春秋盟会可谓截然不同：这一时期盟会就频次与力度而言空前绝后。《春秋》经文载盟 105 次，《左传》载 41 国盟 182～197 次；相较之下，战国有会而无盟，盟亦少于 12 次。相对而言，春秋时期才是诸侯盟会的主舞台：[1]

表 6 春秋时期盟会的历史阶段

阶段	国君	天子与盟	伯主主盟（即受天子命）	其他盟会
初盟时期：隐公元年至庄公十三年，凡 42 年（前 722～前 681）	隐公（前 722～前 712）	—	—	11
	桓公（前 711～前 694）	—	—	24
	庄公（前 693～前 661）	1	1	10

---

[1] 尽管李无未曾以甲骨卜辞中"血"与盟通用来例证商代会盟之盛，但其说多推理，尚不足以论证"盟会"为商专擅。参见李无未《商代朝聘及其相关问题》，《社会科学战线》2000 年第 1 期。

续表

阶段	国君	天子与盟	伯主主盟 （即受天子命）	其他盟会
霸盟时期：庄公十四年至僖公三十二年，凡53年（前680~前628）	闵公（前661~前660）	—	—	2
	僖公（前659~前627）	—	6	18
两霸时期：僖公三十三年至成公十二年，凡49年（前627~前579）	文公（前626~前609）	—	2	18
	宣公（前608~前591）	—	1	11
	成公（前590~前573）	—	5	12
弭兵时期：成公十三年至周定王十三年，凡126年（前578~前453）	襄公（前572~前542）	—	6	23
	昭公（前541~前510）	—	—	11
	定公（前509~前495）	—	1	11
	哀公（前494~前468）	—	—	6
合　计	182（未延至周定王十三年）	1	22	157（未延至周定王十三年）

注：参见张二国《先秦时期的会盟问题》，《史学集刊》1995年第1期，第15页；曾丽意：《〈左传〉盟约文化研究》，暨南大学古典文献学硕士学位论文，2015，第10页。

　　数据统计较为全面地反映了盟会的全貌。综合文献所载，并顾栋高、钱穆与金景芳等人的分段法，我们可以归纳出如下特征。

　　第一个特征是成员身份的认同变化。春秋时期盟会的成员身份发生了巨大变化。这首先体现在天子之"主会"渐转为与会，而诸侯以国际主体的身份构建多边关系。《春秋左传正义·庄公二十七年》曾记鲁庄公会杞伯姬于洮事，曰："公会杞伯姬于洮，非事也。天子非展义不巡守，诸侯非民事不举，卿非君命不越竟。"

依上所记，天子召会诸侯必因事端，而诸侯不得任意盟会。后人对此均有议论。① 今人张二国总结前言，认为盟会即为会盟，以会同礼为核心，西周时大会同礼为天子与诸侯之会，小会同礼为天子与卿大夫之会；因循张氏之梳理，以大会同礼为核心的西周会盟是诸侯集体向天子述职的古制，也是周王室权御天下的象征。李无未虽以鲁侯爵铭记"鲁侯作爵，用尊茜鬯，临盟"，反对张氏之见，认为爵见于鲁，说明西周时亦盟非天子专擅。但其亦未举出西周诸侯主盟的具体事件。② 然而，自庄公十四年始，周之卿大夫单伯始赴齐伐宋之会。《春秋左传正义》特别指出齐伐宋之事已成，周之卿大夫方与会，此会非王室所主，而是与会之滥觞。③ 不仅如此，两霸与弭兵时期，楚所主之盟几不邀天子之臣，蜀之盟与两次弭兵之盟皆未聘周之使，西周时天子——诸侯的内政结构已经转向春秋时诸侯——诸侯的外事结构。

第二个特征亦呈现于政治文书与历史文献的矛盾之中。再以《左传》为例：《左传》所述盟会多以家国同构为标准，一称爵位，二以同姓排序，如《春秋》之经文载"公会宰周公、齐侯、宋子、卫侯、郑伯、许男、曹伯于葵丘"，④《春秋左传正义·定公四年》亦载"是以言国之大小为次，至盟乃先同姓"之说。然而观周之府藏践土会盟之书，可以发现，与盟之人所签之书，实记其名而不书其爵：

> 王若曰：晋重（注：文公）、鲁申（僖公）、卫武（叔武）、蔡甲申（庄侯）、郑捷（文公）、齐潘（昭公）、宋王臣（成公）、莒期（兹丕公）。（《春秋左传正义·成公四年》）⑤

---

① "天下太平之时，则诸侯不得擅相与盟。唯天子巡守至于方岳之下，会毕然后乃与诸侯相盟。"《礼记正义》，北京大学出版社，1999，第141页；"寰内诸侯非有天子之命，不得出会诸侯，不正其外交，故弗与朝也。"《春秋穀梁传注疏》，北京大学出版社，1999，第7页。

② "会同之制实集朝、聘、盟、会及巡视、田猎之制之大成，为周代宾礼中一项重要礼制。会同之制的实施是以王室力量的强大、分封制及宗法等级制为前提。"张二国：《先秦时期的会盟问题》，《史学集刊》1995年第1期；李无未、董润丽：《略谈西周盟会制度》，《延边大学学报》（社会科学版）2000年第1期。铭文释读从郭沫若，参见郭沫若《殷周青铜器铭文研究》，科学出版社，1961。

③ "《传》称'诸侯伐宋，齐请师于周'，则伐事已成，单伯始至，故云'会伐宋'，言来就宋地会之也。"《春秋左传正义》，第249页。

④ 孔颖达：《春秋左传正义》，第354页。

⑤ 与上文均见于《春秋左传正义》，第1552页。

在西周天子所主之盟中，唯天子可称"予"，诸侯绝少书其名，譬如"嗟！我友邦冢君越我御事庶士，明听誓"（《尚书·泰誓》），或"己未，王赏多邦伯，子丽赏大邑卤，贝二朋。用乍文母乙尊彝"（叶家山𠃌子鼎文）。[①] 但在诸侯所主的盟誓之中，诸侯血书均以人名，不书爵位，说明盟誓所体现的不是封建制下的君臣职分，而是鲜明的国际人格主体：诸侯血盟以私人之名，表示其以可报应的人格主体起誓。如若背约，则为己身之过，当受神明所降之报应与天子诸侯的征伐作为惩罚。传统注释仅着眼于排序之礼中包含的家国同构原理，却未留意到会盟的宗教本位（即歃血之盟）因重视报应，实际强调与会诸侯的国际人格身份；也就是说，在盟会的文书中，诸侯是国的人格体现，而国是诸侯的政治外延。这从神明报应与政治认同两个维度，将宗教仪式中的人格报应和多边行为中的国际人格主体衔接起来。

以此审视概念界定：外交研究固然依托平等性这一根本要素，但早于威斯特伐利亚体系的外交学研究，在外交行为的界定上，既要考虑古代国际交往的平等性，又要考虑时代背景下外交主体的独立性。譬如是否能够独立履行国际职责，对外政策是否由本国独立做出，其派出机构是否能完全代表派遣国意志等，不能仅以"平等性"为鹄的。春秋时期的诸侯国虽有"臣"与"国"两种属性，但在不同的政治活动中，这两个身份是依时置换而非共时并存的。家国一体的尊卑秩序一定程度上影响了古代外交中国际人格的地位，但其本质上从属于不同的语境，不可混为一谈。由此出发，盟会作为中国古代外交的雏形机制，并非无的放矢。

综上所述，与以割据和兼并为主要目的的其他历史时期不同，春秋诸侯国的行为在政治和经济上都体现出了明显的主权特征，虽然这一特征与自1648年以来的主权相比在平等性上有所出入。[②] 但诸侯国在国际政治交往与经济行为中仍较完整地体现出"独立国际人格"这一外交主体的核心特征。故此，我们将其命名为"充足主权行为体"（Sovereign equity）；春秋时期的周王朝理应与欧洲史上的政合国、身合国等重要历史现象一同，作为复合国际人格主体的特殊形式而受到关注；诸侯国的盟会行为亦可视为中国古代外

[①] 参见于薇《湖北随州叶家山 M2 新出𠃌子鼎与西周宗盟》，《江汉考古》2012 年第 2 期，第 71 页。

[②] 譬如战国早期三家分晋与田齐代姜的政治行为中凸显的周天子册命的重要性持续下滑，三家分晋固然急需天子册命所赋予的合法性，但田氏先自命齐侯后接受册命的行为，实与三家分晋大有出入。围绕这一问题，周天子在春秋战国时期的权威性着实值得进一步讨论。

交的渊薮。"中国的外交"的历史梳理，正是国内外交学学科理论建设的重要一步。

结语　龙与奇美拉——中国外交溯源的困境与出路

Chimera 一词早见于《伊利亚特》的《赫克托耳和安德洛玛刻》一章，本为狮头羊身蛇尾的喷火巨兽。由于这一意象深蕴"嵌入"之义，而为汉堡大学教授温克勒（Hans Karl Albert Winkler）于 1907 年引入基因技术领域，借以指称基因嵌合体现象。然而，这里的嵌合与"杂交"不同，特指不同遗传性状直接嵌合的染色体的异常类型。无独有偶，中国古代神话亦有类似的意象：

> 龙者鳞虫之长。王符言其形有九似：头似驼，角似鹿，眼似兔，耳似牛，项似蛇，腹似蜃，鳞似鲤，爪似鹰，掌似虎，是也。（《本草纲目》）

然而在中国传统语境之中，龙虽亦成形于意象的拼接，但其内涵的意蕴并非"嵌合"，而是"吸纳"，也就是说，异质的部位被吸收和重组之后，成为一套自洽的结构中的一环，并被赋予了广大神通。[①] 在中国古代外交的溯源之中，龙与奇美拉的意象亦无日无之地萦绕于学科的建构之中：处于中西外交传统断裂、移植与平行并存的复杂关系，国际关系研究对外交学的过强影响，以及传统文史哲研究和外交学研究的学科壁垒，"古代中国是否有外交，应当从何时开始追溯中国古代外交"成了一个难以索解的疑团。在这一领域的理论探索，只有小心翼翼，才能避免将本质相异的话语体系和研究对象强行嫁接，从而形成彼此嵌入，却又难以融通的疑团。

对这一疑团的解构应当诉诸交叉学科，但首当完成的却是对研究对象的界定："中国古代外交"是一个实然的历史现象，还是拼接的理论幻象？如果它是实然的历史现象，那么传统的历史研究方法是否足以挖掘其本质？答案

---

① "总之，从龙图腾的起源看来看，中国文明内蕴的是多样性与一体化的和谐统一。多种文化并存，大家平安相处，在保持多样性的同时，又同属一个整体，还能够体现出各自的特征，龙是这一原则的典型体现。"张宇燕、冯维江：《中国的和平发展道路》，中国社会科学出版社，2017。

是复杂的，出于"夷夏之辨"和大一统思想的强势主导，古代外交行为尽管为经史之学勤加记录，却一直没有得到恰当的解释，这部分原因在于原生政治语境中譬如主权观念的缺失，部分原因在于中国政治学和外交学史料学建构的乏力；同样，由比较历史研究与国际关系研究领衔的研究视角，亦遮蔽了外交学研究的本质特征，也难以全面地反映中国历史的原貌。故此，中国古代外交的溯源，不仅是对历史事实的溯源，也是对观念的纠正。它受制于多学科间的隔阂与疏离，最终也应当回到对多学科的兼用与吸收之中。因此，想要完成由奇美拉向龙的理论过渡，可资求助的也是以今观古的逆向建构。尽管在诸多学科之中，由当代学科范式解构历史的途径饱受非议，但基于外交学学科舶来的本质与固有的传统两者之间的呼应关系，取西补中地将概念界定与历史事实追溯结合在一起，既是历史研究在民族研究与外国关系研究中对固有的混淆所呼吁的解决之道，也是对中国当代外交学学科建构的自然深化。以彼之矛，攻彼之盾。在本土与西方两套强势的话语体系之中，中国外交学的学科建构，应当同时倚重这一双向结构的进路，将固有的外交传统从遮蔽中挖掘出来，建构起既能为史所鉴，亦能为今所容的严谨体系。综上所述，不以一种理论范式来强势地改造另一种范式，而是在挖掘历史事实的过程中界定概念，改嵌入为吸纳，应当是解决外交学建构中"维吉尔之问"的一条可行的道路。

中正平和：中国古代书院的儒家道德教育*

——以山东地区书院为例

武振伟

摘　要： 唐宋以降，书院兴起，在山东地区建立的书院进行儒家道德教育中，体现了中正平和的特色。其特色主要体现在两个方面：一是在选址上较多与其先贤遗迹紧密相关，建有祭祀先贤的祠堂，通过祭祀活动，使学生得到心灵的净化；二是在书院教学中，书院不仅重视知识学习，也重视砥砺气节，通过道德教育，培养了大量人才。

关键词： 书院　德育　祭祀　中正平和

作　者： 武振伟，齐文化研究院副研究员，主要研究方向为齐文化、书院史。

山东地区历史悠久，文化底蕴深厚。先秦两汉时期，山东地区的文化引领时代之潮，稷下学宫开创的"学术争鸣、百花齐放"为后世所景仰。稷下学宫从一定意义上讲，就是中国最早的书院。当代学者陈平原说："从孔墨讲学，经稷下学宫，两汉隋唐的精舍或讲塾，再到宋元以下的书院，此乃中国古代一脉相传的私学传统。"[①] 而李约瑟在《中国科学技术史》中将稷下学宫直接称为"稷下书院"，"在中国，书院的创始可追溯到这个很早的时期。其中最有名的是齐国首都的稷下书院"[②]。稷下先生讲学、著述，以学说游说君主，而位居卿相，这也是一定意义上的学而优则仕，开后世科举之先河。宋元以来，特别是明清时期，书院大量创设，遍于州县，在培养人才方面做出

---

* 本文为 2019 年度山东省传统文化与经济社会发展专项课题"先贤名宦遗迹与山东书院建设研究"的阶段性成果。

① 陈平原：《中国现代学术之建立》，北京大学出版社，1998，第 94～95 页。

② 李约瑟：《中国科学技术史》，科学出版社，1995，第 199～200 页。

了巨大的贡献，诚如《清史稿》所言："各省书院之设，辅学校之不及……儒学浸衰，教官不举其职，所赖以造士者，独在书院，其裨益育才，非浅鲜也。"① 书院的建设和发展获得了当政者的高度关注，造士之功能也集中于书院，书院往往成为一个地区文脉之所在。儒家思想对士子的教育，也在书院中得到升华和提高。

一　山东书院创建情况

历史上的山东地区，按照清代山东区域建置，这一范围大致包括今山东大部以及河南、江苏的部分区域。我们通过稽考上述区域的明清方志，梳理出山东地区明清时期创建的书院，发现山东书院的建设与先贤名宦遗迹紧密相关，也可以说正是先贤名宦遗迹促进了山东书院的建设。笔者梳理了历史上山东地区与先贤名宦遗迹相关的书院，详见表1。

表1　先贤名宦遗迹与山东书院建设一览

先贤名宦姓名	书院名称	所在地	建立时间	建立者	先贤名宦遗迹	先贤名宦时代
孔子	尼山书院	曲阜	元至元三年	山长彭璠	孔子诞生地	先秦
	洙泗书院	曲阜	元至元四年	衍圣公孔克钦	孔子讲学地	
	春秋书院	曲阜	不详	孔氏族人和附近乡人	孔子作《春秋》处	
	闻韶书院	济阳	元泰定四年	邑人张友仁等	孔子闻韶台	
	闻韶书院	临淄	清康熙三十三年	知县朱尔琦	孔子闻韶处	
	圣泽书院	汶上	元至元三十年	邑人马枥庵	孔子讲堂	
	大成书院	肥城	明正德末嘉靖初	知县刘赞	孔子经行处	

---

① 赵尔巽等：《清史稿》，上海古籍出版社、上海书店，1986，第414页。

续表

先贤名宦姓名	书院名称	所在地	建立时间	建立者	先贤名宦遗迹	先贤名宦时代
公冶长	公冶长书院（公冶书院）	安丘	明成化十三年	知县谢缜、陈文伟	公冶长读书处	先秦
闵子骞、仲由	闵子书院	历城（今济南市历城区）	元天历年间	不详	闵子墓	
	闵子书院（闵仲书院）	沂水（今沂源境内）	明正德九年	知县汪渊	闵子避季氏处	
子游	弦歌书院	武城	元泰定二年	邑人王仲父子	子游为宰处	
冉有	崇文书院	冠县	不详	不详	冉子曾居此	
宓不齐	鸣琴书院	单县	康熙四十一年	知县金天定	宓不齐抚琴台	
曾参	一贯书院（曾子书院）	郯城	元至正二年	邑人管文通	曾子游学处	
	宗圣书院（曾子书院）	嘉祥	始建不详，明万历年间重建	邑人博士曾承业	曾子墓	
子思	中庸书院（子思书院）	邹县（今邹城）	元至正年间		子思作《中庸》处	
鲁仲连	高节书院	高苑（今高青县）	明隆庆二年	邑人王士行、王士尚兄弟	鲁仲连墓	
伏生	伏生书院	邹平	元至正十五年	县尹陈埜仙	伏生墓	两汉
董仲舒	董子书院（醇儒书院）	德州	明弘治八年	巡抚熊翀、济南同知王从鼎	董子读书台	
郑玄	郑公书院（郑康成书院）	淄川	不详	不详	郑公讲学处	
	郑公书院（康成书院）	即墨	不详，正德七年重建	知县高允中	郑玄读书处	
	长学书院	文登	不详	不详	郑玄讲学处	
公孙弘	麓台书院（公孙弘书院）	潍县	明万历年间	邑人刘应节	公孙弘读书处	

续表

先贤名宦姓名	书院名称	所在地	建立时间	建立者	先贤名宦遗迹	先贤名宦时代
李靖	李公书院	临朐	唐初	李靖	李靖读书处	唐宋
颜真卿	董颜书院	德州	清康熙三十一年	邑人田雯	颜真卿为官处	
范仲淹	范公书院、范泉书院	博山	始建不详，乾隆二十九年重建	知县侯作吾	范仲淹读书处	
	范文正公书院	邹平	明成化十六年	知县李兴	范仲淹读书处	
张临	长白书院	邹平	明成化十八年	知县李兴	张临讲学处	元代
	张先生书院	淄川	不详	不详	张临读书处	
张起岩	牛山书院	肥城	元代	不详	张起岩读书处	
李谦	野斋书院	东阿	元皇庆年间	不详	李谦故居	
阎复	静轩书院	高唐	元至元年间	不详	阎复故居	
楚惟善	雪林书院	朝城（今莘县）	元代	楚惟善	楚惟善读书处	
张子塾	北麓书院	蒙阴	元代	张子塾	张子塾隐居教授处	
张汝卿	会斋书院	恩县（今平原县）	元代	张汝卿	张汝卿读书处	
曹凯	白龙洞书院	益都	明成化年间	曹凯	曹凯读书处	明清
杨光溥	沂水书院	沂水	万历二十年	知县魏可简	杨光溥读书处	
李攀龙	福山书院	长清	明代	不详	李攀龙读书处	
李灿然	东山书院	蒙阴	明代	不详	李灿然读书处	
公跻奎	中山书院	蒙阴	明代	公跻奎	公跻奎读书处	

在后世看来，保护圣贤遗迹，使圣贤精神得以传承和弘扬，是自身的责任，如得不到保护，则是当地为官者和士人的耻辱。明万历十二年，汶上知县尚瓒重修圣泽书院，此举被视为"表章先圣之遗迹，修复累朝之旷典"（周御《圣泽书院碑》）①。尚瓒对汶上的衿绅之士说："汶为古中都，先师筮仕之

———————

① 《万历汶上县志》卷八《艺文》，清康熙刻本。

地，讲堂则颜、闵、游、夏辨志之区……假令讲钓之迹遂荒，则圣泽之谓何？"表现出对圣迹的高度重视和文化自觉。单县自唐代以来，历代不断重修琴台和二贤祠。清康熙年间，知县金天定说："先贤芳躅徽音，虽迨陬僻壤，犹闻风兴起，况亲仰其遗像、牧其民而居其位者，而忍其湮没乎？"（张英《重修琴台碑》）① 对于先贤遗迹的重视，不忍遗迹湮没，是历代官绅不断重修的动因所在。明万历六年，山东巡抚赵贤到单县视察时，感慨于二贤祠的荒废，"圣门高弟，逊古良吏，而旧游之地，栖神之所，乃颓敝若此，非所以率彝轨而贻后鉴也"（黎民表《二贤祠碑》）②。

如何保护圣贤遗迹、发挥遗迹的作用，古人大体采用了两种方式：一是修建祠堂，祭祀圣贤；二是建立书院，以讲学读书其中，兼有祭祀功能。这两种方式，在古人看来，是最为值得发扬圣贤精神的方式。很多种情况下，祠堂即书院，书院即祠堂，二者不可分割，是结合在一起的产物。

元代以后，中央朝廷对圣贤遗迹高度重视，诏令在先贤遗迹处建立书院，这一政策极大促进了书院的发展。《元史·选举一》记载："（至元）二十八年，……先儒过化之地，名贤经行之所，与好事之家出钱粟赡学者，并立为书院。"③ 如元代庐陵人刘诜所言："皇元混一天下，世祖皇帝在位日久，诏书每下郡国，必以勉励学校、敦厚风俗为先。累世相承，教化大敷。"（《曾子祠记》）④ 大量书院因先贤遗迹而诞生，如曲阜尼山书院、洙泗书院是因孔子诞生地尼山和讲学地而建立的书院，得到了朝廷赐予匾额的礼遇，"置官师奉祠"，"赐额'洙泗书院'"（《民国续修曲阜县志》）。元天历年间，在历城闵子骞墓前，建立了闵子书院；元至元三年，在汶上孔子为中都宰时讲学之处建立了圣泽书院；元泰定四年，在济阳孔子闻韶台建立了闻韶书院；元至正二年，在郯城曾子游学处建立了曾子书院，即后来的一贯书院；元至正年间，在子思著书处建立了子思书院（中庸书院）。元代因圣贤遗迹而建立的书院较多。

明清两代，是书院发展的一个高峰期，山东书院的发展也与先贤遗迹密切相关。统计数据表明，明嘉靖年间书院发展迅速，而这跟时任山东巡抚的

---

① 《民国单县志》，《中国地方志集成·山东府县志辑》，凤凰出版社，2004，第577页。
② 《民国单县志》，第564页。
③ 《元史》卷八十一，上海古籍出版社、上海书店，1986，第235页。
④ 《乾隆郯城县志》，《中国地方志集成·山东府县志辑》，第104页。

陈凤梧有直接的关系。陈凤梧在明世宗即位之初任职山东，他要求，"一各所属公署、山川、亭榭、寺观、碑刻，凡有关系山东地方名贤古迹等项，俱要汇写成集，依限上报"①。这直接促成了汶上圣泽书院和沂水闵子书院的重建，肥城大成书院的建立可能也与之有关。武城弦歌书院、郯城一贯书院等书院也得以重建。清初统治稳定之后，大兴文教，单县鸣琴书院、沂水闵子书院、济阳闻韶书院、临淄闻韶书院等，也都因圣贤遗迹而得以重建或新建。

二　书院祭祀——"表先贤讲学之地，歆后学仰止之心"

对于先贤遗迹，历代均予高度重视，明嘉靖年间巡抚山东的官员曾明文要求，"一各所属公署、山川、亭榭、寺观、碑刻，凡有关系山东地方名贤古迹等项，俱要汇写成集，依限上报"。在书院的选址上，创建者充分利用先贤遗迹，作为生徒治学立身的楷模，"书院为乐育人才之地，先贤乃彰显胜壤之灵"，"奉先贤以继往，立书院以开来"。创建者将书院与先贤遗迹密切联系起来。沂水闵子书院，建在县西北八十里的闵公山闵子祠，"林峦胜概，完若图画"，相传为先贤闵子骞避季氏处，后又发现了子路依栖岩，此处曾建有闵子骞书院，但已"先年沉湮"，知县汪渊在此改建书院，其目的在于"表先贤讲学之地，歆后学仰止之心"②。同县沂蓝书院，建在大贤山织女洞迎仙观，为唐羽士张道通羽化之地，"洞临深水，高峻险绝，莫敢俯瞰转眺，而北一瀑飞来，势如游龙"③。博山范泉书院之得名，"以其密迩范公祠而得名也"，范泉位于范公祠堂下，选址于此，意在"夫文正为宋世大儒，当其为秀才时，即以先忧后乐为己任，后遂为一代理学名臣。登斯堂者，望风怀想，苟动其景行之慕而深其向往之思，异日者，当必有鸿儒硕彦接踵其间"④。书院所在秋谷一带，风景优美。《颜山杂记》记载："以秋谷之接迹长白，实为胜地，伏读栖寻，其有由然。近居人于此谷上，远驾石梁，平通山脚，接引泉水，遂乃于梁上跨谷分流。每寻梁憩集，虚谷来风，青岩阻日，弄溪光，拾涧藻，

---

① 《道光沂水县志》卷四《礼制·书院》，道光刻本。
② 《道光沂水县志》卷四《礼制·书院》，道光刻本。
③ 《道光沂水县志》卷一《山川》，道光刻本。
④ 《民国续修博山县志》，《中国地方志集成·山东府县志辑》，第 483 页。

石梁上下，南洞北流，东泉西逝，月净波明，宛成十字，濠梁之性，乐以忘还。"① 淄川郑公祠书院建在邑东黉山之上，为邑之胜景，山腰有郑康成祠，翼经书院则直接设立在郑康成祠内。淄川张先生书院，为元长白先生张临读书处；益都白龙洞书院地点在公泉峪，为明代进士曹凯读书处；高苑高节书院地点在战国时期高士鲁仲连祠墓所在地。先贤遗迹与风景名胜相互融合，为书院士子读书向学创造了良好的环境氛围。

与选址相关联的是书院的祭祀功能占据了重要地位，对先贤的祭祀进入国家祀典，地方官亲往致祭，设置专门的祭祀经费。沂水闵子书院内有闵仲祠，对闵子、子路春秋祭祀，② "春秋祭品依拟，均徭内编"③；淄川郑公祠书院、翼经书院所在的郑康成祠，对汉代大儒郑玄春秋祭祀。④ 高苑高节书院所在的鲁仲连祠，有专人负责祭祀，"割地八十亩，收其日租，以供祀事……命行优生杨子东颟理祀事"。⑤ 博山范泉书院所在的范公祠，对范仲淹春秋祭祀。⑥ 淄川张先生书院，"（张）临没，门人肖像祀之"⑦。即使没有先贤遗迹的其他书院，也多有书院内附属祭祀建筑的，如淄川般阳书院内濂溪祠，《乾隆淄川县志》记载："濂溪祠，在般阳书院讲堂后，康熙三十一年，邑令周公统建。乾隆十四年，邑令薛公廷栋重修。后邑人以周公、薛公及陈公汝聪、张公为燮、赵公王槐皆有功于书院，设位配之。"⑧ 濂溪祠的祭祀进入正式的祀典，濂溪祠也成为纪念有功于般阳书院官员的场所。通过书院内祭祀先贤仪式的举行，可以培养生徒对先贤德业的崇敬之情，激励生徒努力向学，起到潜移默化的作用。张君劢在 1935 年设立学海书院的旨趣中指出："近来的大学无论是中国，或是外国，里面只讲知识，而不讲做人"⑨，实际上一针见血地指出现代教育的弊病。从一定意义上讲，书院的祭祀仪式是书院道德教

---

① （清）孙廷铨：《颜山杂记》卷一《山川》，康熙刻本。

② 《道光沂水县志》记载，明嘉靖十二年知县李汝楫兴修详文："至今一十九年，春秋祭祀不废。"

③ 《道光沂水县志》卷四《礼制·书院》。

④ 《乾隆淄川县志》记载："郑康成祠，邑东黉山之阳，祭以春秋二仲月。"

⑤ 《乾隆高苑县志》卷八《艺文志》，乾隆二十三年刻本。

⑥ 《民国续修博山县志》记载："范公祠，在范泉上，相传文正公微时读书于此，后人立祠祀之……今春秋致祭。"

⑦ 《乾隆淄川县志》，《中国地方志集成·山东府县志辑》，第 59 页。

⑧ 《乾隆淄川县志》，《中国地方志集成·山东府县志辑》，第 109 页。

⑨ 陈谷嘉、邓洪波主编《中国书院史资料》，浙江教育出版社，1998，第 2604 页。

育中传播儒家思想的重要方式。

三　中正平和：书院德育教学方式与思想

在官学浸衰的情况下，书院的创办大大促进了人才的培养。有些博学的地方官对书院建设非常重视，经常地到书院进行讲学。博山知县武亿为乾隆庚子科进士，有着深厚的汉学功底，淹贯经史，为饱学之士，在为官之前，"学问醇粹，以经史训诂教授生徒，用于著录"。武亿著有《经读考异》《群经义证》《三礼义证》《金石跋》等数百卷，"皆稽之经史百家传记，旁引远证，遇微罅辄剖决精蕴，比辞达以成一例"。他任职博山期间，亲自担任范泉书院的主讲，"独于牒诉控傯之余，与邑之有品好学者，朝夕讲贯焉"①。虽在任仅七个月，但其创办的范泉书院对博山县意义重大，即使是在他离任十四年后，"当时督修诸公与肄业于院者，怀其德不能忘"②。从《范泉书院碑记》碑阴所记，肄业诸生有二十六人参与立碑，可见，范泉书院在这数月之间培养了不少人才，其中一些人日后成为博山的名士。如蒋天鈵，官至大理寺评事加四级诰授奉政大夫，归里后热心博山公益事业，"至修书院，督善工，施地捐金事，尤不可殚述"③，受益于书院，又反哺于书院。博山知县何家驹为道光癸巳科进士，"道光乙未，予由词馆改外任"，从翰林院庶吉士到任博山后，"因即平日所诵习者，与诸生讲论之"④。淄川知县臧岳，"学问淹雅，熟于左国，课士论文，娓娓不倦"⑤。作为饱学之士兼为地方主政官员，他们的带动和亲自授课对书院影响很大，不仅抬高了书院的地位，而且也提高了书院的讲学质量。

好的师资是造就人才的重要条件。在淄博地区书院担任主讲的人员大都具备良好的品行和深厚的学问功底，即礼部所要求的"书院讲席……但择品行方正、学问博通，素为士林所推重者"⑥。通过他们的辛勤耕耘，造就了众多的人才。道光年间，举人李南枝主讲临淄闻韶书院，"博学善饮，教授终

① 《民国续修博山县志》，《中国地方志集成·山东府县志辑》，第 484 页。
② 《民国续修博山县志》，第 483 页。
③ 《民国续修博山县志》，第 411 页。
④ 《民国续修博山县志》，第 483 页。
⑤ 《乾隆淄川县志》，《中国地方志集成·山东府县志辑》，第 186 页。
⑥ （清）李鸿章等：《钦定大清会典事例》卷三百九十五，光绪三十四年刻本。

身，所成就甚众"。其弟子就有进士刘应龙，刘应龙在《李南枝教思碑》中称赞其师道："青莱两郡太守咸重之，每府试，延幕下，持月旦焉。"① 同治十三年，临淄城中闻韶书院创建后，延聘寿光大儒刘象九为主讲，《民国寿光县志》记载："刘铸，字象九，同治壬戌恩贡生，性端严，衣冠古朴。……荟萃诸说而融贯之，受学于名宿崔承谟、梁士鹤，业日益进，从学者，户外履常满。"② 刘象九主讲书院，可谓实至名归，为临淄培养了不少人才。举人魏纯嘏"以舌耕为业，高博临乐间，经指授者多显达，晚年主讲崔公书院，成就数百人"。举人周崇芹"主讲本邑（新城）书院，成就甚多"。王维度"光绪戊子举人，少承家学，经古学为一邑宗。设帐收徒，知名士多出其门。历主邹平、博山、临朐诸书院讲席"③。王培荀主讲淄川般阳书院，"启迪后进，犹循循不倦"。淄川翼经书院延聘廪生宋继诰（字兰斋）为主讲，"教授尤尽力，邹太史振岳尝受业其门"。可见，书院教育在培养科举和经世致用人才等多方面都取得了不小的成就。

圣贤遗迹为何得到官员和士人的重视，他们不惜花费大量金钱和人力物力不断进行修建，其原因很简单，即看到了圣贤遗迹背后的教化力量。历城闵子书院在明崇祯年间改建为讲孝堂，利用闵子骞之孝子故事为现世说教，"羽翼纲常，扶持世教"，"朔望讲于斯，以醒世人耳目"（刘敕《闵子墓记》）。其用世之意非常明显。对先贤的礼敬之心，如清代文人孙星衍所说："崇礼先贤，振励风俗"（《冉子仲弓墓碑》）④，以先贤遗迹为振励风俗的重要推动点，这是当世官员所充分考虑的。孔子讲学处、曾子游学处、闵子骞读书处、公冶长读书处、子思著书处等圣贤讲学之地，更被后世读书之人视之为胜地，圣贤为读书人树立了求学做人的典范。思慕先贤而思有所作为，也是众多因先贤遗迹而建立书院的人的初衷之一。宓不齐、巫马期曾先后任单父宰，《史记·仲尼弟子列传》索隐引《说苑》云："宓子贱理单父，弹琴，身不下堂，单父理。巫马期以星出，以星入，而单父亦理。"⑤ 清乾隆年间知县李枝昌说："单父古多君子，而二贤之雅化，于今未堕也。"民国修志之时，

---

① 《民国临淄县志》，《中国地方志集成·山东府县志辑》，第 210 页。
② 《民国寿光县志》，《中国地方志集成·山东府县志辑》，第 346 页。
③ 以上俱引自《宣统三续淄川县志》，《中国地方志集成·山东府县志辑》。
④ 《道光冠县志》，《中国地方志集成·山东府县志辑》，第 119 页。
⑤ 《史记》，中华书局，1959，第 2207 页。

仍言："单之涵濡圣贤之教泽也久矣。"① 可以说，单县鸣琴书院的建立，正是期望后世之为官者以宓不齐、巫马期为学习的榜样，造福人民，而为学者更要学习二贤之治理本领。这无疑是鸣琴书院因二贤祠而建立的初衷。

结　语

综上所述，中国古代书院的功能可以概括为三点：祭祀、讲学和藏书。在这三个功能中，占据第一位的是祭祀功能。在宋代书院中，祭祀已经上升到主要功能，讲学还在其次。元代，祭祀型的书院占据了近乎一半的数量，如曲阜尼山书院、洙泗书院、春秋书院、肥城大成书院等，祭祀圣贤无疑是中国古代书院德育教育的重要内容之一。通过祭祀圣贤的仪式，可以培养敬慕圣贤为学做人的精神，端正治学的态度，这也是现如今国学教育中很重要的内容。

清末书院改制，书院为学堂所代替，大量因圣贤遗迹而建立的书院也被废弃，而近代以来历次思想界的运动，孔子及其儒家学说遭遇了天翻地覆的变化，圣贤因褪去了神圣的光环，圣贤遗迹的神圣含义也随着时代的变迁而不断消失。

习近平总书记高度重视历史研究，不忘本来，才能开辟未来。书院在中国历史上发挥了重要作用，圣贤遗迹则是书院发展的重要推动因素。今天，我们在挖掘、阐释历史文化内涵时，圣贤遗迹仍是一个地区不可或缺的重要文化资源，是我们建立文化自信的重要来源，在弘扬中国古代书院精神时，圣贤遗迹所蕴含的积极意义理应发挥应有的作用。

元明清时期是山东地区书院大发展大繁荣的时期，地方官源于保护圣贤遗迹的文化自觉，秉承朝廷化育作人的政策，在各县域创办书院，发展文教事业，在书院教育中注入了儒家中正平和的思想理念，在促进地方教育、培养人才、传承文脉方面起到了重要的作用，写下了浓墨重彩的一笔。时至今日，研究儒家思想的阐释和传扬，古代书院中的教学思想犹有重要的研究价值。

---

① 《民国单县志》，《中国地方志集成·山东府县志辑》，第69页。

图书在版编目（CIP）数据

儒学评论. 第十四辑 / 罗安宪主编. --北京：社
会科学文献出版社，2021.3
ISBN 978 - 7 - 5201 - 8043 - 6

Ⅰ.①儒… Ⅱ.①罗… Ⅲ.①儒学 - 文集 Ⅳ.
①B222.05 - 53

中国版本图书馆 CIP 数据核字（2021）第 038510 号

儒学评论（第十四辑）

编　　者 / 中国人民大学孔子研究院
主　　编 / 罗安宪

出 版 人 / 王利民
组稿编辑 / 袁清湘
责任编辑 / 郑凤云

出　　版 / 社会科学文献出版社·联合出版中心（010）59367202
　　　　　地址：北京市北三环中路甲 29 号院华龙大厦　邮编：100029
　　　　　网址：www. ssap. com. cn
发　　行 / 市场营销中心（010）59367081　59367083
印　　装 / 三河市龙林印务有限公司

规　　格 / 开　本：787mm × 1092mm　1/16
　　　　　印　张：14.75　字　数：238 千字
版　　次 / 2021 年 3 月第 1 版　2021 年 3 月第 1 次印刷
书　　号 / ISBN 978 - 7 - 5201 - 8043 - 6
定　　价 / 98.00 元